JN116461

THE LIBERAL ARTS OF MANAGEMENT

［増補改訂版］

経営という
自由技法

中本和秀［編著］
中山健一郎・角田美知江［著］

創　成　社

はしがき

Management was born and developed as an art.

H. Igor Ansoff

本書は，大学初年次の学生を主な対象としている。また，「経営」とは何かを考えてもらい・理解してもらうきっかけになることを視野に入れて開講している経営学入門・経営学基礎という科目の講義をもとにして書かれている。第 1 章から第13章までが入門編に該当し，第14章から第25章が基礎編に該当している。

表題の「経営という自由技法」という表現は，The Liberal Arts of Management という英語表現をまず考え，それをもとにした著者たちによるその和訳である。著者たちは，Liberal Arts という言葉にけっして「教養」というような意味を込めてはいない。

「リベラル・アーツ」とはもともとラテン語の *artes liberales* が語源で，自由人にふさわしい技芸，古代ローマで自由民だけが習得できた技芸を意味したという。それは，自由人が創造してきた技芸という意味とも理解できるものである。それになぞらえて経営学の諸理論も，経営実践のために自由な精神をもった人々が旧来の常識を打ち破って新たに創造してきた諸技法なのだというのが表題に著者たちが込めた意味である。そしてもちろん，本書を読み進めていけば，そのアーツは徐々にサイエンスに裏づけられて発展していくことがわかる。

本書は，経営学をまったくの白紙から学ぶことを前提に，「マネジメント」がなぜ「経営」であり「経」と「営」なのかというところから考察を始めている。

古典的で代表的な経営理論は，その命題のエッセンスのみを紹介するにとどまらず，できるだけ原典の論理を重視して忠実に紹介した。理論は結論を教条（ドグマ）として暗記することが重要なのではなく，その理論のもつ独自な論理つまり考え方が重要だと考えるからである。

また，実際の表象（イメージ）から経営を理解していくために事例研究（ケーススタディ）を重視している。

経営学説・理論の紹介にとどまらず，現実においてそれら学説・理論がどのように現れているか，その理論によって現実をどのように理解できるか，理論が現実にどのようにあてはまるかを「事例」をできるだけ紹介することによって明らかにしようとしている。経営に関する事象は日々の新聞の紙面からも読みとれる。経営を身近なものと感じとれるように題材として普通の新聞記事をとりあげていることも本書の特徴である。経営を自分自身の身近な問題でもあるのだと感じとってもらいたいと思っている。必要なところでは，学習の発展のために「課題」も提示した。

なお本書は，経営学の古典のみならず日本経営学会と経営史学会の多くの偉大な先学諸賢の業績にも学ばせていただきながら書かれている。ここでこのことについてご容赦願いたいとともにお礼を申し上げたい。それを明確にするために引用には文末に注を，章末に参考文献を明記している。インタビュー調査にもとづいた記述ではインタビューさせていただいた方々は匿名とさせていただいた。また事例でとりあげた企業も多くは匿名とした。特定の個人や企業を問題としているわけではないからである。

これまで筆者たちを学部・大学院当時から暖かく教え導いてくださった冨森虔児北海道大学名誉教授，森杲北海道大学名誉教授，塩見治人名古屋市立大学名誉教授には一言では言い尽くせないほどの学恩がある。この場を借りて深く感謝の意を申し上げたい。また，三浦隆之福岡大学名誉教授，村上剛人福岡大学教授をはじめかつての勤務校や現在の勤務校の諸先輩・同僚諸氏とは多くの議論をさせていただき多くを学ばせていただいた。記して感謝申し上げたい。最後になるが創成社の塚田尚寛氏，中川史郎氏，西田徹氏には本書の編集・出版に際し有益な助言・助力をいただき大変お世話になった。深く感謝する次第である。

2019 年 6 月

中本　和秀

中山健一郎

増補改訂にあたって

令和元年（2019年）に初版を刊行して一年を経ずして，大学の教育環境は大きく様変わりした。言わずもがな，新型コロナウィルスCOVID19の蔓延により，大学では対面授業が行なえず，遠隔授業に突入し，教える側も学ぶ側も大いに戸惑いつつ対応する日々を過ごした。そこでわれわれは教科書の意義を改めて実感することになる。パソコンやスマホの画面越しに聞こえる教師の声や見えるパワーポイントの画面は，やはりすこし遠く実感がわかないものであったのかもしれない。そこでは，手に取って手ごたえを感じることのできる存在として教科書が以前にもまして多くの学生の頼りとなったのではないだろうか。おそらくはその結果，予想を超えて早期に増補改訂版を刊行する運びとなった。

増補改訂にあたっては，第25章「マーケティングという概念」を新たに起こした。英語をそのままカタカナに直したこの言葉の意味はそもそもどのようなものか？　初学者のもつナイーブな疑問に真正面から向き合い答えようとしている章である。これから経営学を学ぶすべての学生がこの章と取り組み考えていただければ幸甚である。

2022年3月　大雪の残る札幌にて

編著者

目　次

第18章 GMのフルライン戦略 ―いろいろな車をたくさん作り，売る― 173

第19章 トヨタ生産方式 ―いかにむだなく生産するか― 184

第1章

経営と経済
—その字義と語義およびその転換—

はじめに

「経営」とはどんなものだろうか？ 「経済」と「経営」という用語は，1字違いで似たようなものと思われて，その違いがよくわからない，と高校生にいわれることがある。大学進学を目指す高校生が必ずと言ってよいほどする質問に，「経済と経営ってどう違うのですか？」というのがある。つまりほんの一字違いだし似たようなものではないか？　学部や専攻を選ぶとき，経済学部（専攻）にするか，経営学部（専攻）にするか，どちらにしようか迷う，ということがあるようだ。

経済とはどのような意味であるのか？　経営とはどのような意味であるのか？　両者の違いは何か？　という素朴な，しかし本質的な疑問に答える必要がある。

そもそも経済とはどのようなもので，経営とはどのようなものか，そしてその違いや関係はいかなるものか。そもそもなぜ，経済は経と済で，経営は経と営なのか？　その字の意味と用語の意味とのつながりがわからない。「読んで字のごとく」とはいかないのである。字を見ても容易にその意味が想像つかないのである。そこで，ここではまず，これらの字の字義とこれらの用語の語義，その用語の成り立ちから考えてみる。

それは，なぜ economy に対して「経済」の語をあて，management に対して「経営」との語をあてたのだろうかという疑問でもある。

多くの経営学の教科書は，なぜ「経営」という文字を management にあてたのかは説明せず，経営とは「企業を運営し事業を営むこと」* と規定している。しかし，問題は，なぜそれを「経営」というのか？　ということなのである。

これらの問題を字義，語義，その転換の過程として主な辞典などを頼りに考察していく。

* 経営学の入門書，テキストのなかで明確に「経営」とは何かを規定しているものは意外に少ない。そのなかで明確な規定をしているものでは，次のように規定している。「企業を運営し事業を営むことを『経営』とよぶことにしよう。『経営』は Administration または Management の訳語で，企業を組織化したり管理したり一定の方向に向けて動かすこと，あるいは企業活動に関する様々な意思決定を行なうことを意味している」（井原久光［2008］6 頁）。

なお，「経営（マネジメント）とは『人々を通じて』，『仕事をうまく』成し遂げること」であるという定義をしている教科書もある（加護野忠男・吉村典久編［2006］27 頁）。

1. 経と済と経と営；その字義

ここでは，「経」，「営」，「済」の各々の字義を白川静［2003］『常用字解（第二版）』（平凡社）からそれぞれひも解いて確認してみる。

【経】

「もとの字は經に作り，音符は巠。巠は織機にたて糸をかけ渡し，下部に工の形の横木をつけて糸を縦に張った形で，織機のたて糸をいう。これに対し，よこ糸を緯という。両者を合わせて，事の成り行き，すじみちを経緯という。

たて糸はことの基本であるので，儒教で最も基本的で重要なことを書いている書物を経書・経典という。用例としては，「経国」は国を治めること，「経世」は世の中を治めること，などである」（白川静［2003］166頁）。

つまり「経」は，物事の「すじみち」すなわち物事の正しさ・道理・おさめるの意味をもつようになったといえる。

【営】

「もとの字は營に作り，音符はえい。その字形の上部のもとの字形は，篝火（かがりび）の形である。兵士たちの居住する兵舎や宮殿の前で篝火を燃やして警戒した，という意味である。営の下部の呂は，口（兵舎や宮殿などの建物の平面形）を二つ連ねた形で，営は軍隊や宮殿などの仕事にいそしみ努めることから，「営む」の意味となった。用例としては，「営業」は利益をえるためにいとなむ事業，「営造」は大きな建物などを造ること，「営田」は農業をいとなむこと，などがある」（同上書，26頁）。

つまり，「営」は仕事にいそしみ努める意味をもつようになったといえる。

【済】

「もとの字は濟に作り，音符は齊（せい）（斉）。齋（さい）（斎）の音がある。斉は神事に仕える婦人が髪に三本のかんざしを縦に通して髪飾りを整える形で，整え終わるの意味がある。済は水をわたってことが成るという意味から，成就する，「なる」の意味となる。国語では「すむ，すます」と読み，気が済む，借金を済ます，のようにいう。用例としては，「済民」は民を救うこと，などがある」（同上書，242頁）。

つまり，「済」は物事が「なる」ことでありそれによって物事が「すむ」という意味をもつようになったといえる。また，すくう・たすける，の意味も派生した。

2．経営と経済；その語義

ここでは，まず，代表的な辞典により両語の意味を確認する。また，基礎的な教科書ではどのように規定されているかを確認しよう。

❶「経営」の語義

前節と重複するが，まず，『角川漢和中辞典』で，「経営」の字義と語義を簡単に振り返ってみよう。

『角川漢和中辞典』（837 ～ 838 頁）では，

【経】たて；たていと

織機のたて糸をまっすぐに張ったことを意味する。ひいてはすじ道の意となった。そこから道理の意になった。用例としてお経。

【営】軍隊の泊まるところ，陣屋，兵営。

四方を取り囲んだ住居を意味する。後にそれをつくる意味になる。

【経営】は，

㈠けいえい；①家屋を建てるとき，なわ張りして土地を測り土台をすえて造ること

②事業を営む。またその事業。

㈡けいめい；①世話をやく（源氏物語夕顔）。

②ごちそうする。

とある。

次に，「経営」という語を『広辞苑』でひいてみると，「①力を尽くして物事を営むこと。工夫を凝らして建物などを造ること。太平記（11）『偏に後生菩薩の—を』。平家物語（7）『多日の—をむなしうして片時の灰燼となりはてぬ』，②あれこれと世話や準備をすること。忙しく奔走すること。今昔物語集(26)『房主（ぼうず）の僧，思ひ懸けずと云ひて—す』，③継続的・計画的に事業を遂行すること。特に，会社・商業など経済的活動を運営すること。また，そのため

の組織。『会社を—する』『—が行き詰る』『多角—』」とある。

つまり，「経営」とは，

(1)　力を尽くして物事を営むこと，工夫を凝らして建物を建てること

(2)　あれこれと世話や準備をすること，忙しく奔走すること

(3)　継続的・計画的に事業を運営すること

なのである。

ここまでの定義は，世間一般的使用の場合の定義であると言えよう。次に「経営学」という専門的学問分野では「経営」はどのように定義されているのか。

『経営学大辞典』（中央経済社）で「経営」をひいてみると，次のような定義がされている。長いので要所を抜粋して引用しておく。

(1)「…国民経済を構成する自律独立的な個別経済単位を経営とみなす…，経営の概念のなかには，企業のみでなく国家財政，地方財政や家計などの消費経済単位も含まれる。」これは，経営を「一つの社会単位とみな」す，社会的範疇としての経営である。

(2)「経営は，労働力や生産手段を結合して一定の生産物を生産する技術的組織とみなされる。」これは「経済的範疇としての経営」である。

(3)「経営は独立的な生産経済単位であり，財またはサービスの生産や配給に従事する経済的組織である」。これは経営を「組織的統一体すなわち組織として認識」する「組織的範疇としての経営」である。「近代管理論を代表するバーナード＝サイモン理論では，『経営とは，組織を形成し，運営すること』であり，また『経営とは意思決定である』と定義づけられている」（占部都美稿，189頁）。

つまり，経済を構成する個別経済単位であり，生産物を生産する技術的組織であり，経済的組織であるという。ここでは主に，経済を構成する要素としての経営，ということが定義されているのであり，経済と経営との関係が明らかにされていると言えよう。

次に，下谷政弘［2014］『経済学用語考』（日本経済評論社）によってその語源をたどってみよう。それによれば，「経営」という語は，すでに中国最古の詩集である『詩経』のなかにそのままの形で現れているという。

たとえば，旅力方剛　経営四方（旅くの力の方に剛ければ，四方を経営せしむ）。

あるいは，司馬遷の『史記』に，欲以力征経営天下　五年卒亡其国身死東城（力征を以て天下を経営せんと欲せしも，五年にして卒にその国を滅ぼし身東城に死す）などがある。

また，『大言通』では「経ハ縄張ナリ，営ハ其向背ヲ正スナリ」とある。

「経営」とはもともとは「(1) なわを張り土台をすえて建物をつくること。縄張りして普請すること。また造園などの工事をすること」であった。そこから転じて，しだいに「(2) 物事のおおもとを定めて事業を行うこと」へ，あるいは「(3) 物事の準備やその実現のために大いにつとめはげむこと。特に接待のために奔走すること」，などへと変化したという（『日本国語大辞典』）。

「経」そのものの意味は，本来は「経緯（縦糸と横糸）のように「たていと」を示し，そこから多数の意味が派生している。「経世」とは世の秩序を正しくおさめることを意味した。

「経営」という語は，日本においてもすでに平安時代から使われてきた。いずれにしても「支度準備に奔走する」という意味で用いられていた。そして「経営」という言葉の意味内容は，時代の進展とともに，もとの「建物の造営」から次第に「物事の実現に向けて励む」，あるいは「努力してやりくりする」意味へと変化を遂げてきた。そういう意味の用語として固まってきた（下谷政弘［2014］76～79頁）。

以上の指摘では，これまで諸辞典によって確認してきたところが経緯を含めて示されている。

そしてのちに，特に戦後，「経営学」が欧米から導入されたとき，Management；マネジメントの訳語として経営が定着したのだろうことが推測される。

❷「経済」の語義

「経済」という語を『広辞苑』（岩波書店）を引いてみると，「①国を治め人民を救うこと，経国済民，政治。②（economy）　人間の共同生活の基礎をなす財・サービスの生産・分配・消費の行為・過程，ならびにそれを通じて形成される人と人との社会関係の総体。転じて，金銭のやりくり。」とある。

『精選版日本国語大辞典』（小学館）によれば，「経済」は，

①「経国済民」または「経世済民」の略。国を治め，民を救済すること。政治。

②人間の共同生活を維持，発展させるために必要な，物質的財貨の生産，分配，消費などの活動。それらに関する施策。また，それらを通じて形成される社会関係をいう。

③金銭のやりくりをすること。

④費用やてまのかからないこと。費用やてまをかけないこと。また，そのさまをいう。倹約。節約。とある。

これら代表的な辞典は，「経済」の語源からその意味の変遷・広がりを示している。

では，高校の教科書では，「経済」をどのように説明しているか。次に二つの例をみよう。

「私たちが日々生きていくためには，経済活動を行うことが必要である。経済活動には，資本・労働・土地といった生産要素を使って，衣類・食物・住宅のような有形な財をつくったり，教育・医療・情報のような無形のサービスをつくりだす生産活動，生産した成果を生産要素の所有者に所得として分ける分配活動，分配された所得を支出することによって人々が経済的欲求を満たす消費活動がある」（清水書院『新政治・経済』82 頁）。

「私たちは，生活していくために，会社で働いたり事業を営んだりしてお金（所得）を手に入れ，それをもとに会社などが生産した衣料・食糧・住居などの財（モノ）・サービスを購入している。このように財・サービスが生産され，それらが流通し，私たちが消費するしくみのことを経済という」（第一学習社『政治・経済』90 頁）。

つまり高校の教科書では，「経済」とは，人間が生きていくために行う生産・分配・消費の活動のことである，と言っているのである。

次に，専門的辞典である『経済学辞典第３版』(岩波書店）ではどうであろうか。「経済」をひいてみると，次のような定義がされている。長くなるが，引用しておく。

「(1) 定義　経済とは富の社会的再生産過程である。人間の物的欲求を満足させる物の性質を使用価値といい，それを持っているものを財という。自然状態のままで十分人間の欲求をみたしうる財を自由財，欲求との関係で希少な財を経済財という。経済財は直接生活の欲求をみたす消費財（生活資料）と財の生産のために用いられる生産財（生産手段）とに二分され，前者はまた必需品，便宜品，奢侈品にわかれるが，これらの区分は生産力水準と生活水準の変化とともに変化する。こうした多種の経済財の総体を富という。人間は一定の社会関係を通じて富を生産し分配し消費しつつ，その循環過程を通じて生活を物的に維持する。この総過程を経済というが，それを再生産過程として総括するのは，この過程の基底が生産であり，生産における社会関係（生産関係）が他の局面の関係を規定し，生産関係を通じて発揮される富の生産力が経済全体を方向づけるからである」(杉原四郎稿，307 ～ 309 頁)。

要約すれば，つまり，人間が一定の社会関係を通じて富を生産し分配し消費し，生活を物的に維持する過程が「経済」であるという，わけである。その定義は，高校の教科書での定義と本質的に変わるところはない。

3. 語義の転換

しかし，「経営」という語も「経済」という語も，古くからのもとの字義や語義から今日使われているそれに大きくその意味は転換している。したがって字面を見てもその内容がわからないのであるが，下谷政弘［2014］によってその変遷をたどってみよう。

❶ 「経済」の語義の転換

「今日の『経済』(economy）という言葉の由来についてはよく知られている。

それはかつて中国の古典漢籍で用いられた『経世済民』，あるいは『経世済俗』や『経国済民』などという熟語（連語）の短縮形であったという。すなわち，それはもともと「世を経(おさ)めて民を済(すく)う」の意味内容に理解できる言葉であった」（下谷政弘［2014］51頁）。

「唐代以降になると短縮後の形としての『経済』の語そのものも…しばしば使われるようになった…。このように『経済』という用語のオリジンは中国の古典漢籍のなかに求められる。しかしながら，今日，日常一般に使われる日本語の『経済』にはそのような古典的な意味合いの痕跡はほとんど消えてしまっている。そこからは，それがかつて『経世済民』の意味内容をもつ熟語であったことを嗅ぎ取るのはもはや困難である。つまり，今日の日本語における『経済』がもつ意味内容は，古典漢籍の『経世済民』からではなく，むしろ西洋語（英語のeconomyなど）から来るようになっている」（下谷政弘［2014］52頁）。

「『一旦外来の英語の概念（economy）に照らして訳語として成立すると，』（＊economyがもつ本来の―筆者）『固定した意味概念が込められてきて，勝手に字面通りに分解して理解できなくなる』（陳力衛『和製漢語の形成と展開』2001年，277頁）」（下谷政弘［2014］52頁）。

「今日では日本語の『経済』がもつ意味内容はかつての漢籍用語のそれからは遠く隔たってしまった。むしろ，それは幕末・明治期に輸入された西洋語の概念のもとに鋳直されされてしまった。現代の日本語の『経済』には『節約』や『家政』などといった意味内容も含まれており，たとえば，徳冨蘆花『思出の記』（1901年）には『鈴江君の如きは余り経済家の方で無かった』，などと出てくるが，この場合の『経済家』とは倹約家の意味であった。それらの新たな意味は，英語などの西洋語（本来は古典ギリシャ語…）の概念から生じたものであった。…『漢籍本来の意味をもっていながら…訳語として新たに意味を吹き込んで…新しい概念に使うことが主となって…漢籍の出典との関連がますます薄らいでいく』（陳力衛，前掲書，276頁）…いわゆる『和製漢語』と称されるもの…まさしく『経済』とはそのような日本語の一つなのであり，その典型的なケースでもあった」（下谷政弘［2014］52～53頁）。

ちなみに，economyの語源は，J. J. ルソーの『政治経済学』によれば，「エコノミー（ECONOMIE）という言葉は，オイコスoikos—家と，nomos—法から来たもので，元来は家族全員の共同利益のためにする賢明にして法にかなった家政を意味するものでしかない。この言葉の意味は，その後，国家という大家族の管理にまで拡張されることとなった」（河野健二訳『政治経済学』岩波文庫）という（下谷政弘［2014］53頁）。

「かつて『経済』とはむしろ広い意味での『統治の術』としての政治，もしくは政治道徳に通ずる言葉であった」（下谷政弘［2014］53頁）。

「かつて本来的に『統治の術』たる政治や政治道徳などを表現してきた『経世済民＝＜経済＞』の字句は，一体どのような経過をたどって今日的な『経済』（economy）を表す用語として使われるようになったのか」（下谷政弘［2014］54頁）。

「『経済』という言葉そのものはすでに江戸期にはさかんに用いられていた。…江戸期には伝統的な『統治の術』や政治道徳として「経世済民＝＜経済＞」の思想が広く根付いていた。…大きな変化がもたらされるようになるのは，…幕末から明治期にかけてのことであった。…新たに西洋の経済学が輸入されはじめ，『経済（学）』の語は，『物の生産，物の集散，交換，流通，消費，資本，分配等々を体系的に解明する学問に名づけられた訳語に変貌』し始めた（進藤咲子『明治時代後の研究』70頁）。…それは，統治の術としての伝統的な経済論＜経世済民論＞から，西洋的な市場経済を基礎にした経済学への転換であった」（下谷政弘［2014］55～59頁）。

「その転換プロセスは必ずしも一足飛び…ではなかった。…はたして誰が最初に…『経済』という用語のなかに…そのような新たなる意味内容を吹き込んで使いはじめたのであろうか。…『はっきりしない』（進藤咲子，前掲書，69頁）」（下谷政弘［2014］60～64頁）。

❷「経営」の語義の転換

「『経営』の語は長い時代を経るなかで，しだいに『努力してやりくりする（manage）』意味の用語として固まってきた。…その場合，…興味深い…のは，…以上にみてきた『経営』の語の用法は，今日的なそれとはやや異なったニュアンスをもつものであった…。『大陸経営』や『戦後経営』などの（＊第二次大戦前後の―筆者）歴史的熟語が示しているように『経営』は主として『政治・公的な儀式，また非営利的な組織体についてその運営を計画し実行すること』に用いられる言葉であった。『天下を経営する』などもその種の表現の一つであったのだろう。つまり，『経営』という言葉は私的な事象についてよりも，かつては『大陸経営』，『戦後経営』などむしろ公的あるいは非営利な目的に向けられる努力の方に用いることが多かった。それが今日では一転して，もっぱら『会社，商店，機関など，主として営利的・経済的目的のために設置された組織体を管理運営すること』が中心的な用法へと変化していったと指摘されている（以上，『日本国語大辞典』1208頁）。…こうした公から私へ，あるいは非営利から営利への変化には，戦後に輸入された『経営学』分野が急速に地歩を占めてきたことが影響しているものと推測される」（下谷政弘［2014］79～80頁）。

つまり，「経営」の語も，第二次大戦後の欧米の経営学の輸入によって大きくその語義を転換して今日のような意味で使われるようになったのである。

結　論

経済は，もともとは「経世済民」という用語を短縮したものである。その語義は，「世の中のすじ道を正し民を救う」という意味で，本来，政治のことを指す用語であった。それが，明治以後，西洋の political economy の訳語として「経済」をあてたところから，その語義は変化し，現在のように「生産・分配・消費の活動の総体」というものとなった。

経営という用語は，古くから中国および日本でも使われていた用語であった。それは本来，「縄を張り建物をつくる」という意味であった。そこから，「物事を計画的に営む」という現在の意味が派生した。しかし「経営」の語も，特に戦後の欧米からの「経営学」の日本への輸入により営利「企業を運営する」意味で使われるようになったのである。

【違い】

経済と経営の違いは，視点の違いにあるだろう。「経済」が，人間のあらゆる活動を財やサービスに関わるものとして把握するのに対して,「経営」は,財・サービスの生産・分配・消費という視点からではなく，非営利・非経済的な諸活動も含めたあらゆる人間的活動の諸主体の運営の側面をとらえるものである。より広義にとらえれば，人間のどのような活動も，何らかのモノやサービスの消費をともなうものであるから，それは経済活動に含まれる。つまり，人間のあらゆる活動は，経済活動としてとらえられる。

【関係】

経済と経営の関係は，経済がさまざまな経営活動の総体的な結果であるのに対して，経営は，『経営学大辞典』がいうように，その経済を構成する一つ一つの単位の活動であるというところにあるだろう。経営と経済の関係は，例えれば，木と森の関係である。経営が一本一本の木々であるのに対してそれらが集まって形づくられる森にあたるのが経済である，という関係にあるだろう。

これは常識的なことかもしれないが，つまり「経済」とは世の中・社会全体の人間の諸活動のことでありそれを全体としてうまく運営していくことが課題なのである。それに対して，「経営」とは，一つ一つの組織や集団をうまく運営していくことであり，それが課題なのである。

大きな森が１本１本の木々から成っているように，経済は一つひとつの経営から成っているとたとえることができるかもしれない。

また経営は，下図のように，営利組織の活動のみならず非営利の組織・個人の諸活動をも対象としている。

図表1-1

経営	企業・会社・・営利・利益・・源泉…価値創造・付加価値
	非企業・非営利団体・・・非営利

出所：筆者作成。

【参考文献】

井原久光『テキスト経営学（第3版）』ミネルヴァ書房，2008年。
加護野忠男・吉村典久『1からの経営学』碩学舎，2006年。
下谷政弘『経済学用語考』日本経済評論社，2014年。
白川　静『常用字解（第二版）』平凡社，2003年。
『角川漢和中辞典』角川書店。
『経営学大辞典』中央経済社。
『経済学辞典（第3版）』岩波書店。
『広辞苑』岩波書店。
『高等学校（改訂版）政治・経済』第一学習社。
『高等学校　新政治・経済（改訂版）』清水書院。
『精選版日本国語大辞典』小学館。

第2章

事例研究と学習法

1．事例研究－「経営」について具体的なイメージをつかもう－

経営を学ぶには，どうしたらよいだろうか？　まず，実際に「経営」している例を観察することが良い方法である。それは，「事例研究（ケース・スタディ）」という方法である。

私が推奨するその一つのやり方を紹介したい。それは，企業のホームページや新聞記事・雑誌記事などで企業などの「経営」について書かれている情報を読み，「縮約」してみる方法である。

では，縮約とはどのようなものだろうか。以下は，大野　晋『日本語練習帳』（岩波新書）に書かれているその方法である。

2．縮　約

「よく書くためには，先ずよく読み慣れること，たくさん読むこと。つまり文章全体をつかみ取る技を身につけることが大事です。…社会に出てから役に立つと何人もから聞いた練習法を実習しましょう。…それは，文章を縮約することです。…これから文章がよく読めるようになりたい，達意の文章が書けるようになりたいと思う学生や世間の人々には，これはたぶん役に立つでしょう。」

「縮約」とは，次の事柄を指す。

①縮約とは，要約することや要点をとることではなく，地図で縮尺というように，文章全体を縮尺すること。
②一行20字詰め20行の原稿用紙を使い，最後の一行あるいは二行の空白を作ってもいけない。
③ 400字から1字はみ出してもいけない。
④句点（。），読点（，）は一字分とる。
⑤全文を段落なしに書き続けてはいけない。途中に段落をつけ，改行すること。
⑥題目は字数外とする。」（大野　晋［1999］113～115頁）

以上が縮約の方法である。つぎの課題を実際に縮約して練習してみよう。

3. 課　題

次の企業の記事を400字に縮約しなさい。

サンマルコ食品

『冷凍食品製造販売の道内大手で，男爵イモなど道内産ジャガイモを原料にしたコロッケで知られる。同業の別会社の営業担当社員だった前社長の藤井幸男氏が，1979年に独立して設立した。

当時は冷凍食品が普及し始めたばかり。評価はまだ低く，「安価な間に合わせとしての食品というイメージが強かった」と振り返る。

そのため藤井氏は，冷凍食品がもっていた悪いイメージの払しょくに力を入れた。原料にこだわり，「使用する農薬の量が少なく，栽培時の寒暖の差がほくほくした食感につながる」という道産ジャガイモに特化した冷凍コロッケの製造を始めた。

また，道物産展などが開かれる東京や大阪などの百貨店の店頭で冷凍コロッケを実演販売し，消費者においしさを伝えた。

長男で2002年6月にトップに就任した藤井幸一社長は「道産の良質なジャガイモとの出合いが，会社を軌道に乗せてくれた」と強調。現在，売り上げの97%をコロッケが占め，このうち大半を本州向けに送る。

月産約900トンを生産する主力の恵庭工場は，原料ジャガイモの大半を，ようてい農協（後志管内）からトラックで約2時間かけて運送。製品のコロッケは苫小牧港から船で運ぶ体制だ。浦幌工場（十勝管内）では，同社が地元農家などにジャガイモの新種や最新の栽培方法に関する情報を提供している。

93年からはコロッケを消費者に直接販売する事業にも乗り出した。現在，フランチャイズ店を含めて道内7店舗ある「コロッケ倶楽部」では，黒ゴマやチョコクリームを入れたコロッケを店頭に並べる。99年に発売したチーズフォンデュ入りは，年間3億円を売り上げるヒット商品となった。

藤井社長は「小売りは消費者の反応を確かめる絶好の機会」と，今後の新商品開発にも意欲を見せている。』（北海道新聞2003年4月24日付記事）

4．縮約例

この記事を400字に縮約することを試みてみよう。例えば，以下のような縮約ができる。

冷凍食品製造販売道内大手で，道内産ジャガイモのコロッケで知られる。藤井幸男氏が1979年に設立した。

当時は冷凍食品が普及し始めたばかりで間に合わせの食品というイメージが強かった。

悪いイメージの払拭に力を入れ，原料にこだわり，道産ジャガイモに特化した冷凍コロッケの製造を始めた。

東京や大阪の百貨店で冷凍コロッケを実演販売し，消費者においしさを伝えた。

道産ジャガイモとの出合いが会社を軌道に乗せてくれた。大半を本州向けに送る。

恵庭工場はジャガイモをようてい農協から運送。製品は苫小牧港から船で運ぶ。浦幌工場は農家にジャガイモの情報を提供している。

93年からは消費者に直接販売する「コロッケ倶楽部」で，黒ゴマ入り，チーズフォンデュ入りを店頭に並べヒット商品となった。

藤井社長は今後の新製品開発にも意欲を見せている。

要点を列挙する場合，主観的に大事でないと思った部分を省略しがちであるが，それと違って縮約は，全段落を省くことなく縮める。それによって全体が客観的に「縮尺」されるのである。そこから，各段落で言われていることが何を意味するかを考えるのが，事例研究になるのである。

「経営」の実際をつかみとる＝認識するためには，それを概念・言葉・用語として表現し理解することが必要である。その「経営」についての諸概念を提供するものが「経営学」という学問体系である。つまり，経営学で蓄積された諸概念＝言葉を使わないと「経営」を深く的確に理解することができないのである。

実際に上記の事例では，どのような「経営」が行われていたか，各段落を「経営学」の諸概念を使って考えてみよう。

5．経営の意味

「サンマルコ食品」の「経営」から以下の諸点が特徴として浮かびあがる。

(1)　企業家

事業を興す人，起業する人を企業家という。ここでは，以前，冷凍食品製造会社の営業担当社員だった藤井社長が1979年に会社を設立した。そこから読み取れる含蓄＝インプリケーションは，事業をやろうとする人が創るのが企業であり，事業を興すこと＝起業といい，興す人を企業家というわけである。

つまり**「会社は企業家（創ろうとする人）がいてできるものだ」**ということである。

(2) **差別化**＝特徴だし

次の段落では，道産ジャガイモ（男爵イモ）＝原料への「こだわり」が書かれている。どうしてこだわったのか？「安価な間に合わせ＝冷凍食品の持っていた悪いイメージ」の払拭に力を入れたいと思ったと書かれている。

つまり，**「良い原料を使って良いものを作ろう」という意気込みがその事業の特徴＝差別化をつくりだしている**ことがわかる。

(3) 販売促進

東京・大阪の百貨店の道物産展へ出展し，実演販売をした。それは消費者へアピールとなった。このような活動は経営活動のなかでもマーケティング活動といわれ，そのなかの重要な要素がこの「販売促進」なのである。またこれは，本州での「市場開拓」でもあった。

つまり市場開拓のため，そして**「販売促進のため実演販売し消費者へアピール」**するということは経営活動の重要な一環なのである。

(4) 物　流

ようてい農協から原料ジャガイモが恵庭工場へ運ばれ，そこで生産＝コロッケ製造が行われ，できた製品が苫小牧港へ運ばれ，さらに本州＝市場＝消費地に運ばれる。原料から製品へ，次に製品が商品になるためには，モノとして運ばれる必要がある。このようなものの流れを物流という。そしてこの物流を管理する仕事は企業の重要な仕事なのである。

つまりこの場合**「企業の中で物流が行われている」ということができる。**

(5) 販路；商流（商業流通）

サンマルコ食品は，製造したコロッケをスーパーやデパートに「卸す」ことが主な事業形態である。つまり，製造・卸が事業領域なのである。ここから製造→（卸売）→スーパー・デパート→（小売）→消費者という財の流れがわかる。それらが売り買いを通じて流れているので，これを「商業流通」略して「商流」という。

しかしサンマルコ食品は，卸売りだけではなく，「コロッケ倶楽部」という小売店を設けて消費者に直接販売する「小売り」も始めた。つまり直販；製造→（物流）→「コロッケ倶楽部」→（小売＝商流）→消費者という流れをつくりだした。

ここから**「商流（商業流通）は卸売と小売からなっている」**ことがわかる。

(6) 成長戦略としての事業領域の拡大

もともとサンマルコ食品は製造・卸売であったが，1993年に小売（消費者への直接販売）に乗り出した（コロッケ倶楽部）のである。それは，**「成長戦略として事業領域の拡大（小売業への）をはかった」**ということである。

(7) 成長戦略としての新製品開発

サンマルコ食品は，黒ゴマ入りコロッケ，チョコクリーム入りコロッケ，チーズフォンデュ入りコロッケなど新製品の開発に取り組んだ。これは，**「新製品開発は重要な成長戦略の一つである」**ことを意味している。

(8) 価値創造・価値実現

サンマルコ食品の事業活動は，じゃがいもを主原料として，コロッケを製造することである。それは，「経営」的に見ればどのようなことを意味しているだろうか？　ジャガイモをコロッケに変換し販売する。それは価値を創造し，価値を実現することである。試しに，スーパーマーケットに行って，ジャガイモを買ってみよう（私は実際に買ってみた）。例えばそれは，100グラムあたり

21.3円であった。それに対してサンマルコ食品の「男爵コロッケ」という製品を買ってみるとそれは100グラムあたり113.8円だったのである。「男爵コロッケ」は，ジャガイモの約5.3倍の価値をもっていた。サンマルコ食品は，ジャガイモからコロッケを製造し，コロッケという価値を創造し，それを消費者に販売することによって価値を実現したのである。コロッケはコロッケとして消費される＝食べられることが価値の実現である。

上の事例を参考にして経営とはどんなものだろうか？　もう一度振り返れば，

○　何事かをやろうという意欲＝企業
○　価値（モノ・サービス）を創る（作る），実現する（売る）
○　そのために人や財・資源を動かす
○　工夫する

といったことが浮かんでくる。経営学の諸概念を使ってこうした経営のさまざまな工夫を考えていこう。

【参考文献】

大野　晋『日本語練習帳』岩波新書，1999年。
「ほっかいどう企業ファイル：サンマルコ食品」北海道新聞（2003年4月24日付記事）。

第3章

法人と会社

1．法人とは

人間は世の中で様々な活動をしているが，それは多くの場合，他の人とのつながりのなかで行われている。純粋にひとりの個人で行われることはなかなかない。個人の他の諸個人との継続的なつながりは組織，団体，集団などといわれる。それら組織，団体，集団などが社会的に認められる存在となるためには，法的に人と同等な存在にならなければならない。それが法人といわれるものである。

それは生身の自然人ではないが，法律で人と同等と見なされている存在である。法律的人格（法人格）を認められ財産所有などの権利能力をもち，社会的諸活動の単位となっている組織体であり，権利・義務の能力をもつものである（民法第33条，第34条）。つまり財産所有権をもち，納税義務などがある。

世の中には様々な種類の法人がある。われわれがもっとも馴染みのあるのは，「会社」という法人であるが，他にも身近に，財団法人，社団法人，学校法人，宗教法人，NPO法人などがある。

ちなみに，法人にならない場合，つまり個人企業もありうるだろう。自己資本を全額企業者が出資し，企業の所得はその個人の所得となるが，無限責任を負い損失，支払いは全面的にその個人企業者にかかってくる。

なお資金調達において出資と負債(借金)には違いがある。すなわち出資とは，自己資本を拠出することであり，返済されることを予定せず，利益を出資持ち分に応じて分配される権利があるが，利益のない場合はその配分がない，それを条件に拠出するものである。それに対して，負債（借金）は他人の資金を借り入れることであり，他人資本だから返済することが必要であり，借入に対する固定した利子を支払わなければならない。

主な法人についてふれておこう。まず**公益法人**とは「公益」を目的とする法人（「公益社団法人及び公益財団法人の認定等に関する法律」第2条）である。慈善，学術，技芸その他の公益に関する事業を目的として不特定かつ多数のものの利益の増進に寄与する社団または財団の法人である。**財団法人**とは財産の拠出を元に活動する（「一般社団法人及び一般財団法人に関する法律」第152条，第157条）もので，**社団法人**とは，一定の目的のもとに結合した人の集合体で，つまり人の集まりを中心に活動するものである。例えば，公益財団法人に日本相撲協会などがあり，公益社団法人に日本医師会などがある。

公益財団法人としての日本相撲協会は，興行収入が年100億円ほどあるが，支払う法人税は約15万円といわれる（堀篭俊材「波聞風問」朝日新聞2018年2月26日)。つまり公益性を評価されて税金が軽減されているのである。

宗教法人も公益法人の一つとして，お布施やさい銭，お守りやおみくじなど宗教活動に基づく収入は非課税である。また，物品販売，不動産貸付，駐車場，旅館など34業種の収益事業には課税されるが，税率は22%で，一般企業（30%）より軽減されている。宗教活動に使用される土地・建物の固定資産税は非課税である。宗教活動が非課税なのは，不特定多数の利益になる公益性が認められているからといわれる。信仰を通じて社会の安定に寄与し，仏像などの宗教美術品や堂塔といった文化遺産を維持・管理もしているからともいわれる（朝日新聞2012年4月3日付記事)。

いわゆるNPO（Non Profit Organization）法人もあり，特定非営利活動促進法の第1条によれば，特定非営利活動を行う団体に法人格を付与し，市民が行うボランティア活動をはじめとする社会貢献活動の健全な発展を促進し，公益の増進に寄与することを目的としている。また宗教法人法（第4条）によって宗教団体は法人となることができる。私立学校法（第3条）によって,「『学校法人』とは私立学校の設置を目的として…設立される法人をいう」というように，私立学校も法人となることができる。農協（農業協同組合）もまた農業協同組合法（第5条）によって法人とされている。病院などは，医療法（第39条）により医療法人として活動している。

協同組合；事業協同組合（中小企業等協同組合法），漁業協同組合（水産業協同組合法），農業協同組合（農業協同組合法），消費生活協同組合（消費生活協同組合法）などの協同組合は，それぞれカッコ内の法律により法人と認められている。そしてこれら協同組合は，個人あるいは事業者などが，共通する目的のために自主的に集まり，その事業の利用を中心としながら，民主的な運営や管理を行う営利を目的としない法人組織である。

国際協同組合協会（International Cooperative Association=ICA）によれば,「協同組合とは，共同で所有し民主的に管理する事業体を通じ共通の経済的・社会的・文化的なニーズと願いを満たすために自発的に手を結んだ人々の自治的な組織である」。協同組合の特徴は，①利益を目的としない，②一人一票の平等な議決権，③民主的運営，④組合員は利用者でもあり出資者でもあり経営参画者でもあるというものである。協同組合, 株式会社, NPO などの組織の違いは,図表 3-1 のようである。

現代日本のような資本主義社会では，経済活動の中心は「会社」であるし，多くの学生は「会社」に就職しようと就職活動を展開するのだけれども，実はこのように，世の中には「会社」以外にもさまざまな法人＝組織体があり，それは人間にとって「会社」以外にも働く場所がたくさんあることを意味している。このことを付け加えておきたい。

図表3-1　法人組織の違い；協同組合・株式会社・NPO

	協同組合	株式会社	NPO
目　的	組合員の生活向上	利潤・株主への配当	公益増進
根拠法	○○協同組合法	会社法	NPO法
事　業	根拠法で限定	限定なし	根拠法で限定
出資者	組合員	株主	会員
利用者	組合員	不特定	不特定
運営参画者	組合員（代表理事）	株主・専門経営者	原則として会員
運営方法	一人一票	一株一票	格差設定可能

出所：http://iyc2012japan.coop/whatsnew/news111114_01.html。

2．会社とは

❶　その字義

今の日本の世の中で人々が働く場所としてなじみが深い法人は，いわゆる「会社」であろう。会社とはどのようなものか，まずその語源から探って行こう。会社はなぜ会社と言うのか，ということである。

会社の文字「会」と「社」の意味から確認してみる。漢和辞典によれば，次のようである。

【会】もともとは蓋（ふた）のある鍋（なべ）のかたち。鍋に蓋をして煮炊きをしているさま。いろいろな食料を集めてごった煮のようなものを作っているので，「あつめる，あつまる，あう」の意味となる（白川静『常用字解』）。

【社】土は，土地の神（くにつかみ）。土地の神がいるところが「やしろ」つまり神を祭るところである。示（しめすへん）は，神を祭るときに使う机＝祭卓の形である。神にいけにえをささげる台の象形で，「しめす」の意味をもつ。神社は，神を祭る建物であり，社を中心に人々の集団がつくられるようになり，「社」は人々の集団の意味に使われるようになった。用例としては，「～社中」（「花柳社中」＝踊りの流派・仲間，坂本龍馬の作った「亀山社中」など）が，同門の仲間を意味する。

したがって【会社】は，同じ目的で物事を行う集団を意味するようになる。それをCompanyの訳語としてあてた。Companyはもともと仲間の意味である。これは，現在の営利を目的とする社団法人としての会社の意味とは異なる。では，どのように文字通りの語義から現在の語義に変わって行ったのか。まずはその用語としての由来とその語義の変遷をたどってみる。

❷ 用語の由来

「会社」という用語はどのように生まれ，またどのような経緯をたどって定着してきたのか，馬場宏二［2001］『会社という言葉』や齊藤毅［1977］『明治のことば』によってその由来をたどってみよう。それらによれば，まず「会社」という言葉は，「会」と「社」をつなげた和製漢語である。漢籍古典に「会社」という用語はなく，「会社」は江戸時代の日本で創案された新語－和製漢語であった。

19世紀に，蘭学者がオランダ語のGenootschap（団体，協会）かMaatschappij（社会，協会，学術団体，会社）を「会社」と用語を創案して訳出したものである。ちなみに「会社」という言葉の初出は，1848年（嘉永元年）に出された杉田玄端『地学正宗』に遡れる。これはオランダの地理の教科書の和訳である。その用法では，「会社」はもともと学会，学術集団，やや拡げて，同職あるいは同志などの自発的集団，ひろく仲間や集団の意味で使われていた。つまり今日のような営利企業を指す語ではなかったのである。

その後，英語のCompanyを「商社」と訳した文書が現れる。「商社」がCompanyの訳として幕末には流布し，少しずつ民間にも普及していった。さらに過渡的な現象として，慶応2年（1866年）に福沢諭吉は『西洋事情』において「商人会社」という条項を設けて，

「西洋ノ風俗ニテ大商売ヲナスニ，一商人ノ力ニ及バザレバ，五人或ハ十人仲間ヲ結デ其事ヲ共ニス，云々」と「商人会社」の定義を記している。

明治期に入ると，明治政府の手でCompanyの訳語は，「商社」から「会社」に置き換えられていった。その推進者は，福地源一郎（『会社弁』明治3年）・渋

沢栄一（『立会略則』明治４年）らであった。そのなかには，

「会社トハ総テ百般ノ商工会同結社セシ者ノ通称ニテ，常例英語『コンペニー』『コルポレーション』ノ適訳ニ用ヒ来リ，云々」というような定義がある。

明治５年（1872年），初の株式会社規定といわれる国立銀行条例が発布され，やがて三井・三菱系企業も「…会社」と名乗るようになる。こうして用語としての「会社」が定着していき，そして明治６年（1873年）出版の『英和字彙』という辞書にも「会社」という語は載るようになった。

会社法制定はこの頃から始められ，商法公布が1890年，明治商法制定が1899年であった。そして1891年刊の『言海』で「会社」を企業とする語義が現れる。これ以降，大きな辞典では，株式会社・合資会社・合名会社という，今日の辞典の説明の形をとるに至っている。

❸　会社の種類

会社の種類は，まず大きくいって持分会社と株式会社に分かれる。

持分会社；持分会社（会社法第３編第575条〜）では出資者は持分を有する。定款の変更は全員一致で決定する。なお，定款とは法人・会社の目的・活動などに関する根本規則を記載した書面である。会社の根本規則，自治規則，事業目的，商号（会社の名前）などを決めたものであり会社にとっての「憲法」と言える。この持分会社のなかには，**合名会社**，**合資会社**，**合同会社**がある。

合名会社は，無限責任社員のみから構成されるものである。合資会社は，無限責任社員と有限責任社員から構成される。合同会社（LLC=Limited Liability Company）は有限責任社員のみから構成される（会社法第576条）。

ここで「社員」とは出資者を意味するもので，われわれが日常的に会社の従業員＝雇われた者を「社員」というのとは意味が違っていることに留意する必要がある。そして「無限責任社員」とは，会社の債務を全財産でもって弁済する責任を負っている出資者を意味する。それに対して「有限責任社員」とは，出資額を限度として会社債務を弁済する責任を負う出資者を意味する。ともに利益分配を受ける権利をもち，損失の負担の義務を負う。またこれら持分会社

においては社員が拠出資本を他人に譲渡したいときには他の社員全員の同意を必要とする（会社法第585条）。利益の配分に関することは定款で定めることができる（会社法第621条）。損益配分の割合について定款の定めがないときは，各社員の出資価額に応じて定める（会社法第622条）ことになっている。

合名会社と合資会社を構成する無限責任社員の責任は，「無限」という文字通りかなり重いものであるから，おいそれと成れるものではないだろう。実際は血縁・地縁の強い紐帯にもとづく強い結束・信頼関係があってはじめて出資がなされたであろうことが容易に想像される。そうした合名会社・合資会社の発生は古くはヨーロッパ中世末期の地中海貿易まで遡れるものである。日本では明治期の財閥本社が血縁の紐帯にもとづき，三井合名や三菱合資といったこれらの会社形態をとったことは有名である。

これに対して合同会社（LLC）（Limited Liability Company）は，従来の有限会社に代わって2005年の会社法制定において設けられた新しい会社形態である。民法上の組合と同様に，出資比率にかかわらず仲間の総意で自由に利益配分を決められる。株式会社と同様に，事業で生じた損害の責任は出資分だけに限られる。したがってお金はないが技術はある人と，投資先を探している大企業が組んでベンチャー企業を立ち上げ，出資額が少ない技術者も，利益は相応に受け取れるような仕組みをつくれる（朝日新聞2006年5月3日付記事）という特徴をもつ。

ちなみに合同会社に類似したその他の形態として有限責任事業組合（LLP=Limited Liability Partnership）がある（「有限責任事業組合契約に関する法律」）。それは，次のような特徴をもつ。①出資者全員の有限責任，②出資者の損益や権限配分は出資者の労務や知的財産，ノウハウの提供などを反映して出資比率と異なる配分が可能である。③意思決定は出資者全員で行い，出資者全員が経営・業務執行に参加する。④組合には課税せず，出資者に課税する，法人課税上のメリットがある，⑤組合契約書に組合の存続期間が明記されなければならず，事業の成功あるいは存続期間の満了をもって解散する，ということである。「組合」は，会社よりもより同志的な仲間の集まりのような意味あいが強い。

一時的な事業を遂行する場合などにはこのような形態が便利なのかもしれない。

株式会社；株式会社の法的な規定を論じる前にそもそもなぜ，株式，株式会社というのか，その由来を考えてみよう。株とは，もともと草木の根元の部分を指す言葉である。それは株分けされて育てれば実り（収益）をもたらすものであるから，それになぞらえて，そういう利益をもたらす特定の身分・地位または職業上・営業上の権利・資格・格式を意味する言葉として「株」という言葉は使われるようになったと思われる。例えば，江戸時代の「株仲間」は，幕府や藩から認められたある分野の取引を独占する同業者（仲間）の集まりで排他的な営業権を有しそれによる利益を享受できる資格が株であった。現代でも相撲の「年寄名跡（親方株）」がそれにあたる。それは年寄りという身分の名跡（みょうせき）であり，それによって親方になる資格を得るものである。日本相撲協会が公益法人化される以前は，売買によって継承されていたのである（朝日新聞 2017 年 5 月 2 日付記事）。そしてその伝で言えば株式会社とは，草木の株のように出資者に実り（利益）をもたらす「株式」と交換に出資を募るいわば「株」方式の会社という意味になるだろうか。株式会社の株式とは，株式会社における出資者（株主）の権利で，利益の配当を受ける権利，株主総会での議決権，会社解散の際の残余財産の分配を受ける権利などを株主はもつのである。

2006 年施行の会社法によれば，株式会社（会社法第 25 条～）は，次のような特徴をもつ。①出資者つまり発起人とその他の株式を引き受ける者は株式を有する（第 25 条）。②出資者は有限責任社員から構成される（第 104 条）。全出資者（社員）が有限責任であり出資額を限度として企業の負債に責任を負う。③株式は，企業の財産の持ち分であり，利益の配分を受ける権利である。④株式は譲渡可能である。出資と引き替えに，会社の持ち分を示す証券＝株式が発行され，その証券が第三者に譲渡できる（第 127 条）。これにより証券市場・株式市場が発達した。⑤株式会社は，株主総会や取締役会，監査役会といった会社機関が発達した。会社を経営する経営者は，株主である必要はない。社長は取締役会が任命する。取締役会は経営者を監視する機関であり，株主総会における株主の選挙によって選ばれる。取締役会のなかから代表取締役として社長が互選される，と言う手続きを踏み経営組織が形成される。⑥所有と支配が分離されている。証券市場で株式が流通するようになり株式所有の分散化が進むとともに株式会社に対する実質的支配権（経営者の任免権）を株主が失う事態が生まれる。社長が取締役を選任し，株主総会がそれを自動的に承認するに過ぎない実体になる（『経営学大辞典』中央経済社）。

なお株式会社の設立には次のような手続きを踏むことが必要である。それは営利目的を有する社団をつくることである。①社員関係の基礎となる自治規則である定款を作成する。②社団の構成員である「社員」を確定する。③社団を運営する「機関」を備える。④設立登記をして法人格を取得する（浜田道代編［2005］）。

新しい会社法（2006年5月施行）によって極端に言えば資本金1円でも会社設立が可能になった。従来株式会社は1千万円，有限会社は300万円の最低資本金が必要だったが，最低資本金制度が撤廃されたのだ。最低資本金制度は債権者を保護する目的からだったが，それが2006年施行の新しい会社法では，経済の活性化のための規制緩和の一環で起業をしやすくするなどの理由からその規制をなくし，極端にいえば資本金1円でもよくなったのである。脱サラした人や主婦，学生，大学の研究者などもより簡単に会社がつくれるようになったと言える。しかし会社登記の登録免許税などの諸費用が約24万円かかるといわれる。それに実際の会社運営にはそれとは別に相応の資金が必要であることは言うまでもない（朝日新聞2006年5月3日付記事）。

公証人；なお株式会社の設立には，まず会社の目的や組織など基本的なルールを決める定款について，公証人の認証を受ける決まりである。つまり企業の定款を認証するのは「公証役場」の公務員「公証人」である。認証手数料は1件5万円といわれる。なお公証人は遺言状の作成にもかかわる。公証人には，裁判官や検察官の経験者，検察事務官や裁判所の書記官，法務省の職員らがなるケースが多い（朝日新聞2018年5月20日付記事）。

3. 株式会社の起源：オランダ東インド会社

株式会社の起源は，オランダ東インド会社といわれる。大塚久雄［1969］『株式会社発生史論』と永積昭［2000］『オランダ東インド会社』によってその成り立ちをふりかえり，株式会社の特徴を考えてみよう。どのようにして生まれたか見てみよう。

16～17世紀のオランダの繁栄は，新大陸とアジアとの貿易に基礎をおいていた。そしてオランダ東インド会社は，現在のインドネシアを植民地とする端緒をつくったといわれる。それは，西洋の近代の開幕に大きな役割を果たした。

オランダ東インド会社については，ゾンバルトや大塚久雄氏の研究（『株式会社発生史論』）などが有名である。それらは，西洋中世末期の航海の事例から，いかにして沿岸の港みなとに寄港しながら取引する「渡り鳥的な」企業が恒久的な組織をそなえ，どのようにして持ち分資本家と機能資本家とが分かれ，またなぜ無限責任から有限責任へと移行したかなどの根本的な問題を論じた。本格的な株式会社の機能を備えたものとしてオランダ東インド会社は，その起源なのである。

オランダ東インド会社は，1602年に設立され1799年に消滅する。それは，世界の東西交通の歴史のなかに生まれたものである。

紀元前2世紀ころからローマと中国はシルクロードといわれる陸路の交通により結ばれていた。やがて，紀元1世紀頃モンスーン（季節風）が発見され，インド洋から太平洋にかけての水域の交通に役立てられるようになった。その証拠に，ローマの金貨やガラス製品が紀元1世紀頃のインドシナに栄えたクメール族の王国の遺跡から見つかっている。

しかし海上交通は，シェークスピアの「ヴェニスの商人」に出てくる高利貸シャイロックもいうように，「船は板だ，水夫は人間にすぎぬ。水の賊がいる。海賊だ。それから水や風や岩の危険もある」から，とても危険であった。マラッカ海峡付近に巣くう「水の賊」が脅威となりえた。だからこの水域に強い国家の権力が及んで航海の安全が確保されるならば，海上貿易は陸上貿易とは比較にならぬほど大量の商品を動かせる利点があった。

東西貿易の商品の流れは，西から東へインド産綿織物，東から西へはインドネシア産の香料類であった。香料は主に胡椒，スパイス（チョウジ，ニクズク＝ナツメッグ）で，ヨーロッパでは調味料，保存料としての大量の用途があった。ヨーロッパでは当時家畜を生かしたまま冬を越すことができず，秋に家畜を大量に解体し食肉化した。その保存料としての用途があったのである。

15 世紀末に，ヨーロッパではバルトロメオ＝ディアスの喜望峰到達（1488 年），コロンブスの新大陸発見（1492 年），ヴァスコ・ダ・ガマのインド回航成功（1498 年）が相次ぎ，スペインによる新大陸貿易とポルトガルによる東洋貿易の道が切り拓かれた。ちなみに，ポルトガル人が日本（種子島）に漂着するのが 1543 年，ザビエルが来日するのが 1549 年である。

われわれがオランダと呼びなれている国は，正式にはネーデルラントと呼ばれている。ネーデルラントとは低地を意味する。英語の呼称でもネザーランズである。北西部地方ホラントが，ポルトガル語でオランダと呼ばれたため，それにならって日本ではいまだにオランダと呼んでいる。

15 から 16 世紀，オランダはまだスペインの植民地であった。スペインからの独立戦争・宗教戦争は 80 年戦争といわれ 1568 年頃から始まる。そして南部ネーデルラントのフランドル地方で毛織物工業が興り，毛織物は新大陸への輸出産業となる。その結果，新大陸の豊富な銀はオランダに流入することになり，オランダの商人たちは，その銀を元手に香料などを目的とする東インド貿易に乗り出したのである。

いくつかの航海会社が相次いで設立された。それらはフォール＝コンパニーエン（前期諸会社）と呼ばれた。その最初のものは，1594 年に 9 人のオランダ商人によって設立された遠国会社（Compagnie van Verre）で，1595 ～ 1596 年にかけて，喜望峰回りでジャワ島ジャカルタに到達し，東インド貿易を開いた。1597 年に設立された新航海会社と合併し旧会社と呼ばれた。この会社は 1598 年から 1600 年にかけて，大量の胡椒買いつけに成功し 4 回航海を重ねた。そして1600年に新ブラバンド会社と合併し，アムステルダム東インド会社と名を変えた。このほか，オランダ各地の港に会社が林立することになる。その結果，1601年末までに15の船隊65隻が東洋に来航し，相互の競争が激化した。それは香料の買い入れ価格の急騰と売却価格の低下をもたらしたので，連邦議会がこれら諸会社を統合する必要を示唆するに至った。そして1602年に連合東インド会社（Vereenighde Oost Indische Compagnie）が設立されたのである。つまりこれがオランダ東インド会社である。これは特許状によって東インド貿易独占権を与えられた植民地経営のための会社であった。この会社は，オランダ語の頭文字をとってV.O.C.という略称で呼ばれることが多く，その三文字を組み合わせたマークを用いるようになった。

オランダ東インド会社が株式会社の起源であるといわれるのは，一つには，この会社の永続性の故である。つまりこの会社の直接の前身である「フォール＝コンパニーエン」においてさえ，まだ当座企業（つまり一回の航海ごとに事業を清算していた）としての性格を多少残していたことと対照的なのである。また大塚氏によればこのとき生成した株式会社形態が，後にヨーロッパ各地に「放射状をなして」法制的客観性をもって伝えられたからであるともいう。ではそのオランダ東インド会社はどのように生まれたか，さらにその発生の歴史をさかのぼってみる必要がある。

この株式会社が成立する背後には，大塚久雄氏が『株式会社発生史論』で明らかにしたように中世末期からの地中海における航海のための出資形態の徐々に発達する姿が認められる。

中世末，地中海沿岸貿易をになったイタリア諸都市国家が発展していた。海上貿易は，船の艤装に多額の費用を要し，また海難リスクを伴うことから，資本の調達，リスクの分散の面から単独の商人資本よりも共同の出資による事業が発達した。中世末には船舶共有組合という船の持ち分に出資する形態があった。

さらに，数人の資本家が出資しあって資本を集中し，会社企業を立ち上げ，その会社が船を所有し，出資者たちはその出資に対して無限責任を負う今でいえば合名会社にあたるソキエタスというものが生まれた。さらに，ソキエタスを構成する無限責任を負う出資者＝機能資本家の周りに，おそらくは血縁・地縁の出資者が有限責任で出資するコンメンダといわれる形態が付着して，マグナ・ソキエタスといわれる形態が発展した。これは今でいえば無限責任社員と有限責任社員から構成される合資会社にあたる。

オランダ東インド会社の母体となった数社のフォール・コンパニーエン＝先駆会社は，このようなマグナ・ソキエタスであったのである。なおこれまでの企業形態は，一航海ごとに設立され航海が終わるごとに清算される当座性の組織であった。そしてこれらフォール・コンパニーエンが合併してできたオランダ東インド会社において，出資者全員が有限責任でありかつ出資持ち分が株式（アクシー =actie）という形をとって分割され自由に譲渡可能な方式になり，その結果企業の永続性が確保された株式会社が生まれたのである。

このような発展に流れのなかに，資本を集中する工夫と，出資者のリスクを分散する工夫の発展が読み取れるのではないだろうか。

オランダ東インド会社のそれまでの諸会社と異なる新しい点は次のことがあげられる。

一，株主つまり出資者が無限責任制から有限責任制に完全に移行したこと。
二，出資者は直接会社に出資することとなり，取締役団の個人的性格が，会社企業のなかに吸収されたこと，つまり会社が個人的なものでなくなったこと。
三，持ち分としての株式の譲渡が自由になったこと，である。

なお未完成な点としては以下の諸点がある。

一，株式の譲渡証書を買い手ではなく，会社が所有し，その「証券化」が完全でなかったこと。
二，株式の等額の分割の制度がなく，まだ確定資本金制度が欠けていたこと，である。

オランダ東インド会社の重役会にあたる十七人会は，特許状の条文に従い，東インドにおける条約の締結，自衛戦争の遂行，要塞の構築，貨幣の鋳造などの権限を与えられていた。「喜望峰の東，マジェラン海峡の西」という広大な地域で，この権限を行使できたオランダ東インド会社は，ひとたび喜望峰を廻れば国家にひとしい権力をもつことになったのである。なお特許状によるこのような独占的な権力を有するという点は，近代的な株式会社とは異なる性質のものである。特許状によらない「準則主義」の株式会社が生まれるのは，イギリスにおける1855年の「有限責任条例」によってである。

【参考文献】

伊丹敬之・加護野忠男『ゼミナール経営学入門（第3版）』日本経済新聞社，2003年。

大塚久雄『株式会社発生史論』岩波書店，1969年。

齊藤　毅『明治のことば』講談社，1977年。

中央経済社編『会社法』中央経済社，2005年。

永積　昭『オランダ東インド会社』講談社学術文庫，2000年。

蓮見正純・六川浩明編『誰でもわかる新会社法』エクスメディア，2005年。

馬場宏二『会社という言葉』大東文化大学経営研究所，2001年。

浜田道代編『キーワードで読む会社法』有斐閣，2005年。

『岩波基本六法』岩波書店，2011年。

『経営学大辞典』中央経済社，1988年。

『経済学辞典』岩波書店。

『デジタル大辞泉』小学館。

『明鏡国語辞典』大修館書店。

『六法全書（平成28年版）』，2016年。

第4章

会社の資金調達

1. 資金調達の源泉

まず，伊丹敬之・加護野忠男［2003］『ゼミナール経営学入門』によって会社の資金調達について見ていこう。

まず会社企業の運営には資金が必要である。成長資金すなわち，事業拡大にともなって設備投資や研究開発投資のための資金や在庫を積み増すための資金が必要になる。また運転資金すなわち，短期の決済に必要な運転資金なども必要性が増す。

運転資金とは，短期的に必要な資金である。販売した先からの支払いが滞った場合，仕入れ先への決済ができなくなるといったことを防ぐためには，仕入れ・販売を回していくための運転資金を準備しておかなければならない。業務上は黒字なのに決済ができないために企業が倒産することがありうるのである（黒字倒産）。

資金調達の源泉は大きく分類すれば，株主の拠出，利益の留保，負債の三つである。

資金調達の源泉；(1) 出資＝株主の拠出 ⎫ 自己資金
(2) 利益の留保 ⎭ による調達
(3) 負債＝借金

(1) 出資＝株主の拠出

図表4-1

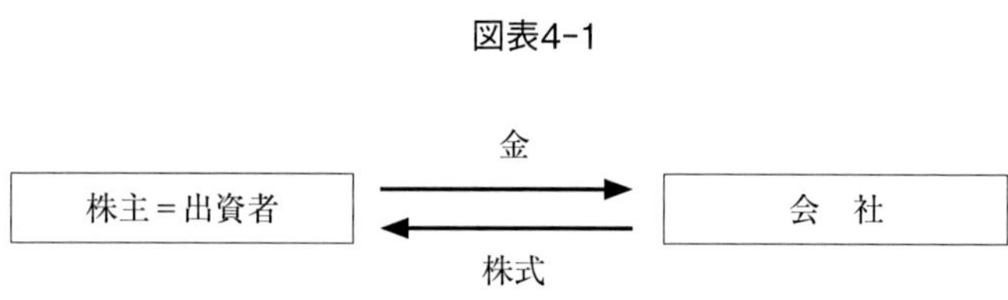

出所：筆者作成。

株主の拠出とは，株主の出資のことであるから，株式発行による資金調達のことである。出資は返済を予定しない資金であるからいわゆる「逃げない資本」である。それで，投下されてから回収に時間がかかる設備投資や研究開発投資に対応した資金調達に適している。しかし，そのような事業の内実を背景にした出資の募集でなければならず，おいそれと頻繁に繰り返すことのできない調達方法でもある。そもそも，株式発行による資本市場からの資金調達は，証券取引所に上場している企業のできる調達方法である。日本の大多数の中小企業の場合は株式を上場していない場合が多いから，このような株式発行による資金調達は現実には不可能である。

(2) 利益の留保

図表4-2

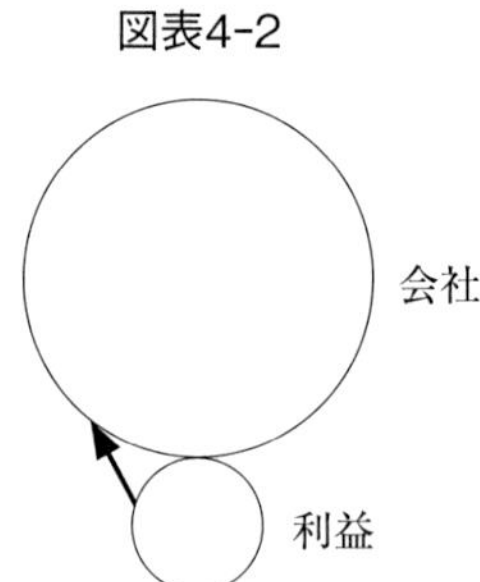

出所：筆者作成。

利益の留保とは，企業の稼いだ利益のうち，株主に配当せずに企業の内部に留保しているもので，自己資本の一部をなしている。資本市場に依存しない自己資金による調達である。業績の良い企業ほどこの利益の内部留保によって必要資金の調達を行う傾向が強い。

(3) 負債（借金）による調達

負債による調達は，大きく分けて企業間信用の利用による取引相手からの調達，金融機関（銀行）からの借り入れ，社債の発行による調達，の三つがある。

(a) 企業間信用の利用による取引相手からの調達（手形振り出し）

図表4-3

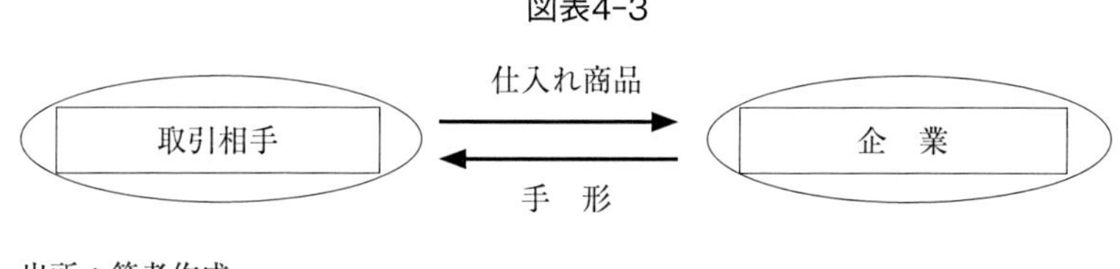

出所：筆者作成。

(b) 金融機関（銀行）からの借り入れ

図表4-4

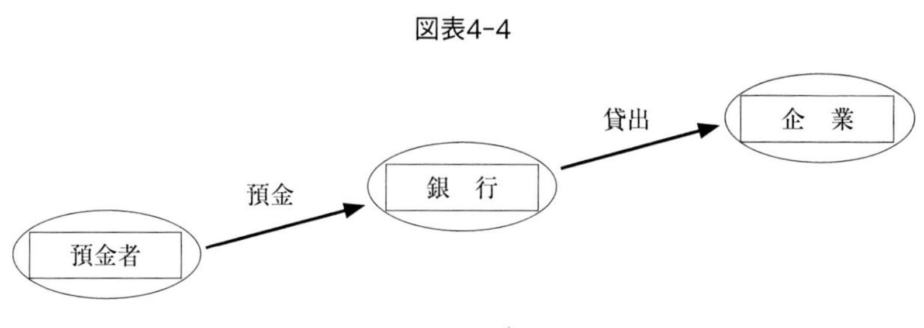

出所：筆者作成。

(c) 社債発行による資金調達

図表4-5

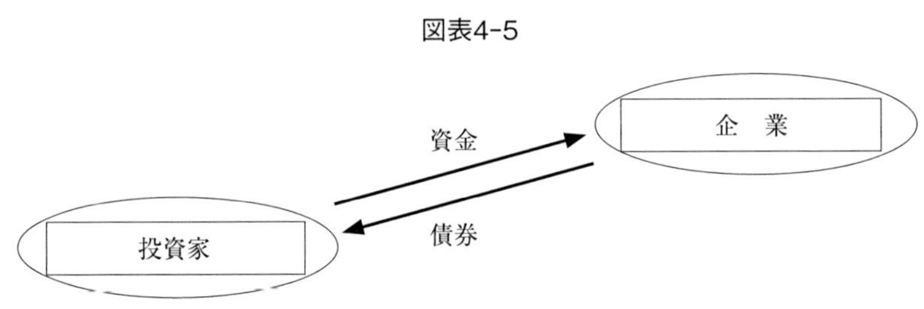

出所：筆者作成。

直接金融・間接金融：金融機関からの借り入れを間接金融という。銀行は預金者から集めた資金を仲介して企業に貸している。資金の最終的出し手（預金者）と資金の最終的受け手（企業）の間に銀行という間接的な存在が介在するので，間接金融という。

資金調達ルート：資本市場の経由のあり方を基準に見ると，金融のルートは，資本市場を直接に使う直接金融，間接的に使う間接金融，資本市場を経由しない内部金融（内部留保），という三つのルートがあることになる。

ただし，資本市場から資金を調達する場合も，銀行などの金融機関から借り入れる場合も，自社の業績が良好であることを「信用」してもらわねば，資金の貸し手は容易に貸してくれない。いずれにしてもこうした便宜を図る証券会社・銀行との関係を良好に保つ努力が必要である。それはとりもなおさず業績を良好に保つことが必要であろう。

2. 財務的リスクの違い

次に，以下のように資金調達の仕方によって財務リスクの程度は異なる。

[高]　借り入れ

借り入れは，返済の義務がありまた利子支払いの義務がある。業績が悪かろうが，その義務は待ってはくれない。だから負債比率が高くなると，企業として財務リスクは高くなる。つまり業績が悪くなると借金を返せない危険が高まるのである。

[中]　株式発行＝株主の出資金（資本金）

株主の出資は配当を支払う必要があるが，返済の義務はない。配当支払いも，利益があればそれを配分するのであって，分配の義務があるわけではない（利益がない場合は，支払わなくてよい）。ただし，分配を小さくしすぎると株価が下がり，乗っ取りの危険が増したり，増資しにくくなったりする危険がある。

いわゆる「逃げない資本」なので，長期的に企業に資金が滞留することが必要な設備資金や研究開発資金の調達に向いている。

[低]　内部留保

内部留保は，配当や利子の支払いの必要ない，また内部でためた自己資金なので返済義務もない財務的リスクの最も小さく，経営者がフリーハンドで使える余地が最も大きい資金である。ただし業績が良くなければ生みだすことのできない資金である。

自己資本÷使用総資本＝自己資本比率＝財務的健全度の指標；資本金と内部留保の合計値を自己資本という。この自己資本が企業の使用する総資本の額に占める割合を自己資本比率という。それは企業の財務的健全度の指標とされる。それは株主出資と内部留保の財務的リスクが小さいがゆえである。

優良企業の内部留保志向：トヨタ自動車のように，財務体質が優良だと言われる企業ほど，借金ゼロ，自己資本による資金調達を目指す。特に内部留保を主な資金源としようとする。それは，企業の経営者としての考慮要件として，財務的リスク以外に，資本コストと経営の独立性という二つの重要な要件があるからである。

資本コスト：資本コストとは，その資本を使ったときに企業が負担しなければならないコストである。まず，借入の資本コストは金利支払いである。次に資本金（株式発行）の資本コストは，第一に配当支払いである。第二は増資に応じた株主の出資分の価値を維持すること，つまり株価維持のためのコストである。株価維持のためには，配当を維持するだけではなく売上高や利益などの業績の維持もしなければならない。次に内部留保の資本コストは，その金を他の目的に使ったらなんらかの利得が得られたはずである，その利得を犠牲にしている，という意味での機会コストである。

経営の独立性：借り入れに大きく依存すると，銀行が必ず経営に口を出してくる。だから多くの企業はできることなら借り入れを避けようとする。株主出資も，特定の株主が多くの株式を保有し始めれば，その株主が経営に口を出す。将来，増資を行なおうと考えれば株式市場での評価に気を配った経営の在り方，利益の出し方を考えなければならない。その配慮の分だけ経営の独立性は失われる。それに対して内部留保は経営者がフリーハンドで使える資金である。

こうした資本コストと経営の独立性の考慮の結果として，日本では経営者の好む度合いは，内部留保，株主資本，借入の順となる傾向がある。

3. 新しい資金調達方法：クラウド・ファンディング

ソーシャル・ネットワーキングを利用した新しい資金調達方法として，近年，クラウド・ファンディング（crowd funding）が盛んになっている。crowd とは群衆・大衆を意味するから，多くの人びとから資金を調達するという意味になろう。

朝日新聞社のクラウド・ファンディング・サイト「A-port」によれば，クラウド・ファンディングとは，「こんなモノやサービスを作りたい」，「世の中の問題をこんなふうに解決したい」といったアイディアやプロジェクトをもつ起案者が，専用のインターネットサイトを通じて世の中に呼びかけ共感した人から広く資金を集める方法である。

インターネット決済が浸透し，世界で数多くのクラウド・ファンディング・サイトが生まれている。日本では2011年の東日本大震災をきっかけに被災地復興事業の資金調達という形で一気に広まったといわれる。一般的な資金調達との対比を下図に示す。

図表4-6　資金調達の対比

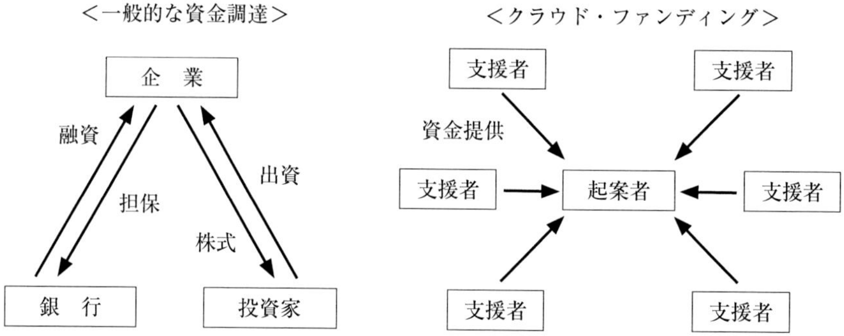

＜一般的な資金調達＞
企　業
融資
担保
出資
株式
銀　行
投資家

＜クラウド・ファンディング＞
支援者
支援者
資金提供
支援者
起案者
支援者
支援者
支援者

出所：A-port「クラウド・ファンディングとは」https://a-port.asahi.com/guide 2017年。

なお，クラウド・ファンディングでは，プロジェクトの起案者を「起案者」，資金提供してプロジェクトを支援する人を「支援者」と呼ぶ。資金援助することで支援者がもらえる特典を「リターン」と呼ぶ。

四つのタイプ：クラウド・ファンディングは，資金や支援者への見返り（リターン）のあり方によって四つのタイプに分類される。①寄付型：集めた資金は全額寄付に充当され見返りのないタイプ，②投資型：出資者がプロジェクトの利益から配当という形でリターンを受け取るタイプ，③融資型：出資者が利子という形で一定のリターンを受け取るタイプ，④購入型：支援者はお返しとしてモノやサービス，権利という形での特典を受け取るタイプ，以上の四つのタイプである。

購入型は「All or Nothing 型」と「実行確約型」に分類される。「All or Nothing 型」は，目標金額に到達した場合のみ資金を手にしてプロジェクトに着手するものである。目標金額に到達しなかった場合はプロジェクト不成立となり，資金調達はキャンセルされ，リターンの実行もされない。「実行確約型」は，目標金額に到達しない場合でも起案者が調達した資金を手にしてプロジェクトを実施するものである。

活用例：クラウド・ファンディングは幅広い分野で多岐にわたり活用されている。新しいテクノロジーを用いた商品開発，映画製作や本の出版，ゲームやアプリの開発，アーティストのCD制作やコンサート運営，伝統工芸品の制作，建築物の改修，先進医療の研究，新興国の貧困層への自立支援などがあるそうである。

市場の拡大：世界銀行の推定によれば，世界のクラウド・ファンディング市場は，2015年度で約344億ドルとされ，2020年までに900億ドルにまで成長すると予測されている。日本においても，2014年に政府によるクラウド・ファンディングの環境整備が行われ，2015年度363億3,400万円，2016年度477億8,700万円（推定）と成長を見せている。

「クラウド・ファンディング・インダストリーリポート」によると，クラウド・ファンディングの4タイプのなかでも，「購入型」のプラットフォーム数が最も多く，世界的に中小企業が資金調達に採用している。日本では購入型と寄付型は金融商品取引法の規制対象ではないため，個人や団体が手軽に起業しやすいので，サイト数・調達金額ともに近年急伸していると言われている。このようにクラウド・ファンディングは，個人・中小企業・ベンチャー企業にとって新たな資金調達手段として，また新たなマーケティング手段として可能性をもつものといえる。

リスク：支援者にはリスクがともなう。世界の例では，目標額に達しても資金面や技術面で起案者の当初の見通しが甘かったためプロジェクトが完遂されず，支援者にリターンを用意できなかったケースもある。その場合，起案者に責任が生じるが，クラウド・ファンディングは新しい資金調達概念のため，こういったリスクから支援者を守る制度はまだ整備されていない。支援者はこうしたリスクを認識しておく必要がある。

【事例】CFによる限定品生産

企業がどのようにこのクラウド・ファンディング（CF）を利用しているか，その事例を見てみよう。カルビーは2017年夏にインターネットで小口資金を集めるこのCFの仕組みを活用してポテトチップスづくりに乗り出した。期間限定で一般消費者から資金を募り，原料のジャガイモにこだわった限定品を出資者に提供するものである。CFサイト上で農家や産地を紹介し，「生産者の顔の見えるポテチ」としてファンを獲得することをねらった。

まず，あるCFサイトに専用ページを立ち上げ，出資を募り，集まった資金で北海道産の新ジャガイモを原料にした限定ポテチをつくった。CFサイト上ではジャガイモの生産地である北海道美瑛町の農場の様子や，生産者の情報を詳しく発信した。出資は1口1,000円から募り，募集期間は8月末までとし，3,000口を設定した。そして秋以降，出資者のみを対象に生産した限定ポテチ「ア・ラ・ポテト」を1ケース（12袋入り）提供した。

ポテチ市場では2016年夏の台風によるジャガイモ不足を背景に2017年春には商品の出荷停止が相次いだため，小売店で品薄状態となり消費者に混乱を招いた。カルビーは「生産現場の実態を十分に伝えられていなかった」ことを反省し，CFで出資を得る過程で，産地の情報や生産者の思いを広く紹介することで，ポテチ事業への理解を深めてもらい，事業や活動の理念などに対して出資者の同意を求めることをねらったのである（『日経MJ』2017年7月14日付記事）。このようにCFはマーケティングと深く結びついた資金調達活動だといえる。

【事例】SDGs（Sustainable Development Goals）と結びついたCF

ヘアアクセサリーの販売・製造会社ビューティフルスマイル（大阪市）は，

もともとクラウド・ファンディングでカンボジアの子供らを支援する寄付を募り，お返しに規格外のチョコを贈ることにしていた。取り組みをさらに広げようと「ロスゼロ」(http://www.losszero.jp/) という販売サイトを立ち上げた。メーカーから規格外のお菓子を安く仕入れ，収益の一部をカンボジアへの支援にあてることにした。規格外のチョコを通常の6割ほどの価格で売ると，購入希望が殺到した。これは，国連が2015年に採択した「持続可能な開発目標」(SDGs)（国連加盟国が2030年までに達成をめざす貧困，環境など17分野にわたる目標）の一つ「つくる責任，つかう責任」（目標12）が警鐘をならす，無駄な生産と消費の問題に取り組むものでもある。この事例から示唆されることは，大義のある資金調達活動には，ネットを通じて支持があること，そうしてその寄付に対してはやはり何らかの「お返し」が必要なことである。また消費者はそのお返しの購買・消費によってSDGsにも支持を表明できることに満足するのである（朝日新聞2018年9月22日付記事「食品ロスゼロ，ネットなら」)。

【補足】庶民の金融：質屋

質屋は古くは鎌倉時代から庶民の資金繰りの強い味方であった。その仕組みを朝日新聞記事「暮らしとお金を考える」(2010年1月9日付記事）に依拠して紹介しよう。

質屋は「質草」と呼ばれる持ち込まれた品物を担保にお金を貸す「金融業者」である。借り手は質草の査定を受けて，それに見合うだけのお金を借りる。期限以内に利息を含めて返済すれば質草は返してもらえるが，返済できなければ質草は没収される。これを「質流れ」「流質」と呼ぶ。流質になった質草は質屋が売却して換金し貸金の回収をする。典型的な質草はかつて和服であった。そして少し前までは家電製品が代表格であったが，近年は「宝飾品」，「ブランド品」，「高級時計」などである。時代とともに換金しやすい商品も変遷しているからである。質草の査定では，品物の傷などがチェックされ，箱や説明書があるなど買ったときの状態に近いほど，貸してくれる金額は大きくなる。法律上，質屋は金融業者とはみなされず，出資法による制限利息月9%が上限とされている（「出資の受入，預かり金及び金利等の取締りに関する法律」第5条，及び「貸金業法」第42条において，年109.5%，一日当たり0.3%を超える利息が禁じられている）。返済期限は3カ月で利息を支払えば期限を延長してもらえる。

【補足】銀行カードローン

【消費者金融】無担保の個人向けローンでは，かつて「サラ金」と言われた消費者金融が代表的な存在であった。しかし消費者金融は，多重債務が問題視され，2006年に貸金業法改正で融資総額を「年収の3分の1以内」に規制された。利息制限法の上限（20%）を超える「グレーゾーン」金利は撤廃され,「過払い金」の返還請求で業績も悪化した。

【銀行カードローン】消費者金融に代わって貸し出しを伸ばしてきたのが，銀行のカードローンである。銀行は貸金業法の規制外で融資額の上限はない。銀行カードローンの急増が再び多重債務問題を引き起こしつつある。個人による自己破産申立件数は2016年に13年ぶりに前年より増えた。銀行による多額の貸し付けが影響している可能性があると言われている。日本弁護士連合会は，銀行にも消費者金融と同様に，融資額の規制をかけるよう求めている。これに対し，全国銀行協会の会長（三菱東京UFJ銀行頭取）は「一律に規制すれば利便性を損ねる」と規制強化に消極的だという（＊本音は収益性を損ねたくないということかもしれない）。

銀行が簡単にお金を貸してくれる背景には,「保証業務」という仕組みがある。カードローンは,「保証人は不要」としつつも,「保証会社の保証を受けること」を利用条件としている。「保証会社」は消費者金融会社などの貸金業者だ。メガバンクはいずれもグループ内に保証会社を抱えている。三菱東京UFJ銀行はアコム，三井住友銀行はプロミス，みずほ銀行はオリエントコーポレーションである。地方銀行も多くは消費者金融の保証がつく。その仕組みは，銀行は保証料を消費者金融に支払い，お金を借りた人が返済に行き詰ると，消費者金融が返済を肩代わりするというものである（したがって消費者金融業者が銀行に代わってお金を借りた人から取り立てをすることになる）。

この仕組みは消費者金融と銀行双方にとってメリットのあるものである。

［消費者金融会社のメリット］ 2006年の貸金業法改正で，消費者金融は「年収の3分の1まで」という融資額の規制がかけられた。このため貸し出しは激減したが，最近は規制がない銀行カードローンの「保証人」となり，実質的に貸し出しを増やす形になっている。消費者金融幹部は「銀行の看板を借りてお金を貸すようなものだ」という。

［銀行のメリット］ 長引く日本銀行の金融緩和で，住宅ローンや企業向け融資は金利引き下げ競争が続く。そのなかで高金利のカードローンは銀行にとって貴重な収益源となっているのだ。日銀の統計では，国内銀行で金利が12％以上の貸出金はこの4年間で約2倍と急増した。多くはカードローンとみられている。貸し出しなどの利益を示す「資金利益」の約5割をカードローンで稼ぐ銀行もあるそうだ。1～3割を稼ぐ地銀も珍しくないそうだ。低金利の環境下でも高金利で貸し出せるカードローンに各銀行がこぞって参入している。

［弊害］ 銀行のカードローンで多額のお金を借り破産する人が目立つ。弁護士らからは，消費者金融と同様の規制を求める声が出ている。一方，全国銀行協会は当面，加盟銀行の自主的な対応に任せる方針である。政府（金融担当相）は，「今直ちに（規制を）見直す状況にはない」と述べた。

しかし，銀行カードローンによる過剰貸し付けの一例（日本弁護士連合会が2016年6～7月に調査）を挙げれば，年収226万円の50代男性が960万円を借り自己破産した，などというのがある。このような例は枚挙にいとまがないようである。借金の返済のためにほかの銀行で新たな借金をする。その場しのぎの繰り返しで借入額がまたたく間に膨らみ，毎月の返済額が手取り月収に近い額にのぼり行き詰って自己破産を申請する例がみられる。これがいわゆる多重債務である（朝日新聞2017年4月19-20日付記事「銀行カードローン上・下」）。

［自己破産］ 自己破産とは，債務者自身が破産手続きを裁判所に申し立てることであるが，破産宣告を受けた場合，債務弁済は免責されるが，必要最低限以外の家財は没収されるのである。だから返す「あて」がないなら借りてはいけないし，借りた場合は，なるべく早期に返済したほうが良い。返済は長引く

ほど借主に損で，他方貸主には得である。テレビなどで宣伝している「2000円から返済可能」などというのは，長期間たくさんの利息を支払うことになるのだから借主には損なのである。

北海道のH銀行のカードローンの例を見てみよう。利率は年1.9%～14.7%で，利用限度額は10万～1,000万円である。

説明では，1万円を1週間借りた場合，1万円×14.7%÷365日×7日＝28円の利息となり，コンビニATMで引き出す手数料216円よりも安いという。

しかし，web上で筆者の年齢・年収の条件で，100万円を借りる場合を審査してもらうと，借入利率は13.5%で，返済期間（回数）を最長の73回＝6年1カ月とすると，毎月返済額は20,157円だが，返済総額は147万1,461円となりかなりの利息を取られることになる。これを2年間24回の返済回数（期間）に短縮すると，毎月返済額は5万円に増えるが返済総額は120万円となり，かなり利息は減らせる。それでも20%の利息を取られる。もしも100万円借りて何か買い物をするとしたなら，それは事実上120万円の買い物となる。金を借りるということはかなり「高い買い物」をするということなのである。

【個人への公的融資制度】

個人に対して，低利で貸し出す公的な金融制度はないのであろうか。北海道のホームページを探すと，「勤労者福祉資金融資制度」というものが見つかる。道内中小企業に勤める人，非正規労働者，季節労働者，事業主の都合により離職した人が利用できる個人向けの融資制度である。融資対象者には一定の対象要件があるが，特徴は，貸出利率が0.6%か1.6%と低いことである。いくつか書類を提出することが必要である。個人が金を借りる場合，このような公的で低利な融資制度を利用することも選択肢の一つであることは覚えておいたほうが良いであろう。

【参考文献】

伊丹敬之・加護野忠男『ゼミナール経営学入門』日本経済新聞社，2003年。

「暮らしとお金を考える」朝日新聞（2010年1月9日付記事）。

「銀行カードローン上・下」朝日新聞（2017年4月19・20日付記事）。

「生産者の顔見えるポテチ」『日経MJ』日本経済新聞社（2017年7月14日付記事）。

北海道「勤労者福祉資金融資制度のご案内」
（http://www.pref.hokkaido.log.jp/kz/csk/kny/kinrosha//kinroshafukushi.htm）。

A-port「クラウド・ファンディングとは」https://a-port.asahi.com/guide，2017年。

第5章

経営理念

理念（イデア）とは，理性から得たもっとも高い考え，価値判断の基準となる永遠不変の価値を意味する。それでは，経営における理念＝経営理念というものは，どのようなもので，経営にとってどのような意味をもっているだろうか。この問題をだれよりも深く考え，経営の実践に活かした経営者は松下電器（現パナソニック）の創業者，松下幸之助であろう。彼の言葉から，経営理念の意義について探って行こう。

1．松下幸之助の言葉

「わたしは六十年にわたって事業経営にたずさわってきた。そしてその体験を通じて感じるのは経営理念という物の大切さである。“この会社は何のために存在しているのか。経営をどういう目的で，またどのようなやり方で行っていくのか”という点について，しっかりとした基本の考え方をもつということである。（中略）一番根本になるのは正しい経営理念である。それが根底にあってこそ，人も技術も資金もはじめて生かされてくる」（松下幸之助［1978］7頁）。つまりここには，経営の目的とそのやり方に関する「基本の考え方」の重要性が謳われている。

そして，実際，松下電器で，経営理念の確立がどのような意味をもったのか，幸之助は次に以下のように述べている。

「何のためにこの事業を行なうかという，もっと高い“生産者の使命”というものがあるのではないかと考えたわけである。そこで私なりに考えたその使命というものについて，従業員に発表し，以来，それを会社の経営基本方針として事業を営んできたのである。それはまだ戦前の昭和7年のことであったけれども，そのように一つの経営理念というものを明確にもった結果，私自身，それ以前とくらべて非常に信念的に強固なものができてきた。そして従業員に対しても，また得意先に対しても，言うべきことを言い，なすべきことをなすという力強い経営ができるようになった。また，従業員も私の発表を聞いて非常に感激し，いわば使命感に燃えて仕事に取り組むという姿が生まれてきた。一言にして言えば，経営に魂が入ったといってもいいような状態になったわけである。そして，それからは，われながら驚くほど事業は急速に発展したのである」（同上，9頁）。つまり，経営理念が，たんなる建前ではなく，経営の発展にとって実践的に重要であったことを体験から述べているのである。

2．経営理念とは

上述したような松下幸之助の言葉から，経営理念は，次の二つの要素から構成されていることがわかる。

第一に組織の理念的目的（この企業は何のために存在するか）であり，第二に経営行動の規範（経営のやり方と人々の行動についての基本的考え方）である。なお「規範」とは手本，模範，行為の拠（よ）るべき基準を意味する。

3．松下電器の経営理念

では，松下電器の経営理念は実際にどのようなものであったのか，次に紹介しておこう。

第一の組織の理念的目的について，時代を追って松下電器のそれを見てみよう。

1918年（大正7年）創業の松下電器（当時は松下電器製作所）は1929年（昭和4年）3月に，次のような簡潔な言葉で“綱領”として経営理念を明文化した。

「営利と社会正義の調和に念慮し，国家産業の発達を図り，社会生活の改善と向上を期す」と（松下正治［1995］16頁）。

また幸之助は，1932年（昭和7年）5月5日に，松下電器の「使命」を次のように闡明している。「松下電器の真の使命は，生産に次ぐ生産により，物資をして無尽蔵たらしめ，もって楽土の建設を本旨とするのである」（松下幸之助［1962］）。「楽土の建設」とは，「大陸の満州開拓による楽土建設が国策だった時代に，幸之助なりの楽土建設の夢が描かれた」（加護野忠男［2016］73頁）ものであり，当時の世相を反映したものであった。しかし，それは少なくとも，企業が金もうけのためだけの存在ではなく，広く社会的な意義をもとうとすることを強調したものであった。

また同時に「所主告辞」として「およそ生産の目的は吾人日常生活の必需品を充実豊富たらしめ，而してその生活内容を改善拡充せしめることを以てその主眼とするものであり，（中略）我が松下電器製作所はかかる使命の達成を以て究極の目的とし，今後一層これに対して渾身の力を振い一路邁進せんことを期する次第であります」と宣言した。

後にこの事業哲学は，『私の行き方考え方』［1962］において，「生産者の使命は貴重なる生活物資を，水道の水のごとく無尽蔵たらしめることである。（中略）かくしてこそ，貧は除かれていく。貧より生ずるあらゆる悩みは除かれていく。（中略）真の使命はここにあるのだ。」と表現されることになる。これは世間では「水道哲学」と呼ばれるようになるものであった。

次いで，1946年（昭和21年）には，戦後日本の復興のためにまたやがては世界中の人々のために，大いに尽くさなければならないと，次のような新たな“綱領”を制定した。

「産業人たる本分に徹し，社会生活の改善と向上を図り，世界文化の進展に寄与せんことを期す」(松下正治［1995］19頁)。

このように時代の世相を反映して，表現の変遷はあるが，松下幸之助と松下電器の経営理念は，一貫して，社会への貢献を謳っていることがわかる。

第二の経営行動の規範つまり経営のやり方についての理念はどうであろうか。

幸之助は，経営の行動規範についても多くのことを語っている。それは『実践経営哲学』の各節に表れているので，その説明は省くが，主なものを列挙しておこう。「共存共栄に徹すること」，「自主経営を心がけること」，「ダム経営を実行すること」，「適正経営を行なうこと」，「専業に徹すること」，「人をつくること」，「衆知を集めること」，「対立しつつ調和すること」，「時代の変化に適応すること」，などである。

4．経営理念の意義

「あれは建前」と思うかもしれないが，伊丹敬之・加護野忠男［2003］がいうように，じつは組織に働く人々は理念をほしがっている面がある。経営理念はその人々の欲求に応えようとするものである。

組織で働く人々が経営理念を必要とする理由は，第一に，モチベーションすなわち動機づけ，やる気，興味，行動の基礎となっていることである。人は理念的なインセンティブすなわち刺激，励み，誘因を欲しがる。「人はパンのみにて生くるにあらず」。正しいと思える理念をもって働くとき，人々のモチベーションは一段と高まるのである。

第二に，経営理念が組織で働く人々の判断の基礎になっていることである。人々が行動し，判断するときの指針を与える。判断基準としての理念を人は欲するのである。

第三にコミュニケーションの基礎になっていることである。経営理念は，組織で働く人々の共通のコミュニケーションすなわち伝えること，伝達，連絡，意思疎通のベースを提供しているのである。

同じ理念を共有している人たちのあいだでコミュニケーションが起きるし，

伝えられるメッセージのもつ意味が正確に伝わる。だから経営理念は，人々に真に受け容れられ，共有されてはじめて，モチベーション，判断，コミュニケーションに生きてくるのである。

人々はなぜ，経営理念を受け容れるのか。一つは，仕事を中心にした人間生活の場で人々は，自分のしていることに意味を与えてくれるもの，複雑な現実を整理して見せてくれる枠のようなものを自然に欲しているからである。また次に，仕事の場が人生の中でしめる重要性が極めて大きいからこそ，そこに意味を求めたくなるのである（伊丹敬之・加護野忠男［2003］346 ～ 349 頁）。

5. 戦後企業の経営理念―アシックスの事例―

第二次大戦終了後，戦後日本において数多くの新しい企業が生まれてきた。そのような戦後企業はどのような経営理念をもって生まれその理念はどのように受け継がれているか，アシックスを事例にみておこう。

アシックスは，1949 年に創業者鬼塚喜八郎が，当時市場に不足していた学童用ズック靴の生産販売を企図して鬼塚商会を創業し，次いで同年鬼塚株式会社を設立したのに始まる。喜八郎は，当時兵庫県教育委員会で働いていた戦友の堀公平から聞いた「健全な身体に健全な精神があれかし」（“Anima Sana in Corpore Sano”）という帝政ローマ時代の風刺作家ユベナリスの箴言に感銘を受け，スポーツによる健全な青少年の育成を目的に，本格的にスポーツシューズを作ろうと思ったという。なお，この言葉はのちに，アシックスの社名の由来となり，「アシックス・スピリット」という創業哲学として掲げられることになる。

アシックスのホームページによれば，そのもとに，ビジョン「Create Quality Lifestyle through Intelligent Sport Technology －スポーツでつちかった知的技術により，質の高いライフスタイルを創造する」が示される。そしてその実現に向けて「アシックスの理念」をかかげ企業活動の基本方針としている。それらは，次のような図のように創業哲学の「スピリット」から「ガイド

図表5-1　アシックスの経営理念

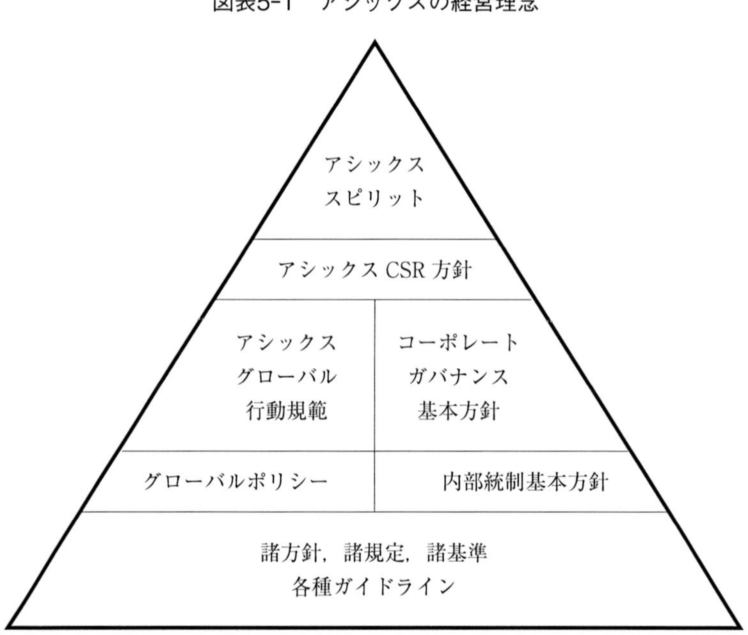

出所：株式会社アシックス『ASICS Corporate』
http://corp.asics.com/jp/about_asics/practical_information。

ライン」という細かな具体的行動規範まで整然とした体系にまとめられている。

鬼塚喜八郎は，倒産の危機に何度も直面している。次のようなエピソードがある。創業3年目の年末に，売掛金の回収が遅れたため手形を落とすめどが立たず，喜八郎は決済相手先に詫びて返済のために働くので従業員として雇ってほしいと頼み込んだ。先方の社長は，不渡りになっていないうちに詫びに来て，自分で働いて返すというような正直者は見たことがない，そして「ただ儲け仕事としてではなく，使命感をもって必死に働いている姿に感心して」，肩代わりして銀行に払い込んでやろうと言ってくれたという。鬼塚自身も，「青少年のためにいいシューズを作ろうと決意した」「創業の志を貫き，ただ自分が儲かればいいという考えに傾かなかったから，取引先や従業員が助けてくれた」

と言っている。このように，経営理念は，経営の節目で思わぬ眼に見えない大きな役割を果たすことになる。

そして創業 10 周年のとき鬼塚は，会社は公器であり，従業員や社会とともに発展させると宣言している。その後も東京オリンピックの年に経営危機に陥ることがあったが，またしても取引先から信用を得て救われた。そして 1977 年にスポーツ用品 2 社と合併してアシックスとなり飛躍していくのである。鬼塚自身,「困難に見舞われたときこそ志が問われる」と語っている（鬼塚喜八郎［2004］）。その志は，「アシックス・スピリット」として受け継がれている。

【課題】

様々な会社のホームページを開いて，その会社の経営理念を調べてみよう。

【参考文献】

伊丹敬之・加護野忠男『経営学入門第 3 版』日本経済新聞社，2003 年。
鬼塚喜八郎「創業の志を貫き転んでも起き上がる」『日経ビジネス』（2004 年 7 月 12 日号）。
加護野忠男『松下幸之助　理念を語り続けた戦略的経営者』PHP 研究所，2016 年。
株式会社アシックス『ASICS Corporate』
（http://corp.asics.com/jp/about_asics/practical_information）。
松下幸之助『私の行き方 考え方』実業之日本社，1962 年。
松下幸之助『実践経営哲学』PHP 研究所，1978 年。
松下正治『経営の心 松下幸之助とともに 50 年』PHP 研究所，1995 年。

第6章

企業の社会的責任・コンプライアンス

企業つまり会社という組織体は，会社法人であり，法的に人格をもつわけであるから，法的に責任ももつ。したがって法令に違反すれば，その法人企業およびそのトップ以下関係者がその責任を問われるわけであるし，また社会的にもその責任が問われる。

1．コンプライアンス（compliance）＝法令順守（遵守）

遵守とは道に外れない，規則に従うという意味である。コンプライアンス＝法令順守とは，企業が消費者契約法などに定められた民事ルールや行政規制などの取り締まりルールを守ることを意味する。その実効性を高めるために企業は自主行動基準を設定し，企業倫理を確立し，順守することが求められる（『イミダス 2003』781 頁）。

2．貧すれば鈍する

上述の諺は，貧乏になると生活苦のため，あくせくして利口な人でさえ愚鈍になる，貧乏すると誰でも心がさもしく（品性・態度に欲が表れて卑しいさま）なる，という意味であるが，企業も業績が悪くなると，ややもすると正否の判断力が鈍って不正に走ってしまう例が後を絶たない。以下に21世紀に入ってからのいくつかの事例をあげてみる。

(a) 偽装牛肉事件（2002年）

2002年1月～5月，BSE対策として国が国産牛肉を買い取る制度を悪用して，Y食品（当時）が在庫していたオーストラリア産牛肉を国産牛肉と偽り，買い取り団体に売却した事件である。表示シールの偽装，虚偽の加工日を記載したとして農水省が詐欺罪で告発した。消費者の不信感と苦情が収まらず，Yブランド全体に対するボイコットにひろがった。その結果，再建のめどがたたず，Y食品は4月30日に解散した（同上，783頁）。

(b) 不正会計（2015年）

T社が，2012～2014年にかけて2,270億円の利益水増しを行ったといわれる問題である。不正会計のやり方は，二つあった。一つは，子会社の「システム導入サービスに関して」，交渉中の案件にもかかわらず，営業担当者が相手方の注文書を偽造して受注したことにし，架空の売り上げを計上したことである。二つめには，パソコン事業部門が，調達したパソコン部品を製造委託業者に通常より高い価格で売る。その時点で高く売った分だけ一時的にT社の利益になる。決算期にその利益が計上されるように仕組む。しかし，業者が製品にしたパソコンはT社が買い戻す。部品が高い分製品買い戻し価格は高くなるから，利益は一時的な見せ掛けだけのものに過ぎないというものである。

証券取引等監視委員会の見解では，T社のパソコン部門の取引は，部品を製造委託先の台湾メーカーに販売し，完成品として買い戻す［バイセル取引］という（つまり売ったものを買い戻す）手法によって，原価よりも高い値段を設定し，部品を売った段階で，原価に上乗せした分を利益として計上していた。決算期末に部品を大量に販売し，利益が増えるこの利益計上の仕方は，利益をかさ上げするために取引を悪用した金融商品取引法違反の疑いがある，との見方を証券取引等監視委員会は強めていた（朝日新聞 2016 年 7 月 15 日付記事）。

どうしてそのようなことが起きたか。その背景には，一つには，2008 年秋のリーマンショックの影響で業績が一気に落ち込んだことがある。また，さらにもう一つには 2011 年の福島第一原発の事故により原子力部門（米ウェスチングハウス）の事業見通しが極度に悪化し，巨額の減損を計上しなければならなくなったことがあった。このような事業見通しの悪化に対して，それを他の部門で挽回すべく歴代社長は，「チャレンジ」と称する過剰な利益上積みを各事業部に繰り返し要求した。各部門のトップはその無理な要求に対して不正な水増しに走ったのだといわれている（今沢　真［2016a］，［2016b］）。

なお，T 社は，2016 年 4 ～ 12 月期決算で，米国の原子力事業関連で 7,166 億円の損失を計上し，純損益は 5,325 億円の赤字となった（朝日新聞 2017 年 4 月 12 日付記事）。

このような経営難の背景には T 社のアメリカ原発子会社ウェスチングハウス（WH）の経営困難がある。2016 年 12 月に，WH が米国で手がける 4 基の原発建設工事で，数千億円の追加費用がかかることが判明した。2011 年の福島第一原発事故を受け，米国でも安全面の強化が求められて工事が大幅に増えたからだ。WH は発注元の米電力会社と，費用が増えた分を WH が引き受ける「固定価格」の契約を結んでいたため，大きな損失につながった。WH は 2017 年 3 月に米裁判所に米連邦破産法 11 条の適用を申請して破たんした。T 社は連結対象から WH を外して海外での原発事業をやめることにした。しかし T 社は親会社として，WH が支払うべき債務を保証しており，WH に代わって 6,700 億円を米電力会社に払わなければならない。このため，2017 年 3 月期決算は，純損益が過去最悪の 9,656 億円の赤字となり，同年 3 月末には 5,529 億円の債務超過となったのである（朝日新聞 2017 年 8 月 11 日付記事）。

海外 M&A つまり T 社の米ウェスチングハウス社（WH）の買収は，結果的に失敗であったといわれる。企業合併・買収（M&A）のポイントは，①適正な買収価格，②買収後の経営への関与，③相乗効果（シナジー），といわれる。T 社は巨額の買収価格（2006 年に 6,600 億円）で WH を買い取ったが，「高値づかみ」であったし，その後の企業統治も十分にできなかったし，相乗効果が出る前に頓挫してしまったといわれている（朝日新聞2017年5月26日付記事「経済気象台」）。

(c) 燃費偽装事件（2016年）

M自動車が子会社（M自動車エンジニアリング）に開発を委託したが，M自動車が提示した（＊無理な）燃費目標に到達せず，子会社側がデータの改ざんに追い込まれた事件である。

代表的なワゴン車を含む軽自動車4車種で，燃費を実際より良く見せるため，走行抵抗データに意図的に低い値を選んで偽装した。その結果燃費性能を最大15%水増しした。不正は，①燃費を良く見せるためのデータの改ざん，②国の法令と異なる測定方法を使用，③データの机上計算，である。

背景としては，燃費を，ライバル会社を上回って業界トップにしろと，本社が燃費目標を5回にわたって引き上げたことがある。

走行テスト・燃費目標達成をM自動車から子会社［M自動車エンジニアリング］に丸投げしたが，目標をクリアできる走行データは得られず，それをM自動車に報告すると，データのうち低い値を使うよう（つまり不正をするよう）に指示された。

背景には企業体質の問題があった。大手と比べて開発資金も人材も限られており，そのなかで，短い時間と少ない開発費でトップレベルの低燃費車を開発せよという無理難題を上から「命令」された開発現場が，最後にデータ改ざんに手を出したといえる。上からの命令は絶対であり，逆らえない，という階層組織の体質に問題の根があるといわれている（エコノミスト編［2016］）。

(d) 排ガス不正（2015年）

ドイツの自動車メーカーのVWグループが，排ガス処理をめぐる不正を問われた事件である。クルマの検査時のみ排ガスを抑える機能を稼働させる違法なエンジン制御ソフトを使っていたとされる。

不正の手順とことの顛末は次のようなものである。

① 違法ソフトによって米国の排ガス試験に合格させた。検査ではNOx（窒素酸化物）の排出を基準以下に抑えさせた。
② しかし実際に路上で走行する際には，その違法ソフトによって排ガス抑制装置を作動させず基準の40倍ものNOxを排出させて走行させた。
③ 問題の車両に排ガス試験を受けていることを自動的に感知するソフトウェアが搭載されていた。このソフトウェアは車が試験場で排ガス試験を受けていることを，タイヤやハンドルの作動状況から自動的に感知し，排気に含まれるNOxの量を減らす装置を作動させる。しかし車が路上を走っているときには燃費が悪くならないようにこの装置を作動させないので，米国が定める排ガス基準の上限値を最大で40倍も上回るNOxを排出させていた。このソフトウェアを使って，監督官庁による車の認証試験のときだけNOxの排出量を減らして合格させていた。
④ 2015年9月に米国環境保護局（EPA）による指摘によりこの不正が発覚した。
⑤ NOx（窒素酸化物）は太陽光にあたると有害物質オゾンを発生させ，健康被害を引き起こす。
⑥ 全世界で約1,100万台のリコールが必要となり，CEOは辞任した。
⑦ 2016年2月，消費者からの民事訴訟；サンフランシスコで，VWの車を買った市民やディーラーなど約50万人による損害賠償を求める集団訴訟が提起された。

2016年1月，米国連邦政府司法省から，VWグループ6社を相手取る排ガス不正をめぐる民事訴訟提起される。1台当たり3万2,500～7,500ドル（390万円～450万円）の支払いを要求された。

不正の背景には，①上司の命令にナイン（できない）と言えない空気がVWに存在していた。②トヨタを追い抜くことを最重要目標にしたために，品質よりも販売台数を重視した同社の拡大路線にも不正の遠因があったといわれている（熊谷　徹［2016］）。

その後，新聞報道によると，この排ガス規制の不正問題をめぐり，米当局に虚偽の報告をしていた疑いがあるとして，米国における排ガス規制順守部門の責任者を務めていたVWの幹部が2017年1月7日に連邦捜査局（FBI）に逮捕された。

また，VWは同年1月10日，43億ドル（約5千億円）を支払うことを柱とする和解案で米当局と協議を進めていると報道された。つまり，企業幹部から逮捕者を出し，さらに巨額の罰金・民事制裁金を支払わねばならない事態に陥ったのである（朝日新聞2017年1月10日，11日報道記事）。2018年には，VWグループ内のアウディの会長が，やはり排ガス処理をめぐる不正を問われ，ドイツの検察当局から逮捕された（朝日新聞2018年6月19日付記事）。

（e）東証一部上場企業の品質不正（2017～2018年）

2017年から2018年にかけて，日産自動車，スバル，神戸製鋼所，東レ，そして三菱マテリアル，KYBといった日本の製造業を代表するような東証一部上場企業で，品質不正が相次いだ。日本工業規格（JIS）を満たしていないものを，規格内の製品として出荷していたが，品質データ改ざんは不正競争防止法違反（虚偽表示）にあたり，東京地検などの捜査を受けることになった（朝日新聞2018年6月22日付記事）。

企業不正が起きるのは「動機」「機会」「正当化」の三つの条件がそろったときだといわれる。当事者たちには，「品質基準がそもそも高い。だから契約内容と少々違ってもOK」という感覚が現場にあるという（堀篭俊材「波聞風問：企業の不正」朝日新聞2018年11月13日付記事）。品質基準に満たないなら，その原因を突き止め，生産工程を抜本的に見直すことが本来すべきことである。

3．コンプライアンス確立による復活（2007 年）

❶ 事 件

2007 年 8 月，北海道の代表的な菓子メーカーであるＩ製菓において，代表的銘菓「Ａ」の賞味期限改ざんと製品のアイスクリームとバウムクーヘンにそれぞれ大腸菌と黄色ブドウ球菌が検出されたことが発覚する。札幌保健所および北海道の立ち入り検査を受け，製品の自主回収と製造自粛の指導要請を受けることになった。これらは，食品衛生法と食品表示に関する JAS 法に抵触しており，後に「行政処分」を受けることになったものである。

「Ａ」の賞味期限改ざんは，大量に残っていたＩ製菓創立 30 周年記念商品の在庫をなくすため，在庫の商品の包装用紙を破いて，再包装して販売したものである。「Ａ」の賞味期限は 4 カ月であったが，社内では「6 カ月はもつ」という認識があり，そこで賞味期限を 1 カ月勝手に延長して再出荷してしまった。当時，「社内ではほとんどの人が賞味期限の改ざんがそれほど悪いことだという認識をもって」いなかったという。「まだ食べられるからもったいない」，「味も変わらないから大丈夫」と思っていたようだ。

アイスクリームは，製造工程で使う部品や器具の加熱殺菌が製品の製造基準を満たしておらず，配管の殺菌や洗浄が「甘く」，その辺から感染した可能性があった。バウムクーヘンは加工段階で人の手に触れ，そこから感染していた可能性があった。

こうした事態に，保健所からは，食品衛生管理に関する社内全体の認識の甘さ，特に食品衛生法，JAS 法に関する会社上層部および従業員の基本知識・認識の欠如がきびしく指摘された。「いずれも組織の整備，ガバナンス，コンプライアンスを整えることが遅れたことが大きな原因であった」と後に社長になる IS 氏は反省の弁を語っている。

❷ コンプライアンス整備と復活

こうした事態に対してI製菓は，当時の社長I氏が辞任し，北洋銀行や森永製菓など外部からの支援を受けることになった。つまり人材を派遣してもらい，立て直しに着手したのである。北洋銀行から新社長がきた。新社長は，早速，「お客様サービス室」や「広報室」を設置し顧客のクレームに対応した。

JAS法に基づく北海道からの「指示」と食品衛生法に基づく札幌保健所からの「行政処分」は以下のとおりであった。

・JAS法に規定する品質表示基準の順守
・問題の原因・経緯を明らかにし，改善・再発防止をすること
・食品品質表示制度の正しい知識を習得，JAS法順守の徹底
・品質表示の点検体制の整備
・講じた措置を文書で道知事に報告
・原因究明・再発防止措置，製造・衛生管理マニュアル整備
・賞味期限の設定・表示のマニュアル作成

この指示に基づき，I製菓は，品質管理・衛生管理のための設備投資を行ない，森永製菓に見習って品質管理部を設置する組織改革を行なった。微生物汚染の危険分析・対策を講じる手法であるHACCP（ハサップ）を導入し，また製品のトレーサビリティを確立した。商品の賞味期限は，「食品期限表示の設定のためのガイドライン」（厚労省・農水省）にそって，社独自の「I製菓株式会社賞味期限判定基準」を設定した。また，日本食品衛生協会に検査を依頼して，「A」の賞味期限は製造日から120日と決めた。そして「A」の包装紙1枚1枚に製造年月日，賞味期限，ロット番号を印字することにした。

次に，「I製菓コンプライアンス確立外部委員会」を設置した。この委員会はI製菓に対して，衛生管理体制，コンプライアンス体制，労務管理体制の改善を求めた。そして社内にもコンプライアンス委員会，法務コンプライアンス室を設置し，リスク洗い出しや研修を行った。ついで改善報告書と始末書を北

海道庁と札幌保健所に提出し，両者は合同立ち入り検査を行い，改善内容を確認し，11月15日の製造再開を認めた。販売再開も両機関と相談のうえ11月22日と決められた。

「街の小さなお菓子屋さん」の意識が抜けきらなかったI製菓は，大きな挫折を経験し，それに立ち向かい，こうして外部からの支援や内部の努力を通してガバナンスとコンプライアンスの確立した企業へと変身を遂げて「復活」していったのである。

4．コンプライアンスの意義

人は窮地に立たされると，ややもするとごまかしたり，嘘をついたりしがちだ。それが組織･会社においても生ずることがこれまで挙げた事例からわかる。それがどのような結果を生みだすか事例から教訓をくみ取らなければならない。コンプライアンスを確立することによって復活の道があることも覚えておくべきである。

5．コンプライアンスとおわびの基本

「大切なのは，過ちを正直に認めて心から謝罪し，責任者は直ちに辞任することだ」。「間違いを起こしたことを，なかったかのように技術的に『うまく』処理することとはまったく異なる」（朝日新聞2018年6月12日付記事「経済気象台」）。

山田ズーニー［2005］（10～21頁）によれば，おわびには「自分の想いを言葉にし，相手も納得の，つながるコミュニケーション」が必要である。そして「つながる」コミュニケーションには，相手にとって関心ある「問い」が必要である。「相手の関心ある問い」は状況によってさまざまだが，おわびをされる相手が共通に抱く「問い」がある。迷惑をかけられた相手は，気持ちの面でダメージを受けている。だから「自分が受けたダメージをちゃんとわかってくれているのだろうか？」と，まず理解してほしいと思っている（相手理解）。ま

た「本当に非を認め，悪かったと思っているのだろうか？」（罪の認識），そのうえで，「ちゃんと謝ってくれるのだろうか？」（謝罪）。そして，自分がうけた損失をどう償ってくれるのか？」（償い）にも関心がある。さらに，「なぜこんなことをしたのか？」（原因究明），「今後こういうことを起こされては困る。二度としないために何をどう変えてくれるのか？」（今後の対策）にも関心がある。

こうした「相手が無意識に抱えている問い」に対して，ひとつひとつ話題にとりあげて答えていくことで，相手のもやもやは晴れていく。

「つながる」コミュニケーションには，自分が言いたいことだけ言い散らかすのではなく，次のように「相手が関心ある問い」が，「相手が納得いく順番」で並んでいることが必要である。

① 相手理解　今回の一件を，相手の立場になってたどってみると，相手はどんな気持ちだったか？
② 罪の認識　自分の非を積極的に認めると，自分は何をしたか，どこが，どう悪かったか？
③ 謝罪　ここでしっかり相手に謝る。
④ 原因究明　少し広い視野から，この一件を見て分析すると，なぜ，こういうことが起こったのか？
⑤ 今後の対策　二度と同じ間違いをしないために，これから何をどうするか？
⑥ 償い　相手に与えたダメージに，どう償っていきたいか？

【参考文献】

石水　創『「白い恋人」奇跡の復活物語』宝島社，2017年。
今沢　真『東芝：不正会計』毎日新聞出版，2016年a。
今沢　真『東芝：終わりなき危機』毎日新聞出版，2016年b。
エコノミスト編『三菱自動車の闇』毎日新聞出版，2016年。
熊谷　徹『偽りの帝国』文藝春秋社，2016年。
綜合社『情報・知識 imidas2003』集英社，2003年。
山田ズーニー『考えるシート』講談社，2005年。

第7章

経営環境と経営戦略

1. 経営環境とは

❶ 生産システムとしての企業

企業は，図表 7-1 にみられるような製品とサービスを生産するシステムである。生活者に必要な製品やサービスを能率的につくり出すために経営資源＝資本，機械設備，原材料，人間，情報を合理的に組み合わせ結合するシステムである（片岡信之他［2000］5 頁）。

図表7-1 生産システムとしての企業の概念図

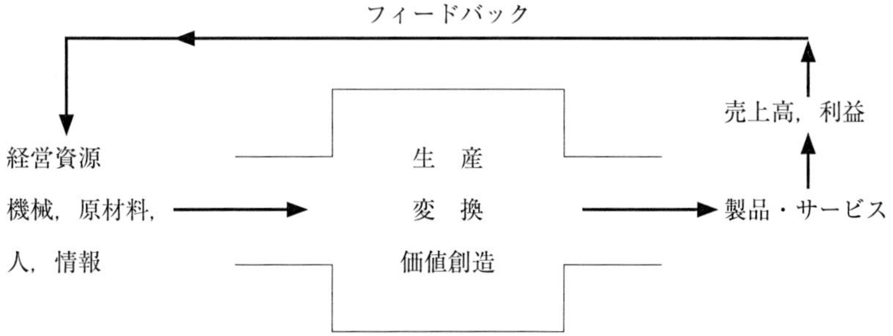

出所：筆者作成。

❷ 企業にとっての環境

企業にとっての環境とは，大きくいって二つの側面がある。一つは，マクロ環境で，直接企業がやりとり（取引）をする相手ではなく，その背景にある大きな環境，社会環境，政治環境，文化環境，経済環境などである。例えば近年の日本社会の少子高齢化やそれにともなう人口減少，地球温暖化，日本および各国の政治動向，円高・ドル安あるいはその逆の傾向，原油価格の暴騰・暴落などが考えられる。それに対して，その企業が直接的に接して取引する環境をミクロ環境という。その多くは「市場」という形をとる。原材料市場，労働市場，金融市場，製品市場，及びそれらの技術や情報などである。企業はそのような環境とやりとりしながら生存している。そういう企業の生存領域をドメイン（domain）という。

企業が適応すべき環境とは，企業の外側にあって企業活動の条件となっているさまざまなものの総称である。現実的には，企業活動に多少とも関係するところに限定して考え，企業は自分に固有の環境を選びとる。企業にとって最も直接的な環境は，その企業の属する産業における諸条件である。企業は，ある産業において必要な原材料を購入し（原材料市場環境），必要な技術・情報を確保し（技術・情報環境），加工・生産を行って付加価値をつけて同じ産業内の他企業と競争しつつ（競争環境），特有の流通経路を通じて製品を販売している（製品市場環境）。また企業はその産業を規制している法律や行政措置（法・行政環境）のもとで活動している。

❸ 企業の環境への適応

企業の盛衰は，環境の変化に適応できるか否かにかかっている。環境の動向を上手に先取りすれば，企業の成功の条件がつくられるが，逆に変化への適応に失敗すれば，衰退の道をたどる。企業と経営環境の間の関係は，環境の方が一方的に企業に適応を要求するものではなくて，企業が自らの環境を選びとり，また環境に働きかけて，環境の方を変化させていくという面もある。その意味で企業と環境との間の関係は，相互作用の関係にある。企業の環境を変化させる要因には，実にさまざまなものがある。世界政治の動向，社会的・文化的風潮なども重要な要因となっている。

企業の環境への適応とはどのようなものか。それはあらゆる変化にきめ細かく対応するということではない。現実の環境は，さまざまに絶えず変化しており，それにすべて対応していては，右往左往することになり，方向性を見失ってしまいかねない。企業は，効率的に活動するためには，自分にとって安定的な条件をつくって，その中で持続的に活動しなくてはならない（これを「定常状態」という）。現実の企業は，変化と安定のジレンマの中にいる。環境の変化に対して機敏に適応しなければならないと同時に，環境変化にもかかわらず，企業の中にできるだけ安定を確保するような仕組みを保っていなければならない（土屋守章［1986］）。

例えば，人口減少や円高という環境に対して，鹿児島県のある居酒屋さんのとった戦略は，何であったか？　それは新たな市場を求めて，ベトナムに進出することであった。これはグローバル化戦略の一つといえる。

❹　変化への適応法

企業は，経営資源を蓄積することによって変化に適応していく能力（ノウハウや技術）を高めることができる。その一つは，余裕ある資源の蓄積である。これは「組織スラック（slack= 余裕，ゆとり）」と呼ばれるものである。この余裕によって変化に対処できるのである。松下幸之助［1978］は，この「組織スラック」のことを次のように「ダム経営」と呼んだ。

「ダムというのは，河川の水をせきとめ，たくわえることによって，季節や天候に左右されることなく，常に必要な一定量の水を使えるようにするものである。そのダムのようなものを，経営のあらゆる面にもつことによって，外部の情勢の変化があっても大きな影響を受けることなく，常に安定的な発展を遂げていけるようにするというのが，この“ダム経営”の考え方である。設備のダム，資金のダム，人員のダム，在庫のダム，技術のダム，企画や製品開発のダムなど，いろいろな面にダム，いいかえれば，余裕，ゆとりをもった経営をしていくということである。（中略）そのような経営のダムを随所にもつことによって，少々外部の状況が変化しても，あたかも，増水時にたくわえた水を乾期に放流することによって水不足を防げるように，その変化に迅速にかつ適切に対応できる。したがって常に安定した経営を続けることができるわけである」（同上書，64～66頁）。

二つ目は，戦略としての「不均衡ダイナミズム」（伊丹敬之［1984］）の創造もしくは「オーバー・エクステンション（過度拡張）戦略」といわれるものである。環境変化に対して，企業の経営資源の面からいえばそれに対応する能力がないにもかかわらず，あえてその変化に対応する新しい経営戦略を打ち出し，能力不足の苦しい状態の中で経験を重ねることによって，新しい能力を蓄積していくという方法である。これを伊丹敬之は「不均衡ダイナミズム」と呼んだ。

2. 経営戦略：戦略とは何か

上述のように，組織の環境への適応は，「戦略」を通して行われる。だから戦略の本質の一つは，環境への対応，環境への働きかけというその外部指向性にある。もう一つの本質は，組織が環境へ適応しながら組織自身がどのように変わっていくか，変革を含む時間性＝未来指向性にある。

戦略の標準的な定義として，伊丹敬之［1984］の定義を以下に紹介する。経営戦略は次のように定義される。「経営戦略とは，組織活動の基本的方向を環境とのかかわりにおいて示すもので，組織の諸活動の基本的状況の選択と諸活動の組み合わせの基本方針の決定を行なうものである」。ついで，経営戦略には，基本戦略と実行戦略という一つのヒエラルキーがある。例えば，新しい事業分野への進出の決定は，基本戦略であり，そうして進出の決まった分野での価格設定や広告の決定などは実行戦略なのである。

基本戦略の構成要素は，①企業のあるべき姿の基本コンセプトの決定，②（a）製品・市場ポートフォリオ，（b）業務活動分野，（c）経営資源ポートフォリオ，の決定からなっている。

企業のあるべき姿の基本コンセプトとは，イメージ的・概念的に示された企業の基本目標であり，企業活動の基本的方向づけを簡潔に表現したものであり，組織活動の指針となるものである。建築の設計図に例えれば，概念設計の中核の部分にあたる。

(a) 製品・市場ポートフォリオとは，どんな製品分野，どんな市場分野を自社の活動対象とするか，いくつかの製品や市場をどのような組み合わせでもつかという問題である。ポートフォリオとは，いくつかのものの組み合わせを意味する。例えば，多角化，製品ラインの政策，市場セグメンテーションなどがポートフォリオの決定である。

(b) 業務活動分野とは，ある事業分野で原材料や部品の確保，そして生産という川上のプロセスから製品が顧客に届く川下のプロセスまでの長い開発・生産・流通という仕事全体の流れの中で，自社が担当する分野はどこかを決定することである。開発を主たる業務とし，生産・流通は委託する，という企業もあるし，部品の生産から製造・販売まで一貫体制をとる企業もある。

(c) 経営資源ポートフォリオの決定とは，事業活動に必要なさまざまな資源や能力をどのように組み合わせて自社内にもつか，どのような方向で蓄積していくか，といったことの決定である。

基本戦略の姿は次の図のような形をとるのである。

図表7-2　基本戦略の姿

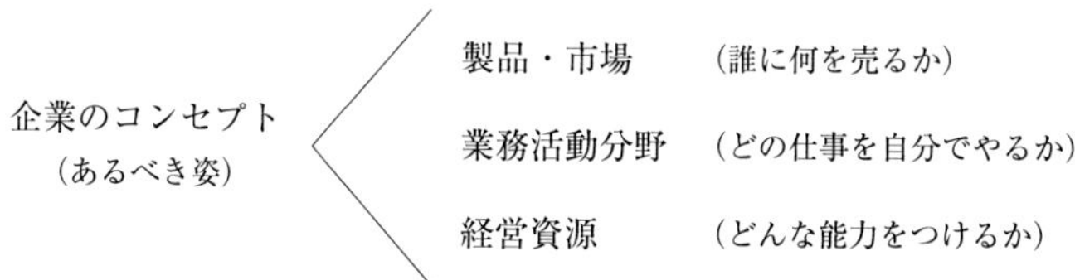

出所：伊丹敬之［1984］23頁 図1-1より一部修正。

上述の（a），（b），（c）を決めることは，その範囲と重点を決めることである。戦略はダイナミックな企業行動の基本方針であるから，時間性を考慮して，「当面の状態」と「将来の方向」を内容として入れる必要がある。したがって次表のような構成をとることが考えられる。

図表7-3　基本戦略の内容

	範　囲		重点（優先順位）	
	当面の状態	変化の方向	当面の状態	変化の方向
（a）製品・市場ポートフォリオ				
（b）業務活動分野				
（c）経営資源ポートフォリオ				

出所：伊丹敬之［1984］28 頁 表 1-1 より一部修正。

また戦略は，将来の企業のあるべき姿を示すと同時に，製品・市場と業務活動の現状からそのあるべき姿へ到達するための行動のシナリオも示さなければならない。図表 7-4 のように，業績は到達すべきゴール（目標）を示し，それをいかに達成するかの企業活動の基本方針を「あるべき姿」と「変化へのシナリオ」というかたちで決めるのが戦略のもう一つの側面である。つまり戦略は，次の二つの側面をもっているのである。

① 製品・市場との企業のかかわり方，すなわち「企業活動の基本設計図」としての戦略としての側面。どんな市場セグメントをターゲットとするか，競争相手との戦い方はどの方面へ絞るのか，戦いの武器は何か，どの事業に大きな資源を配分するのか，将来のためにどのような新事業に進出しておくか。製品市場での顧客と競争相手への対応の基本的な方針のこと。

② 企業の将来のあるべき姿とそこに至るまでの変革のシナリオを描いた設計図。

図表7-4　目標と戦略

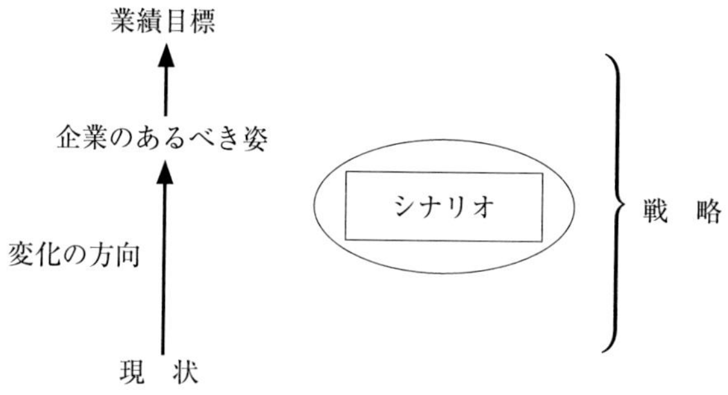

出所：伊丹敬之［1984］30 頁 図 1-2。

なお，以上に述べてきた伊丹の「企業活動の基本設計図」と「企業の将来のあるべき姿とそこに至るまでの変革のシナリオ」という戦略概念は，「計画」にきわめて近い概念である。例えば，計画概念について代表的な論者であるラッセル・L・エイコフ［1970］は，計画を「将来の望ましい状態を達成しようとする意思決定プロセス」と定義している。その定義は，「企業の将来のあるべき姿とそこに至るまでの変革のシナリオ」という戦略概念と極めて近似的なものである。その意味で，これまで述べてきた戦略概念は計画論的戦略論といえる。戦略論の別の系譜もあるが，それは章を改めて考察する。

【参考文献】

伊丹敬之『新・経営戦略の論理』日本経済新聞社，1984 年。

片岡信之・斎藤毅憲・高橋由明・渡辺　峻『はじめて学ぶ人のための経営学』文眞堂，2000 年。

土屋守章「現代企業と経営環境」『現代経営事典』日本経済新聞社，1986 年。

松下幸之助『実践経営哲学』PHP 研究所，1978 年。

Russel L. Ackoff〔1970〕*A Concept of Corporate Planning*, John Wiley & Sons.

第8章

競争の戦略

1．戦略と戦術

❶ 戦略と戦術：クラウゼヴィッツ『戦争論』

本来,「戦略」という用語は，戦争に関わって生まれた用語・概念であった。「戦略」という語はもともとギリシャ語の詭計に由来するという。いわば戦争における策略である。そして「戦略」という用語・概念を最初に本格的に定義し論じたのは，クラウゼヴィッツ『戦争論』であろう。クラウゼヴィッツは，以下のように戦争および戦争術のなかの戦略・戦術について論じている。

クラウゼヴィッツによれば，戦争の本質は，およそ拡大された決闘に他ならない。物理的な力を行使して我が方の意思を相手に強要しようとする。戦争は常に二個の生ける力の衝突である。そして戦争術は次の二つに区分される。

第一は，個々の戦闘をそれぞれ案配し指導する活動であり，また第二は，戦争の目的を達成するためにこれらの戦闘を互いに結びつける（組み合わせる）活動である。前者は戦術と呼ばれ，後者は戦略と名づけられる。つまり戦略は，戦争計画を立案し，所定の目的に到達するための行動の系列をこの目標に結びつけるところにあるという。

そしてクラウゼヴィッツは，兵力集中の原則を主張する。つまり最良の戦略は，つねに強大な兵力を保有することである。兵数の優勢が戦闘の結果を規定する最も重要な要因であるから，決定的な地点においてはできるだけ多数の軍隊を戦闘に参加せしめねばならない。戦略にとって最も単純な最高の法則は，兵力を集結しておくことだというのである。そして兵数の優勢すなわち優位性の確保という発想は，後の経営戦略論にも受け継がれていくのである。

❷ 優位性の確保：ランチェスター戦略

クラウゼヴィッツの発想を受け継いで絶対的優位の確保が勝利の条件ということを後に数学的に説いたのは，F. W. ランチェスター＊であった。林周二ほか［1960］によって次のような例が挙げられる。

［例］ 米国（A）50 機，日本（B）40 機の火力性能が同じ戦闘機があると仮定する。その戦闘において 1 回の戦闘で互いに 1 機 1 発の弾丸を発射。命中率＝撃墜率＝ 0.2 とする。すると 6 回の戦闘を繰り返して，下表のように生き残りは，米国 28 機，日本 0 機という結果になる。

つまりこれは一般に競争の世界において力の優勢なものが，断然優位に立つことを示している。最初にちょっとでも戦力の大きいほうが最後には断然勝ち

図表8-1 日米戦闘機の生き残り

戦　闘	1 回目	2 回目	3 回目	4 回目	5 回目	6 回目
米国機数（A）	50	42	36	32	29	28
米発射数（A）	50	42	36	32	29	28
米命中数（0.2A）	10	8	7	6	5	5
米生き残り（A − 0.2B）	42	36	32	29	29	28
日本機数（B）	40	30	22	15	9	4
日発射数（B）	40	30	22	15	9	4
日命中数（0.2B）	8	6	4	3	1	0
日生き残り（B − 0.2A）	30	22	15	9	4	0

出所：筆者作成。

残る。だから力の弱小な者が力の強大な者と，まともに戦ったら，絶対かなわないものであることを理論的に示している。そこで，競争に生き残る秘訣は，自己の特色がどこにあるのかをまず自覚し，次いでこれを持ち味として最大限に生かすことでなければならないのである。

「かつて，アメリカは海軍軍縮会議の席上，主力艦の有隻数について，米英日の比を３・３・２でなく，５・５・３にすべきであることを強硬に主張し，その結果，米英の15隻に対し，日本は主力艦を10隻から９隻へとけずった。…米国がこのように主張する背景には，この法則にもとづく絶対優位確保が強く考えられていたと思われる」（林周二ほか［1960］35～38頁）。

この結果の示唆することは絶対的優位を確保することが勝利の条件であるということである。企業の競争の戦略においても，市場での「絶対的優位」をどう確保するかということがポイントとなる。従って，自社が優位に立てる地位（ドメイン）を市場においていかにつくるかが競争の戦略の判断基準となる。このような競争上の優位な位置どりをするという発想は，「戦略的ポジショニング」として後述するポーターの競争戦略論に受け継がれている。

❸ 「経営戦略」の語源

このように戦略という用語はもともと軍事（政治）用語であった。そして図表8-2のように軍事用語から援用して経営学でアナロジーとして戦略という言葉が使われるようになった。これが「経営戦略」の語源であろう。

図表8-2　軍事から経営へのアナロジー

軍事	国家	戦争	戦場	戦略	戦術
		↓	↓	↓	↓
経営	企業	競争	市場	経営戦略	戦術

出所：筆者作成。

*ランチェスター；Frederick William Lanchester（1868 ～ 1946）

ランチェスター戦略とは第一次世界大戦の頃，イギリスのエンジニアであったF. W. ランチェスターが発見した戦争の法則である。この法則は第二次世界大戦の時，アメリカ軍の作戦研究班によって応用され発展した。戦後，この軍事戦略理論は産業界へ普及した（福永雅文［2005］23 頁）。そこから，「トップ企業は下位企業の差別化戦略を無効にする『追従戦略』が有利」とか「２位以下の企業は競争資源を１点に集める『集中戦略』が必要」などと言われている。

2. 競争の戦略：マイケル・E・ポーターの『競争の戦略』

❶ 五つの力

競争戦略をつくる際の決め手は，会社をその環境との関係でみることである。会社の環境といっても中心になるのは，会社が競争を仕掛けたりしかけられたりしている業界である。だから企業の競争戦略の目標は，業界の競争要因からうまく身を守り，自社に有利な位置を業界内に見つけることである。いわゆる戦略的ポジショニング（位置取り）といわれる問題である。競争状態を左右す

図表8-3　五つの競争要因

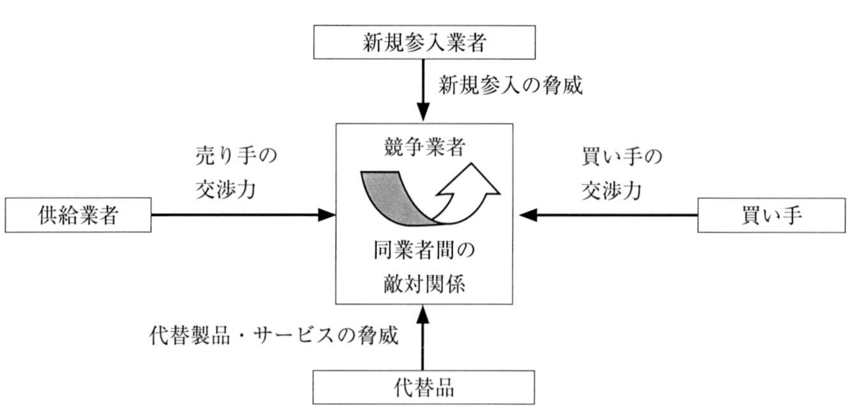

出所：ポーター［1982］18 頁 図表 1-1。

る要因として図表8-3に示した五つの力が働いている。

五つの力の例：牛丼の吉野家：牛丼の吉野家ディー・アンド・シーを例にとってこの五つの力の作用を考えてみよう。牛丼の老舗である吉野家にとって，かつて,「新規参入業者の脅威」とは,牛丼市場への松屋やすき家の参入であった。そしてそれらは，現在，価格競争や出店競争，メニュー競争を通して「同業者間の敵対関係」を吉野家と繰り広げているのである。

しかし吉野家にとって競争相手は，牛丼チェーンを展開する同業者の松屋やすき家だけではない。牛丼以外のファースト・フード，例えばマクドナルドのハンバーガーやコンビニの弁当などが「代替製品の脅威」となっているのである。「お客さんは牛丼チェーンだけを見ているわけではない。日常生活では，コンビニエンス・ストアのお弁当があって，マクドナルドのハンバーガーがあって，ラーメン店もあって…生活シーンで，吉野家と同じ用途の店はたくさんあって，そのなかからどこに行くかという話」（戸田顕司［2007］51頁）なのである。

「売り手の交渉力」の作用は，吉野家の場合，BSE（牛海綿状脳症）問題に対処する日本政府による2003年12月24日の米国産牛肉の輸入停止措置によって大きく働いた。これは売り手というよりも政府の政策措置という外部環境要因の変化によるものであるが，いずれにしても売り手の大きな状況変化が吉野家の経営を大きく揺るがしたのである。米国産牛肉に全面的に依存していた吉野家は,この措置を受けて2004年2月に牛丼販売停止を決定することになった。

「買い手の交渉力」は，吉野家の場合,「コアなファン」といわれる顧客基盤として強みとなっている。吉野家の売り上げの大半は，BSE騒動以前から訪問頻度の高い根強い吉野家ファンによってもたらされていた。彼らにとって，吉野家の牛丼は味だけでなく信念やこだわりなどの無形価値まで含めて強固なブランドとなっていた。重要な有形・無形の要素のどれかが欠けるとブランドとしての信頼が失われ「その他大勢」の牛丼と同格扱になってしまう（戸田顕司［2007］179頁)。だから「中途半端な牛丼を売ったらブランドが毀損する。

それなら今は苦しくてもやめた方がいい」ということで，米国産牛肉を利用できるまで牛丼販売停止したという「吉野家の選択は」牛丼販売の再開時に吉野家各店舗にできた人だかりをみれば「合理的であった」とわかる。

このように吉野家の例からわかるように五つの力にうまく対処して競争の戦略を，つまりポジショニング（位置取り）を図らねばならないのである。

❷ 三つの基本戦略

競争戦略とは，業界内で防衛可能な地位をつくり，五つの競争要因にうまく対処し，企業の投資収益を大きくするための，攻撃的または防衛的アクションである。

特定の企業にとってベストの戦略とは，その特定企業の環境を計算に入れてつくられた特異な戦略に他ならない。しかし，そこには他社にうち勝つための次の三つの基本戦略がある（図表 8-4 参照)。

図表8-4　三つの基本戦略

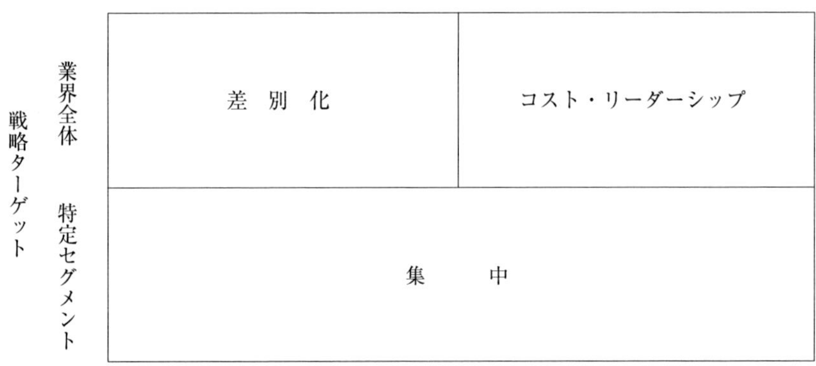

出所：ポーター［1982］61 頁。

（1）コスト・リーダーシップ

コスト面で最優位に立つことを目的として，コストのリーダーシップをとろうとする戦略である。経験曲線効果（図表8-5参照）をねらって，効率の良い規模の生産設備を積極的に建設し，経験を増やすことでコスト削減をがむしゃらに追求する。コスト，間接諸経費の厳しい管理を行う，零細顧客との取引避ける，R&D，サービス，広告，セールスマンのような面でのコストを最小に切りつめる，などが必要である。低コスト地位によって五つの競争要因を切り抜ける。最優秀な生産設備に事前の巨額の投資をする。攻撃的な価格政策をとる。市場シェア確保のため出発時に赤字を覚悟する，などが必要である。

低コストの地位を占めると，業界内に強力な競争要因が現れても，平均以上の収益を生むことができる。

図表8-5　経験曲線

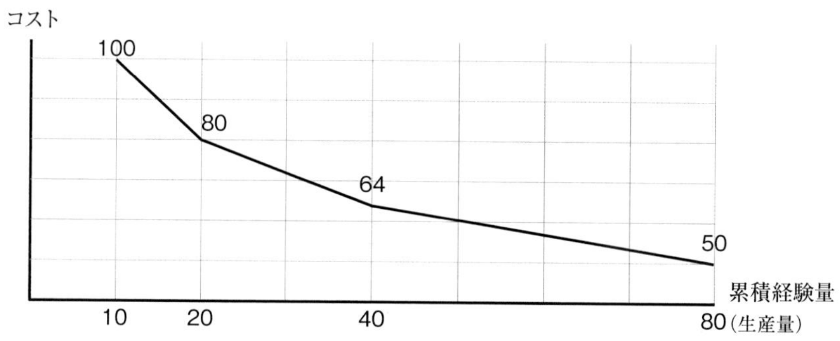

出所：筆者作成。

（2）差別化

自社の製品やサービスを差別化して，業界内でも特異だとみられるようにする戦略である。差別化の方法には，製品設計やブランド・イメージの差別化，技術の差別化，製品特徴の差別化，顧客サービスの差別化，ディーラー・ネットワークの差別化などがある。差別化戦略は，コストを無視してよいのではなくて，コストが第一の戦略目標ではないのである。

差別化戦略のメリットは，同業者からの攻撃を回避できる，顧客のブランド・ロイヤリティを獲得できる，そのため顧客の価格敏感性が弱化する，マージンも増える，などである。

欠点は，特定市場を対象とするため市場シェアと矛盾する，コスト地位と両立しない，などである。差別化のために必要な活動はコストを食うからである。大がかりな基礎研究，高品質素材，徹底した顧客援助などにコストがかかるのである。

(3) 集　中

特定の買い手とか，製品種類とか，特定の地域市場とかへ，企業資源を集中する戦略である。狭いターゲットに絞ることでより効果的でより効率的戦いをする。特定のターゲットのニーズを十分に満たすことで差別化や低コストを達成する。以上三つの基本戦略の違いを図表 8-4 に示している。

❸ 日本の自動車市場での競争戦略

競争戦略の例として日本の自動車市場における各メーカーのポジショニングの面を考えてみよう。まず，コスト・リーダーシップの位置をとるのは，マーケット・シェア第 1 位のトヨタであろう。差別化の位置にあるのは，メルセデス・ベンツやボルボ，BMW などのいわゆる「外車」であろう。そして図表 8-4 の左下の象限に位置する差別化寄りの集中戦略をとるのは，例えば水平対向エンジンに特徴をもつスバル，右下の象限に位置するコスト・リーダーシップ寄りの集中戦略をとるのは，軽自動車・小型乗用車に特化しその分野で低コスト地位を築こうとするスズキであろう。

【参考文献】

クラウゼヴィッツ（篠田英雄訳）『戦争論』岩波文庫，1968 年。

戸田顕司『吉野家・安部修二・逆境の経営学』日経 BP 社，2007 年。

林　周二ほか『乱売とこれからの経営』日本能率協会，1960 年。

福永雅文『ランチェスター戦略』日本実業出版社，2005 年。

M. E. ポーター（土岐　坤・中辻萬治・服部照夫訳）『競争の戦略』ダイヤモンド社，1982 年。

第9章

戦略策定

1．戦略＝意思決定ルール

企業にとって，その活動範囲と成長の方向をはっきりさせることが必要だ。また，企業が順調にしかも利益をあげつつ成長を続けるためには，何らかの意思決定のルール（定式）が必要である。このような意思決定ルールをアンソフ［1969］『企業戦略論』は，戦略と呼ぶ。

ここでいう戦略とは，(1) その企業の事業活動がどのようなものであるか，その概念を定め，(2) 企業の新しい機会を探求するための指針を与え，(3) 企業の選択の過程を最も魅力的な機会だけにしぼる意思決定ルール（定式）なのである。もっと簡略化すると，(1) 事業を定義し，(2) 新しい機会を探求し，(3) 最も魅力的な機会を選択する。これらを行うための意思決定方法なのである。

2．戦略策定プロセス

アンソフはこれらのプロセスを次の四つの構成要素によって行うことを提唱している。

❶「製品―市場分野」

「製品－市場分野」という基準を使い，その企業の現在の製品－市場地位がどの業種の範囲内にとどまっているかを明らかにし，探求の焦点を合わせる。

❷「成長ベクトル」

「成長ベクトル」という概念を用いる。成長ベクトルとは，現在の製品－市場分野との関連において，企業がどのような方向に進むべきかを示すものである。つぎの四つの方向性がある（図表9-1参照）。

「市場浸透力」；現在の製品－市場の市場占拠率の増大をもとにして成長方向を示す。

「市場開発」；企業の製品についてどんな新しい使命（ニーズ）が探求されているかを示す。

「製品開発」；現在の製品に代わるものとしてどんな新製品をつくりだすかを示す。

「多角化」；製品と使命の両方で，企業にとって全く新しいものを特別に示す。

図表9-1　成長ベクトルの構成要素

製品 ＼ 使命（ニーズ）	現	新
現	市場浸透力	製品開発
新	市場開発	多角化

出所：アンソフ［1969］137頁。

成長ベクトルによって，現在の製品－市場と将来の製品－市場との間の関連性を明らかにして，それによってその企業がどの方向に進んでいるのかがわかるようにする。その共通の関連性が，マーケティング技能なのか，工学技術なのか，あるいはその両方かといったことが判明する。

❸ 「競争上の利点」

競争上の利点とは，製品－市場分野と成長ベクトルとによって決められたフィールド内での，独自の機会の特性を浮き彫りにしてみることである。企業に強力な競争上の地位を与えるような個々の製品－市場の特性を明確にしようとするものである。

製品－市場分野，成長ベクトル，競争上の利点は，いずれも外部環境におけるその企業の製品－市場の進路を示している。製品－市場分野は探求の分野を，成長ベクトルはその分野の中での方向性を，競争上の利点は個々の進出分野の特性を示している。

❹ 「シナジー」

戦略を策定するもう一つの基準はシナジーである。シナジー（synergy）はもともと，二つあるいはそれ以上のモノ，ヒト，組織などの相互作用，協力などが，それらが別々に切り離されている場合の効果よりも，増幅された効果を生みだすことを意味する（Concise Oxford Dictionary）。いわゆる相乗効果である。

この場合，シナジーは，新しい製品－市場分野への進出にあたって，企業がどの程度の利益を生み出す能力があるかを測定するものである。企業が部分的な力の総和よりも，もっと大きな結合した力（遂行力）を求めて，製品－市場の方向を探求することを意味する。つまり企業が新しい製品－市場に乗り出していく，つまり多角化していく場合，シナジー（相乗効果）がある方向へ乗り出すことが望ましいということである。

3．シナジーの概念

その概念は，次のようなものである。

例えば，製品Ｐが，年間売上高Ｓ円であるとする。それにともなう操業費（労務費，材料費，間接人件費，管理費，減価償却費など）がＯ円必要であるとする。また，その製品の開発や生産設備，販売組織の確立に必要な投資額をＩ円とする。

この場合，製品 P_1 の投資利益率 ROI_1（Return On Investment）は，次のような式で表される。

$$ROI_1 = \frac{(S_1 - O_1)}{I_1}$$

同じことがその企業の製品ラインのあらゆる製品 P_1，P_2・・・・P_n についてもいえる。

もし，あらゆる製品が何の相関関係もなければ，その企業の総売上高は，

$S_t = S_1+S_2+$・・・・・$+S_n$　となる。

同様に，操業費と投資額も，

$O_t = O_1+O_2+$・・・・$+O_n$

$I_t = I_1+I_2+$・・・・$+I_n$

となる。したがって，その企業全体としての資本利益率は，

$$(ROI)_t = \frac{(S_t - O_t)}{I_t}$$　となる。

ところが，ある大企業一社の総売上高がたくさんの小企業の売上高の合計と同じである場合，その大企業は，別々の小企業の操業費の総計よりも少ない費用で操業することができる。同様に，大企業の投資額は，小企業のそれぞれの投資額の単純総和よりも少なくて済む。統合された大企業のそれぞれの数量を s（=single の意味）で表し，個々の独立小企業の合計を t（=total の意味）で表せば，

$S_s = S_t$ のとき，$O_s < O_t$ および $I_s < I_t$　となる。

その結果，大企業の資本利益率は，そのそれぞれの製品の売上高と同額のものが多くの独立した小企業によって達成されるときの資本利益率を合算した場合よりも高くなる。

すなわち，$(ROI)_s > (ROI)_t$ となる。

このような企業の資源から，その部分的なものの総計よりも大きな一種の結合利益を生みだすことのできる効果，いわゆる「2 + 2 = 5」の効果をアンソフはシナジーと呼んでいる。企業は，成長機会を探求していく場合，シナジー効果をもつ多角化戦略を探求し，選択していかなくてはならない。シナジーは，

多角化戦略の探求・評価に際しての重要な戦略基準となる。

シナジーは，次の4種のタイプから生まれる。

1. 販売シナジー：いろいろな製品が，共通の流通経路，共通の販売管理組織，共通の倉庫などを利用する，また共通の広告，販売促進，共通のブランドの利用の結果による。
   例えば，ヤマト運輸が1976年に宅急便をスタートさせたとき米店や酒店など町の商店の販売網を共同利用したこと，サントリーがウィスキーで培った営業力を活用して1963年にビール業界へ参入したことなどがあげられる（後述補論参照）。
2. 操業（生産）シナジー：同じ生産設備や原材料，同じ生産管理システムのノウハウなどを共用できるような場合，施設・人員の高度利用，間接費の分散，共通の習熟曲線，一括大量仕入れなどの結果による。例えば，自動車メーカーが，共通プラットホーム（車台）の複数の車種を共通の生産ラインで生産する混流生産などがあげられる（例えばホンダのアコードとオデッセイが同一の生産ラインで生産されるなど）。
3. 投資シナジー：プラントの共同使用，原材料の共同在庫，類似製品に対する研究開発の残存効果，共通の工具，共通の機械などの利用の結果による。特に研究開発投資の残存効果とは，生産技術や製品技術のノウハウの共用である。例えば，カシオの電卓技術がデジタルウォッチに共用される場合などがあげられる（後述補論参照）。
4. マネジメント・シナジー：共通の管理ノウハウ，転用可能な経験の利用の結果による。

戦略策定においてシナジーという概念は次のような方法で利用される。そこではまず企業の「能力プロフィール」というものが利用される。それはその企業の主たる技能と能力のリストで，他の企業と比較して評価したものである。それは戦略的な問題を評価するとき，査定するための用具となる。そして次の手順で戦略案が策定される。

1. 内部評価；自社の能力プロフィールと競争企業のプロフィールを対比し，自社がどの分野で優れ，どの分野で劣っているかを判断する。それにより現在の製品－市場の長所と短所を明らかにする。
2. 外部評価；自社と，新たに進出しようとする業種との間のシナジーを測定する。自社の能力プロフィールと進出しようとする分野での競争企業のプロフィールを対比して，どの分野への進出が適切か，測定する。
3. 自社の相対的な長所と短所が明確になり，それを戦略探求のルールとする。積極的な戦略を選ぶ場合は，長所を探求基準とし，消極的な戦略を選ぶ場合は，短所を矯正する方向を探る。
4. 機会の評価；探求の結果，合併や新製品の開発案が明らかになると，潜在的な収益性に貢献する要素としてシナジーを測定して機会を評価する。

このように，企業の現在と未来のつながり，現在から未来への方向性を決める基準を製品－市場範囲，成長ベクトル，競争上の利点，及びシナジーの四つに分類したことは，次のことを意味する。最初の三つの基準は，企業が外部環境においてもともと収益性のある諸機会を探求しなければならないことを示している。すなわち，収益性のある諸機会を探求する範囲を明らかにし（製品－市場分野），その範囲の中での方向を明らかにし（成長ベクトル），すぐれた諸機会の特性を明らかにする（競争上の利点）。そして第四の基準は，新しい分野に進出して成功するのに必要な能力があるかを判断する（シナジー）のである。

【補論】シナジーの源泉の事例*

(a) 販売シナジーの事例：ヤマト運輸の宅急便事業

ヤマト運輸（クロネコヤマト）が1976年に商業貨物から個人の荷物に市場を絞り込み，宅急便をスタートさせたとき，その販売網は，町の米屋さんや酒屋さんの販売網を利用した。つまり，町の商店に個人荷物を集める取扱店になってもらい集荷したのである。それまでヤマト運輸は大口貨物に重点をおいていたため小口の荷物を集める営業所が少なかった。そこで人々にとって親しみのある近所の米店や酒店などに宅急便の取扱店になってもらうことにした。取扱店には，預かってくれた荷物１個につき，手数料としてヤマトが100円を支払うことにした。このように，米店や酒店のような町の商店の販売網をヤマト運輸（クロネコヤマト）は共同利用させてもらう販売シナジーを活かすことで宅急便をスタートさせたのである（都築幹彦［2013］62～63頁）。

(b) 販売シナジーの事例：サントリーのビール事業参入

サントリーは1963年に「サントリービール」を発売しビール市場に参入した。そのときシナジーとして力となったのは，ウィスキーの販売で培った営業力であった。それは，単純にウィスキーの販売網にビールを載せるといった生易しいものではなかった。当時，特約店（卸）はどれか一社のビールを専売するという商習慣が牢固として存在していた。朝日麦酒の山本為三郎社長の協力により，朝日麦酒の１ブランドという扱いで卸に受け入れてもらったが，中卸，酒販店，そして料飲店と川下に行くほど受け入れてもらえなかった。先発三社の壁は厚く，また「色がうすい，中味もうすい」，「ウィスキー臭い」などといった中傷誹謗の口コミが待ち受けていたといわれる。したがってサントリーは，「川下から攻略していかざるを得なかった」。「営業マンはある店では下足番をし，あるバーではカウンターに立ってグラスを洗い，あるキャバレーでは客寄せのビラをもって街頭に立ち，平身低頭，誠心誠意，商いに徹する苦闘が続いた」という。こうした地道な営業努力がやがて実を結び，「びん生」（1964年発売）や「純生」（1967年発売）といった新製品の開発とあいまって家庭向け生ビール市場を切り開くことにより徐々に市場シェアを伸ばすことに導いていった。その間，本社にマーケティング部門が設置され，また東京支社と大阪支社にはそれぞれビール営業部が新設されたし，営業所を増やして流通の合理化，効率化を図る努力も続けられていた。こうしてビール市場参入から17年，1980年にサントリーのビール市場でのシェアは7.1％に達したのである（廣澤　昌［2006］）。

(c) 投資（技術）シナジーの事例：カシオ計算機

カシオ計算機は，1946年に前身の樫尾製作所をカシオ四兄弟の長男忠男が設立し金属加工業を始めたところから始まる。1957年に世界で初めてリレー式（純電気式）計算機（「14-A」）の開発・製造に成功し，カシオ計算機を設立した。1964年の早川電機（現シャープ）の電子式卓上計算機（電卓）に後れること1年，1965年に電卓「001」を発売する。1972年には個人向け電卓「カシオミニ」を発売し大ヒットさせる。以降，電卓のLSI（大規模集積回路）の設計を自社で行った。電卓で培われたLSI設計技術はやがてデジタル腕時計（1974年発売）や，電子楽器（「カシオトーン」1980年発売），デジタルカメラ（1983年発売）等に活かされていった（樫尾幸雄［2017］）。こうしてカシオはLSI設計技術への研究開発投資のシナジーを活かして製品の多角化を展開していったのである。

*なおシナジーの源泉の事例については，斎藤進茨城大学元教授にご教示いただいた。記して感謝申し上げる。

【参考文献】

樫尾幸雄『電卓四兄弟　カシオ「創造」の60年』日本経済新聞社，2017年。
都築幹彦『どん底から生まれた宅急便』日本経済新聞社，2013年。
廣澤　昌『新しきこと面白きことサントリー・佐治敬三伝』文藝春秋，2006年。
H. I. アンゾフ（広田寿亮訳）『企業戦略論』産業能率大学出版部，1969年。

第10章

戦略的意思決定の特性と方法

1．戦略的意思決定の特性

戦略的意思決定を戦術的意思決定との対比から考察してみよう。戦略的意思決定は，企業が市場とどのような対応関係を築いていくかを決定する意思決定である。したがって新しい市場に乗り出すにしても新しい製品を既存市場に出すにしても，それに対応した経営資源の配分に関する意思決定をともなう。それに対して戦術的（業務的）意思決定は，経営資源の配分は戦略的意思決定によって与えられたものとして，それをどのように有効に利用するかという問題についての意思決定である。

それぞれの意思決定にはそれぞれの特性がある。まず戦術的意思決定は日常頻繁に行われる反復的意思決定であり，したがって情報が十分に蓄積されうる。したがってその分析から，「こうすればこうなる」といった問題の論理的な構造を知ることができ明確である。つまりどのような行動を起こせばどのような結果が得られるか，過去の経験からその因果関係の論理構造がある程度において明確になりうるものである。例えば，ファースト・フード産業では，日々，店舗において接客を繰り返すから，その接客方法は，十分な過去の経験情報から，どのようにすべきか，マニュアル化できるのである。

それに対して戦略的意思決定は，新たな市場や新たな製品に乗り出す決定であるから，それほど頻繁に行われる性質のものではない。その意味で非反復的な意思決定である。非反復的であれば，自ずとそれに関する情報は不十分であり，例えば何をどこに売れば成功するか決して確実ではない（不確実性）状態にある。つまり構造が不明確な状態なのである。

なお，アンソフ［1965］は，図表10-1のように，企業のさまざまな意思決定の構造を戦略的意思決定，管理的意思決定，業務的意思決定という三つのカテゴリーに分けている。そのうち業務的意思決定は上述の戦術的意思決定に該当する。「管理的意思決定」は，戦略的意思決定と戦術的（業務的）意思決定を橋渡しする中間的性格のものといえよう。

業務的意思決定は，その目的は，企業の資源の転化のプロセスにおける効率を最大にすること，現行の業務の収益性を最大にすることにある。

戦略的＊意思決定は，外部問題に関係のあるもの，製品ミックスと市場の選択に関するものであるである。企業とその環境との間に「インピーダンス・マッチ（impedance match）」（比例的調和関係）をつくりあげるためのもので，どんな業種に従事し，将来どんな業種に進出すべきかを決める問題を扱う。

戦略的意思決定は，各種代替案に関する資源の割り当ての選択を取り扱う。その目的は，企業の目標を達成するために最善の能力を発揮できるような資源の割り当てのパターンをつくりだすことである。

そしてその企業の諸目標および到達目標は何か，多角化をすべきか，どんな分野で，どの程度積極的に行うべきか，といった事柄を決定することになる。

＊ここでは，戦略的という言葉を“企業とその企業を取り巻く環境との関係に関するもの”という意味で使っている。

管理的意思決定は，企業の資源を組織化するという問題に関するもの，組織機構に関するものである。

図表10-1　企業における主たる意思決定の種別

	戦略的意思決定	管理的意思決定	業務的意思決定
問　題	企業の資本収益力を最適度に発揮できるようにするような製品－市場ミックスを選択すること	最適度の業績をあげるために企業の資源を組織化すること	資本収益力を最適度に発揮すること
問題の性格	総資源を製品－市場の諸機会に割り当てること	資源の組織化，調達，開発	主要な機能分野に資源を予算の形で割り当てること 資源の適用と転化を日程的に計画すること 監督しコントロールすること
主要な決定事項	諸目標および最終目標 多角化戦略・拡大化戦略・管理面の戦略・財務戦略・成長方式・成長のタイミング	組織機構―情報，権限，職責の組織化 資源転化の組織化―仕事の流れ，流通システム，諸施設の立地 資源の調達と開発―資金調達，施設及び設備，人材，原材料	業務上の諸目標と最終目標・販売価格とアウトプットの量的水準（生産高） 業務上の諸水準―生産の日程計画，在庫量，格納 マーケティングの方針と戦略・研究開発の方針と戦略・コントロール
主たる特性	集権的に行われるもの 部分的無知の状態 非反復的 非自然再生的	戦略と業務のあいだの葛藤 個人目標と組織目標との葛藤・経済的変数と社会的変数との強い結びつき・戦略的問題や業務的問題に端を発していること	分権的に行われるもの リスクと不確実性を伴うこと・反復的・多量的・複雑さのために最適化が二義的にならざるを得ないこと・自然再生的

出所：アンソフ［1969］12 頁 第1-1 表。

2. 戦略的意思決定の方法

(1) 準分析的方法（Quasi-Analytic Method）

アンソフ［1960］は，計画には戦略の選択をともなうが，それを準分析的方法によることを提案する。それは数量的分析手法による部分的最適化に求めるオペレーションズ・リサーチと直観・経験に頼るヒューリスティック（発見的・帰納的）・アプローチの二つのやり方の折衷である。

アンソフによれば，オペレーションズ・リサーチが戦略的問題にあまり成功的ではないのは，戦略的問題が，トップ・マネジメントに関わるものであり，全体的最適化を要求し，長期的な将来に関わるものであり，外部環境要因に影響されるものであり，数量化できないものであり，解決に「判断」（したがって主観）を必要とし，有効性を測る基準に欠けているからである，という。アンソフは，これらの性質はオペレーションズ・リサーチでは解決できないものだという。アンソフは，しかし，他方で，ヒューリスティック・アプローチのように直感・主観にばかり頼らずより分析的思考を追求しようとした。その結果が，両者の折衷としての準分析的方法である。それは，後の『企業戦略論』［1965］では「適応的探求手法（adaptive search method）」に発展させられた。

(2) 適応的探求手法（adaptive search method）

この手法は，「段階的（cascade）」アプローチを経て戦略に到達する手順である。それは初めに可能な決定ルールをおおざっぱに作り，解決が進むにつれて，いくつかの段階を経てそれらを順に次のような3段階を経てリファインしていく，つまり洗練されたものにしていく手法である。

第 1 ステップ　企業を多角化すべきか否か，二つの代替案のどちらかを決める。
第 2 ステップ　広範な業種別リストから，おおざっぱな製品－市場範囲を選択する。

第 3 ステップ　そのおおざっぱな製品－市場範囲のなかでの諸特性や，製品－市場の類を検討し，その範囲をリファインする。

このプロセスについての一つの重要な特性は，各ステップ間のフィードバックである。この段階的アプローチは，最善の解決案を探求するというプロセスであるから，後のステップにおいて，以前の決定に疑問を投げかけるような情報が現れるかもしれない。このような場合には，それを前の段階にフィードバックしなければならない。

段階的アプローチにおける各ステップの手順は以下の通りである。

(1) 一連の目標を設定すること，
(2) 現状と目標との差（ギャップ）を見積もること，
(3) 一つ以上のアクション（戦略）を考え出すこと，
(4) アクションをギャップ縮小特性（gap-reducing properties）に照らしてテストすること，そのアクションが十分にギャップを縮めるものであれば，それを採用する。そうでなければ新たな代替案を求める。

適応的探求法では，企業は，企業行動を「最適化」するよりもむしろ「満足化」している。選択された決定ルールが，「あらゆる可能な選択案の最善のもの」であるという保証はどこにもない。企業の目標と現状の評価とのいずれもが，解決のための過程で行われる洞察の結果として修正されることがありうる。

以上の適応的探求手法の特性を要約すれば，以下の通りである。

(1) 決定ルールを順次せばめてリファインしていく「段階的」手順であること。
(2) 各段階間のフィードバックが行われること。
(3) それぞれの段階にギャップ縮小の過程があること。
(4) 目標と当初の評価のいずれもが後の段階の分析結果に適応するようになっていること。

3. 対比事例

意思決定の方法の違いを事例対比することでみてみよう。まず，構造がはっきりしている戦術的意思決定の場合，オペレーションズ・リサーチや線形計画法（リニア・プログラミング）のような数量化された意思決定が可能である。

例えば在庫に関する費用を最小にすることを目的とした「在庫モデル」というものがある。そこでは，「在庫に関する費用」の内訳が検討される。それはまず①在庫維持費用である。在庫投資と倉庫の維持管理費用が想定される。それをゼロにするには，極端に言えば在庫をゼロにすればよい。しかしそうすると「在庫に関する費用」の第二の費用である②取引費用が大きくなる。原材料の在庫をゼロにするということは，生産に必要な原材料を必要なときに必要なだけその都度取引契約をして購入することになる。また製品在庫をゼロにするのであれば，注文のあった製品をその都度生産することになる。この場合もその都度原材料を購入する取引をしなければならない。いずれも取引費用が急増する。逆に，取引費用を限りなくゼロに近づけるためには，取引回数を極力減らすことが必要である。例えばこれを最小にするために年1回の取引で済まそうとする。そうすると，1年分の原材料の購入により，在庫維持費用が急増することになる。

つまり①在庫維持費用と②取引費用は相反する関係にある。この関係は，数量情報が十分にあるから，図表10-2のように関数関係に表現できる。

この「在庫モデル」は，問題の構造がはっきりしている。在庫に関する費用が最小になる在庫量（最適在庫量）を求めるには，f（①）とf（②）の和が最小になるときの在庫量を求めればよいのである。

図表10-2　在庫に関する費用

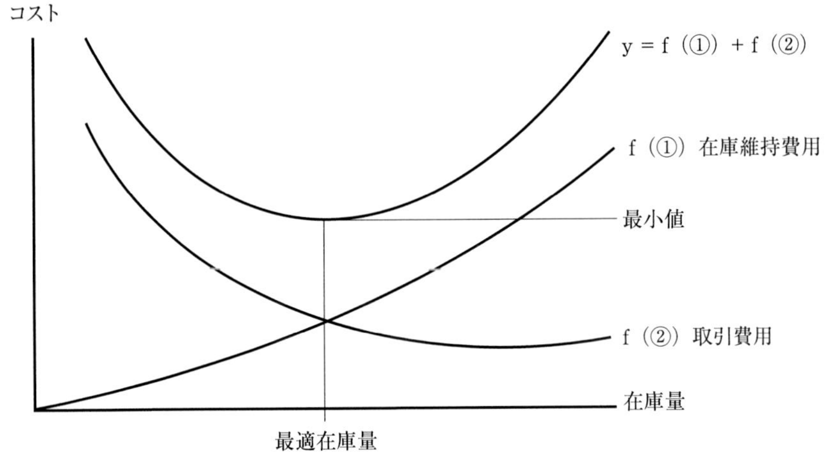

コスト

y＝f（①）＋f（②）

f（①）在庫維持費用

最小値

f（②）取引費用

在庫量

最適在庫量

出所：筆者作成。

ちなみにトヨタと部品納入業者の関係は，トヨタの「カンバン」方式によって①の在庫維持費用を最小にしている。また②の取引費用も長期契約により最小にしている。

いずれにしても戦術的意思決定は，構造が明確であるがゆえに，上述のようにリニア・プログラミングのような方法を用いて合理的意思決定ができる。

ところが戦略的意思決定の場合，構造が不明確なゆえにつまり情報が不足しているがゆえに，リニア・プログラミングのような方法を用いることはできない。従って，ベストではないベターな方法をとる他はない。アンソフは，このような戦略的意思決定の特性に応じて，「準分析的方法」もしくは「適応的探求法」を提唱していたのである。

準分析的方法の特徴：この方法は，構造化されているが十分に構造化されていない問題を扱う。その手順は，第一に，問題を「外部的な」問題と「内部的な」問題に分けることである。「外部的な」問題の部分は，経済・社会環境のなかでのその企業の機会分析に焦点があてられる。「内部的な」問題では，その企業の能力・資源，その企業の「強みと弱み」についての分析が行われる。第二に，問題の各部分がさらに一連の小問題に分解される。あるものは質的な，あるものは量的な問題に分けられる。第三に，このような分析から［仮説―問題探究―洞察―仮説修正］の行程を繰り返し，当該問題に妥当な問題定式化が行われる。それにより複数の戦略選択案が描かれる。第四に，一定の基準が設けられて判断の意思決定が適用され（そこには主観・直感が入る），それら個々の戦略の順位づけが行われる。そして問題分析と問題定式化の間の相互作用によってより鋭い洞察が獲得され，それによって諸戦略の整理統合に導き，一つの基本戦略へと統合される。以上のように準分析的方法は，段階的に戦略選択案を絞り込んでいくのである。

例えば，Y 社が，小型エンジンを基幹部品として，オートバイや小型モーターボートを生産しているとしよう。それら製品群は，夏場に売れて冬には売れない。その結果，図表 10-3 のように 10 月期決算で業績がよく，3 月期に悪い。この業績の波を小さくするにはどうしたら良いかという問題があるとする。

図表10-3　売上高の波

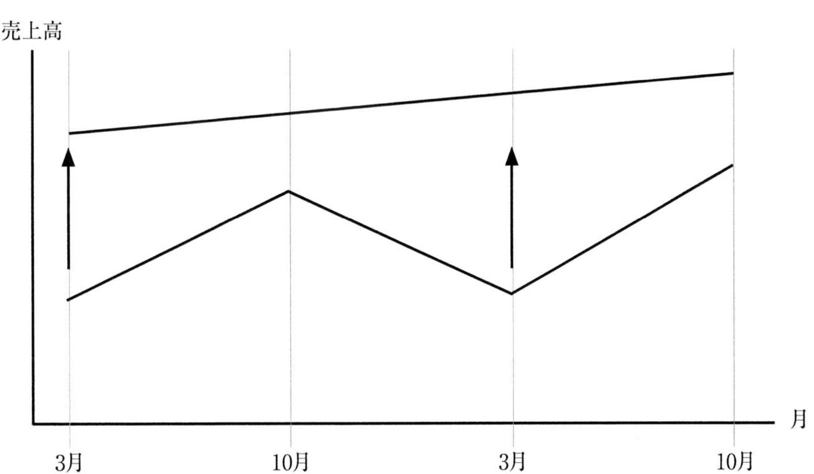

出所：筆者作成。

しかし，売上高の波を小さくするという問題は，漠然としていて大きすぎる問題である。それを小さな問題に分ける。まず，「オートバイは冬売れないか」という問題に変換する。そしてオートバイを構成する基幹部品に分解して，問題を小さな問題に分けていく。つまり，「エンジンは冬売れないか」，「ハンドルは冬売れないか」などである。さらに問題を変換していく。「エンジンを使って冬使うものはないか」，「ハンドルを使って冬使うものはないか」などである。こうして，オートバイと基幹部品を共用できて冬使える製品を考案していく。そうしてスノー・モービルや除雪機が考案されたのであろう（図表10-4参照）。

図表10-4　大きな問題を小さな問題に分解する

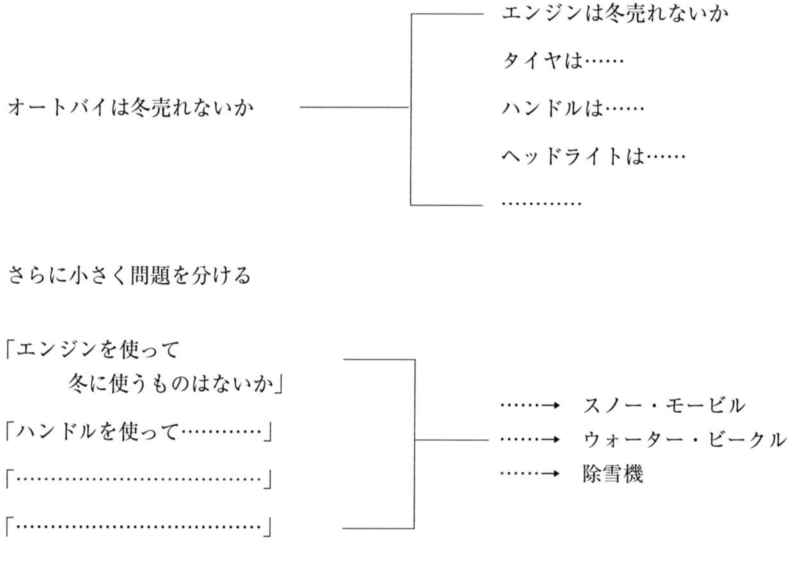

出所：筆者作成。

これが「準分析的方法」である。つまり，大きな問題を順々に小さな問題に分けてゆき，それによって解決策を見いだしていく方法である。半分は論理的・客観的なもの，つまり分析的だが，半分は，人間の判断つまり直感・主観に頼る方法であるがゆえに，準分析的方法と呼ばれる。

戦略的意思決定がこうしたある程度人間の直感・主観に頼る方法にならざるを得ないのは，戦略的意思決定が先に述べたように，情報不十分で構造不明確な状態での，言い換えれば，部分的無知の状態での意思決定だからである*。

* 本章は，事例を含めて斎藤進元茨城大学教授にご教示いただいた。記して感謝申し上げる。

【参考文献】

H.I. アンソフ（広田寿亮訳）『企業戦略論』産業能率大学出版部，1969年。

庭本佳和編『アンソフ』文眞堂，2012年。

H. Igor Ansoff [1960] A Quasi-Analytic Method For Long Range Planning, in C.W. Churchman & M. Verhurst (eds.) *Management Science: Models and Techniques,* vol. 2, Pergamon, NewYork.

H. Igor Ansoff [1965] *Corporate Strategy,* McGraw-Hill.

第11章

プロダクト・ポートフォリオ・マネジメント（PPM）

はじめに

これは，企業が多角化戦略を展開していくときに，多岐にわたる製品群を，企業の長期的な成長の観点から維持管理していくときの視点を提供するものである。

まず，企業の製品ラインの決定は，現状でその企業がもっている生産・販売ノウハウから，生産・販売可能な製品リストをつくるところからはじまる。その場合「生産・販売可能性」が検討される。いきなり，全く関連のない事業に乗り出すことは難しい。まず既存の事業に関連のあるところへ芋づる式に展開していくことが考えられるだろう。例えば，カネボウ（旧名；鐘淵紡績）は，もともと天然繊維を扱っていたところから，化学繊維・合成繊維へ進出し，石油化学技術を身につけ，そこから薬品に進出し，薬局への販売組織を築いたところからそれを基盤に化粧品に進出していった。こうした多角化を「関連的多角化」という。

次に，実際にどのような製品をつくるか，つまり実施する製品のリストを製品ポートフォリオという。その作成上の留意点の一つとしてプロダクト・ポートフォリオ・マネジメントがあげられる（ほかの留意点としては，製品の代替関係と補完関係，市場状況，需要予測などがあげられるが，ここでは略す）。

1．プロダクト・ポートフォリオ・マネジメントの概念

企業全体としての目標成長率とそれの達成のために必要な利益の獲得のために，異なる種々の製品について企業利益全体への貢献度，あるいはその個々の製品の現在および将来の利益率などを照らし合わせて，最適な製品ライン（品揃え）を構成することが重要である。企業の限定された資金を各製品ラインに配分する基準として，プロダクト・ポートフォリオ・マネジメントが考えられる。なお，「ポートフォリオ」とはもともとイタリア語の「紙を運ぶもの」の意味から書類いれとなり派生して書類入れのなかの書類の意味になり，さらにそれら所有する書類（特に有価証券）の一覧表の意味になった。だからプロダクト・ポートフォリオ・マネジメントとは，直訳的に表現すれば，企業が所有する製品ラインの一覧表上の管理を意味することになる。つまり多角化戦略の管理手法である。

製品ラインを決める二つの要因には次の二つがある。①その製品の市場成長率である。市場成長率はその企業にとっての投入（投資）必要資金量の多寡を規定する。そしてその市場成長率は製品ライフ・サイクルによって規定される。②その製品市場における自社の競争上の地位（相対的マーケット・シェア）である。マーケット・シェアの高低は利益率の高低（流入資金量の多寡）に影響する。そしてマーケット・シェアが高いほど利益率は高くなるという相関性があるが，それは経験曲線効果によるものと考えられる。

2．製品ライフ・サイクル

まず，製品ライフ・サイクルと投資必要資金量の関係を見てみよう。図表11-1のように，製品のライフ・サイクルは，人間の人生のように導入期，成長期，成熟期，衰退期に分かれると考えられる。そのうち導入期と成長期は，

市場の成長率が高いためそれに追いつくための増産には設備拡張が必要とされる。したがって出ていくお金，投資必要資金量が多くなる。それに対して，成熟期と衰退期には，市場の成長率は低くなっているので，出ていくお金，投資必要資金量は少なくなるのである。

図表11-1　製品ライフ・サイクルと投資資金量の関係

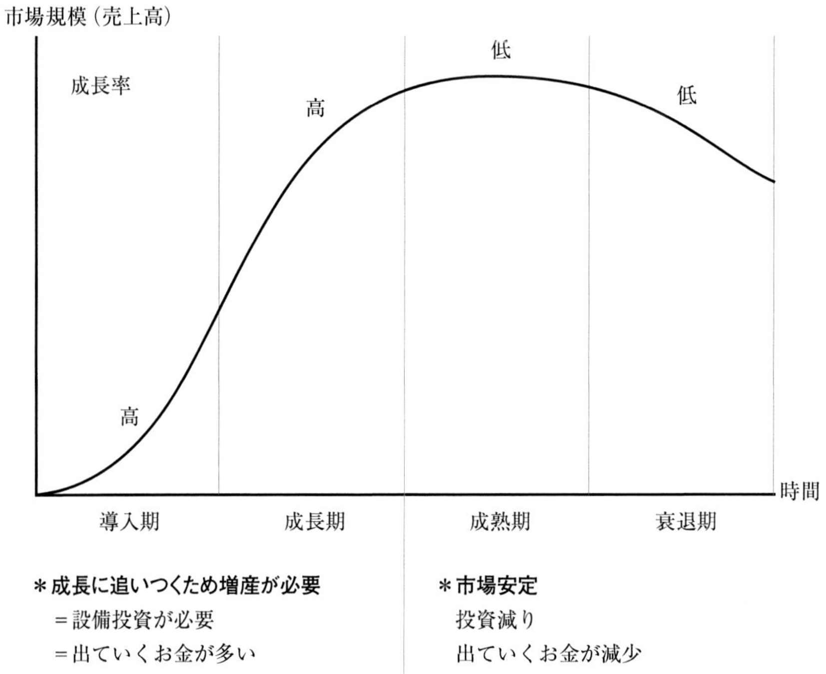

出所：筆者作成。

3．経験曲線効果

次に，マーケット・シェアと利益率の相関性をいくつかの製品を例にとってみてみよう。次のように図表11-2にそのおおよその傾向が例証される。

図表11-2　マーケット・シェアと利益率の相関性

2001 年	マーケット・シェア	売上高対経常利益率
【乗用車】		
トヨタ	39.9%	7.4%
ホンダ	18.4%	7.5%
日産	16.4%	6.7%
マツダ	4.3%	0.9%
三菱	4.3%	0.3%
【ビール・発泡酒】		
アサヒ	38.7%	5.6%
キリン	35.8%	4.3%
サッポロ	15.0%	1.6%
【一眼レフカメラ】		
キヤノン	39.1%	9.7%
ニコン	21.8%	2.5%
ミノルタ	21.3%	0.6%

出所：『日経会社情報 2002 年秋号』，『日経産業新聞』2002 年 7 月 12 日付記事から作成。

このようなマーケット・シェアと利益率の相関性の基礎には，経験曲線効果があると考えられる。エクスペリエンス・カーブ（経験曲線）効果とは，製品の単位あたりコストが，累積経験量（累積生産量として近似的に把握される）の増加によって，実質的に低下するという現象である（図表 11-3）。実際に累積生産量が二倍になると，コストは 20 ～ 30% 低減するといわれる。そのコスト低下の理由としては，①労働者が自分の仕事に習熟する。②各種の業務改善，③改良された設備への投資，④技術進歩などが考えられる。この効果は，ボストン・コンサルティング・グループが数々の商品のコスト研究から発見した経験則である。

図表11-3　経験曲線効果

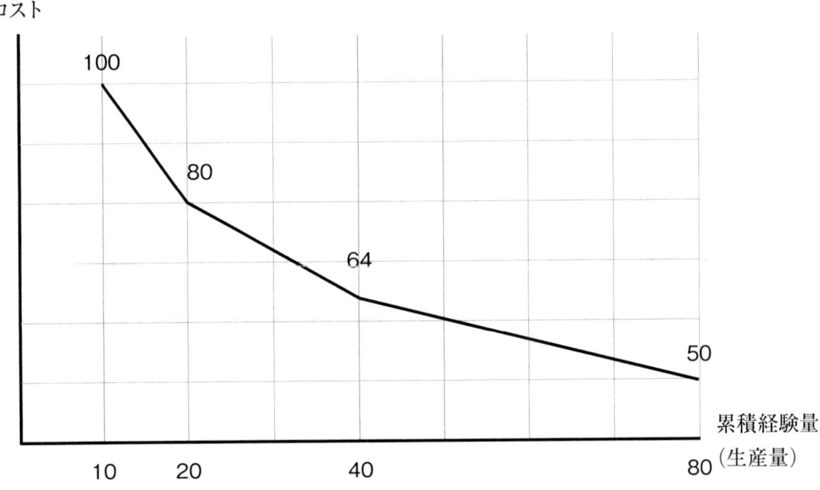

出所：筆者作成。

例えばフォードT型車は，当初の値段，1908年の850ドルから作り続けて1924年の290ドルへ価格が約3分の1に下がったという。つまりコストもそれだけ下がっていたのである。

それゆえ，マーケット・シェアの高い企業ほど，より生産量が多く，従って累積生産量（経験量）が多く，よりコストが低減している。一方，価格はだいたい同様と考えれば，低コスト分だけマーケット・シェアの高い企業のほうが収益性は高い，つまり流入資金量が多いことになる。

4. プロダクト・ポートフォリオ・マトリクス

以上のことから，すべての製品ラインにおける現金流出入は，市場成長率と相対的マーケット・シェア（競争相手とのマーケット・シェアの比率）との関数として次の図表11-4のようなマトリクスに表すことができる。

図表11-4　プロダクト・ポートフォリオ・マトリクス

市場成長率 ＼ 相対的マーケット・シェア	高	低
高	花形製品	問題児
低	金のなる木	負け犬

出所：J・C・アベグレン＆ボストン・コンサルティング・グループ［1977］71頁 図1。

四つの象限はそれぞれ次のような性格づけができる。

「金のなる木」：シェア維持に必要な投資分をはるかに超えた多大な現金流入をもたらす。

「花形製品」：現金流入大，その反面，成長のための資金需要も大，差し引き，現金創出少。しかし，市場成長率が鈍化したとき，再投資の必要が減り，大きな現金創出源（金のなる木）になる。

「負け犬」：現金流入少，流出少。限界的位置にあるため外部要因（景気変動など）によって利益率が左右されやすい。

「問題児」：現金流入少，現金流出大。シェアを拡大して，花形，将来の金のなる木に育てるために投資が必要である。

5. ポートフォリオ・バランス

ここから資金を積極的に投入して将来のために育てる事業が必要であると同時に，それに必要な資金を生み出す事業が必要であることがわかる。現在の「金のなる木」を使って，明日の「金のなる木」を育てる均衡のとれた事業群の組み合わせ，すなわちポートフォリオ・バランスが必要である。「金のなる木」を生みだすためには，「問題児」を成長率の高いうちに「花形製品」に育てるか，研究開発により直接的に新製品という形で「花形」をつくり出すか，のいずれかの道しかない。「金のなる木」によって生みだされた内部資金を「花形」を生みだす研究開発，あるいは「問題児」にどう長期的に配分するか，ということがプロダクト・ポートフォリオ・マネジメント戦略の基本となる（図表11-5参照）。

図表11-5　プロダクト・ポートフォリオと経営資源の動き

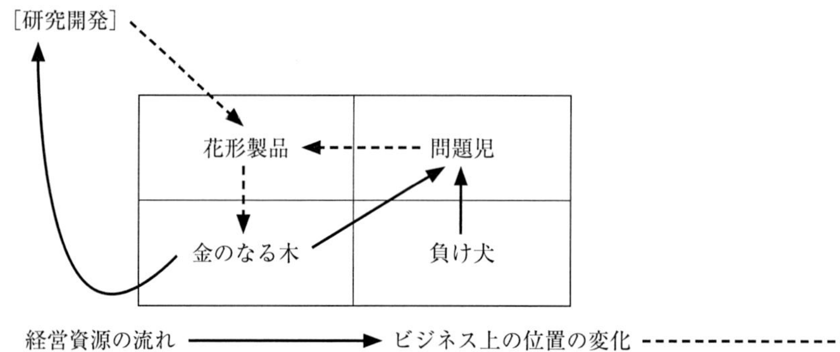

出所：J・C・アベグレン&ボストン・コンサルティング・グループ［1977］75頁 図3。

例えば次の図のように，「問題児」から「負け犬」に移行した製品（A）と，「問題児」から「花形」に移行した製品（B）とでは，資金流出入収支に大きな違い出てくる。したがって，導入期・成長期にしっかりと投資をして「花形」・「金のなる木」を育てていくことがPPMの要諦となる。

図表11-6　ビジネス上の位置の変化

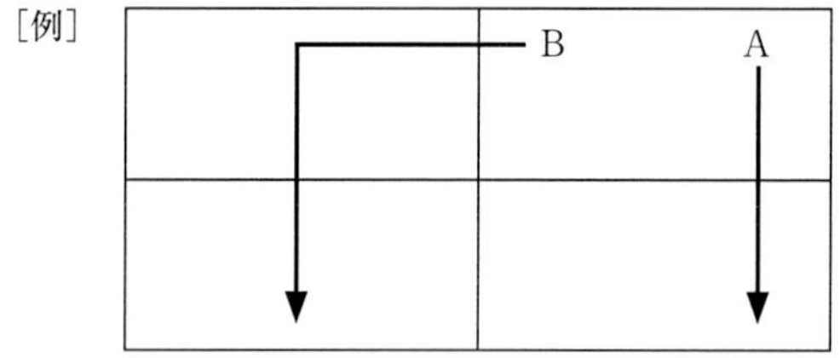

［例］

B　A

出所：筆者作成。

図表11-7　資金流出入収支の相違

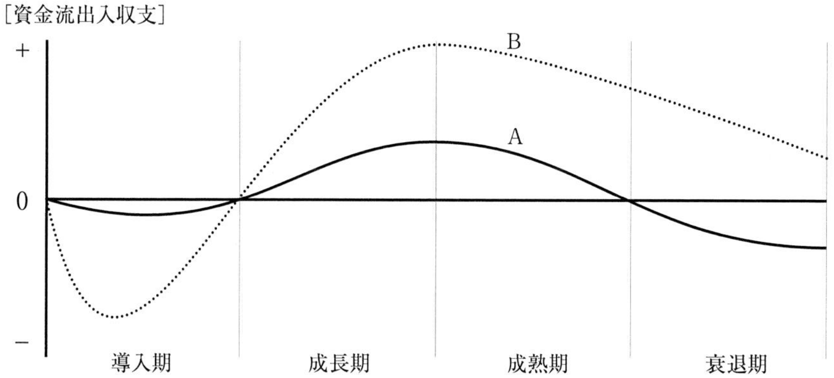

出所：J・C・アベグレン&ボストン・コンサルティング・グループ［1977］83頁 図6より作成。

つまりプロダクト・ポートフォリオの変化として，次のようになっていることが望ましい。

図表11-8　ポートフォリオ上の望ましい変化

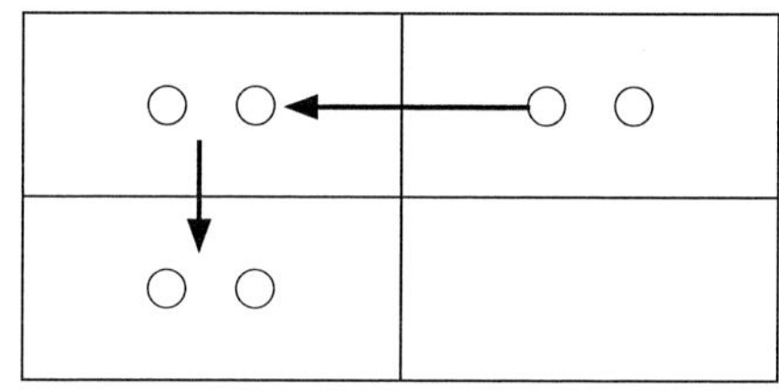

出所：筆者作成。

6．ポートフォリオ戦略から派生する戦略

❶「オーバー・エクステンション戦略」

成長あるいは変革のために自社の既存の能力を部分的にオーバーする事業活動をあえて行う戦略をオーバー・エクステンション戦略（過度拡張戦略）という

（伊丹敬之［1984］298～299頁）。

例えば，キリンホールディングスは，長年ラガー・ビールでビール類国内シェア1位を保持してきたが，現在はビール類国内シェア2位である。ビールという大きな「金のなる木」を保持しているあいだに，キリンは，あえてウィスキー，清涼飲料水，トマトジュース，乳製品，さらに医薬など「問題児」，「負け犬」といえる分野に投資を行った。その結果，ビール類ではアサヒ（グループホールディングス）にシェアで抜かれたが，総合売上高においてはアサヒを上回っている（『会社四季報』［2015］参照）。

このように強大な「金のなる木」を基盤に，あえて「問題児」，「負け犬」を持ち，それを育てるのがオーバー・エクステンション戦略である。それができるのは，キリンの場合長年にわたって「金のなる木」（ビール）が強大であったからである。その際ポイントは，長期的に自社が競争上の地位を築き得る競争相手であるか否かの認識，すなわち，競争相手の選択こそ中心課題である。自社の「金のなる木」の冷静な評価と競争企業のもつポートフォリオへの理解は，経営戦略の出発点である。

❷ 撤退戦略

Bグループ企業（問題児・負け犬が多い企業）のポートフォリオ戦略はいかなるものになるであろうか。その出発点は，製品市場の戦略的な再定義，すなわち「マーケット・セグメンテーション」である。相対的に優位を占めているセグメントを拡充し，競争力のない（あるいは将来性のない）セグメントを徐々に縮小すること，あるいはそこから大胆に撤退することによって，事業全体としての収益性，貢献度を向上させる余地が必ずあるはずである。ただ撤退は，あくまでセグメントからの撤退であって，製品・市場からの全面的撤退では必ずしもない。

撤退戦略の代表的な例として，1974年のホンダ（当時は本田技研）の軽乗用車からの撤退があげられる。ホンダは，二輪車（オートバイ）で国内トップの地位を保持していたが，四輪車においては後発メーカーであった。1967年に軽乗用車N360を発売しそれは成功をおさめ軽乗用車市場でトップに上り詰めた。しかし1972年に低公害エンジンCVCCの開発が成功し，小型乗用車シビックへのその搭載によって米国市場への輸出に力を注ぐことになる。そこでホンダは，1974年10月に業界1位のシェアを誇っていた軽乗用車市場からの撤退を宣言する。そしてその資源を小型乗用車生産に注ぐことになった。軽乗用車分野からの撤退理由は，軽乗用車が排ガス規制のなかで性能低下が否めず，ユーザーも次第に小型乗用車指向を強めていたことなどから需要がしりすぼみになっていたこと，そして何より軽乗用車が「国際商品たり得ない」（ホンダの歩み委員会編［1984］66頁）ことであった。それで有望な小型乗用車シビックに資源を集中するということになった。こののちホンダは，より大型のアコード（1976年発売），プレリュード（1978年発売）などを相次いで発売し四輪車市場においてもその地位を築いていった。そして軽乗用車を復活させたのは，日本においてもセカンド・カーの時代を迎えた1985年のトゥディの発売においてであった。ホンダは図表11-9のように資源を小型乗用車に集中することでそれを花形に育てていったのである。

図表11-9　ポートフォリオ上の資源移転と位置の変化

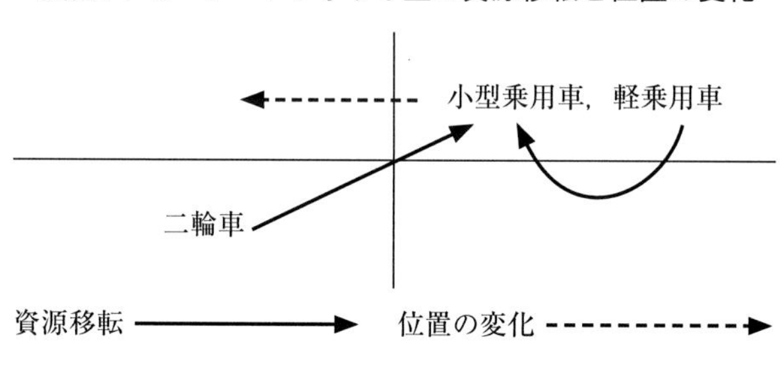

出所：筆者作成。

【補足】ホンダの軽自動車からの撤退への経緯

1966年は，日本の四輪車生産台数がイギリスを抜き，アメリカ，西ドイツに次いで世界第3位になった年である。クーラー，カラーテレビ，カー（自動車）

の「3C時代」が幕を開け，マイカー元年といわれた。同年日産が「サニー」，富士重工が「スバル」，三菱が「コルト」，東洋工業（現マツダ）が「ファミリア」，トヨタが「カローラ」と，それぞれ排気量1,000ccクラスの小型車を発売し広く受け入れられた。

四輪車の最後発メーカーであったホンダは生産設備，販売網・サービス体制が未熟で，当面，軽乗用車市場に着目した。機構スペースを最小限に抑え，スペース効率を高める「ユーティリティー・ミニマム」の思想をとり入れ，できあがった「N360」は1967年春に発売された。性能，居住性ともカローラ，サニーに引けを取らず，安さも手伝って爆発的なヒットになった。ユーザーから「エヌっころ」という愛称をつけられ，支持されて，ホンダはあっという間に軽乗用車のトップメーカーに躍り出た。

アメリカの消費者保護運動の影響を受けて日本にも1970年5月に，日本自動車ユーザーユニオンという消費者団体がつくられた。それは欠陥車キャンペーンを展開し，ホンダのN360がその標的となった。1970年8月，ユーザーユニオンはN360が関係する死亡交通事故の原因はクルマの欠陥によるとして，社長の本田を東京地検特捜部に告訴した。特捜部は学者らによる鑑定をもとに，事故と車体の欠陥性との因果関係はないと結論をくだし，不起訴処分とした。だが，世間をゆるがせた欠陥車騒動でN360は大きな打撃を受け，軽自動車市場そのものが急速に落ち込んだ（本田宗一郎［2001］131～135頁）。

1970年に発効したアメリカの大気汚染防止法通称「マスキー法」は，75・76年から自動車排気ガスのCO（一酸化炭素），HC（炭化水素），NOx（窒素酸化物）をそれぞれ在来車の10分の1にするきびしい基準であった。ホンダは1966年から排ガス対策の研究を始め，69年後半に，薄い混合気を燃やすと排ガスの発生が少ないという事実を発見し，燃焼室の隣に副燃焼室を設け，そのなかで燃えやすい混合気を作って点火し，その火炎を二段目の主燃焼室に噴射して稀薄混合器を燃やすという副燃焼室付きエンジンを開発した。71年2月にこの低公害エンジンは「CVCC・複合過流調速燃焼」と名づけられ，73年から商品化すると発表した。同年12月にはアメリカでのテストが行われ75年規制のマスキー法合格第一号に指定された。

1972年にホンダは「シビック」を発売しのちにそれにCVCCエンジンを搭載した。マスキー法施行初年度の74年にアメリカEPA（環境保護局，現環境保護庁）にシビックを持ち込み，認定を取得した。シビックはアメリカでのホンダの知名度を四輪でも高めることになり，日米で新市場を開拓したのである（本田宗一郎［2001］141～147頁）。

ホンダは1974年に，その秋から始める対米輸出用シビックCVCCを増産するために，軽乗用車の組み立てラインをシビックに振り向け，軽部門から撤退することを決定した（日本経済新聞1974年10月30日付記事）。

その背景には，マイカー族の所得水準の向上にともなうより上級の小型乗用車への移行と排ガス対策による軽乗用車の性能低下という軽乗用車市場の先行きの不透明さがあった（日本経済新聞1974年10月31日付記事「レーダー」）。いずれにしても，本田が軽乗用車市場でトップの座に座ったまま撤退したことは，大胆な撤退戦略であった。

【参考文献】

J・C・アベグレン＆ボストン・コンサルティング・グループ『［再成長への挑戦］ポートフォリオ戦略』プレジデント社，1977年。

伊丹敬之『新・経営戦略の論理』日本経済新聞社，1984年。

大前研一編『マッキンゼー現代の経営戦略』プレジデント社，1979年。

本田宗一郎『本田宗一郎夢を力に』日経ビジネス人文庫，2001年。

ホンダの歩み委員会編『ホンダの歩み—1973～1983』本田技研工業株式会社，1984年。

第12章

ビジネス・システム

はじめに

本章では，企業がヒト，モノ，カネ，情報の経営資源をどのように使い，ゴーイングコンサーン，すなわち，持続性のある経営を行っていくのかを問題として扱う。企業は細かく言えば，様々あり，規模や事業年数，置かれている市場環境，資源配分の仕方，用いる戦略，組織として持てる能力等々，置かれている状況は異なる。しかし，大ぐくりなことを言えば，共通の課題を抱えていることの方が多い。

この点をビジネス・システムの視点から明らかにしてみよう。

企業が持続的な経営を行うためには，投資した資金を回収し利益をあげてさらなる投資を通じて事業の安定性を図り，また規模の拡大を図り，企業そのものが発展していく仕組みが必要である。大事なことは，企業を設立した場合，その誕生の段階から未来永劫，生存，存続していくことが前提とされている。人の寿命には限りがあるものの，企業は新たな人材を採用し，育成し，企業経営の中核を担う人材を取り込みながら，一方では定年を迎えた人材を送り出し，まるで運動会のリレー競争のごとく，バトンやたすきを次の走者（次の世代の人材）に渡しながら企業経営は引き継がれていくのである。

したがって，都合の良い時期に企業経営を放棄したり，事業をやめて会社そのものをたたんでしまうようでは，そこで働く従業員は安心して仕事をすることができないし，そもそも競争を生き抜いていくことはできない。

企業は市場の中で，顧客により事業が評価され，また顧客を獲得しながら利益を得ていく。そのためには，事業を行うための事業のプロセスを構築しなければならない。事業のプロセスは，モノの流れに即していえば，企画，開発，設計，製造，物流，販売といった，一連の流れであり，この一連の事業プロセスを通じて顧客の創造と獲得を図るのである。

小川正博［2003］はビジネス・システムを「製品やサービスを企画・開発，製造，販売して顧客ニーズを獲得するための仕組みのこと」（小川正博［2003］5頁）としており，事業プロセスを通じた事業の持続性を説いている。また，神戸大学大学院経営学研究室［1999］によれば，「企業あるいは事業において，顧客に価値を届けるために行われる諸活動を組織化し，それを制御するシステム」であるとしている（神戸大学大学院経営学研究室［1999］787頁）。

ビジネス・システムとよく似た用語にビジネス・モデルがあるが，安室憲一［2003］は明確にその違いを定義している。すなわち，ビジネス・モデルとは「ビジネスの仕組みの設計思想とそのデザイン」であり，個別の「価値創造・課金システム」として「モデル化」のことである。また，ビジネス・モデルには，「業種やドメインを超えた「共通性」が見られる」という（安室憲一［2003］14頁）。

1．中小企業と大企業

先の定義を用いるならば，ビジネス・システムとは，「製品やサービスを企画・開発，製造，販売して顧客ニーズを獲得するための仕組みのこと」であり，「企業あるいは事業において，顧客に価値を届けるために行われる諸活動を組織化し，それを制御するシステム」である。

企業が存続するための仕組みをつくり，組織をつくり，制御を行うことが，ビジネス・システムの要件になることが自ずと理解されようが，これは個人では行えない事業を，協働の組織を作り，それにより事業の仕組みを維持していくこと，またそのための管理を行うことが想定されている。

管理とは，ものごとの状態を把握し，それを維持もしくは好ましい状態に変化させていくために必要な手段や施策を選択し，実行するための行為のことであり，また，管理を行う上で，とても重要になるのが，モニタリングとコントロールである。モニタリングとは，状態や状況を知ることであり，また，コントロールとは，必要な手段や施策を選択し，状況を調整したり変化させたりして好ましい状態をつくることを意味する。

しかし，どの企業も先のビジネス・システムに関わって適切な管理を遂行できるわけではない。中小企業と大企業とでは持てる経営資源（ヒト，モノ，カネ，情報）に格差があり，管理が行える範囲のみならず，ビジネス・システムそのものさえ，取り込める経営資源に限りが存在する。図表 12-1 は，中小企業庁が 2016 年 1 月に公表した「平成 26 年経済センサス・基礎調査」をもとに主要各国の中小企業，大企業の割合を比較したものである。

世界的にみても中小企業が占める割合は圧倒的であり，限りある経営資源を有効活用しつつ，持てる経営資源の配分を考え，企業のドメインを設定していることがわかる。

図表12-1　我が国おける中小企業と大企業の構成比

	企業数		従業員数	
	中小企業	大企業	中小企業	大企業
米　　国	99.7%	0.3%	53%	47%
ド イ ツ	99.6%	0.4%	57%	43%
イタリア	99.9%	0.1%	80%	20%
日　　本	99.7%	0.3%	70%	30%
北 海 道	99.8%	0.2%	85%	15%

出所：中小企業庁［2016］をもとに作成。

ちなみに，中小企業は中小企業庁の定義に従えば，図表 12-2 になる。

業種により若干，定義が異なる点をここでは留意しておきたい。これらは中小企業基本法により定義されているものの，厳密には「中小企業政策における基本的な政策対象の範囲を定めた「原則」であり，法律や制度によって「中小企業」として扱われている範囲が異なる場合がある。

図表12-2　中小企業者の定義

製造業その他	資本金の額又は出資の総額が 3 億円以下の会社又は常時使用する従業員の数が 300 人以下の会社及び個人
卸売業	資本金の額又は出資の総額が 1 億円以下の会社又は常時使用する従業員の数が 100 人以下の会社及び個人
小売業	資本金の額又は出資の総額が 5 千万円以下の会社又は常時使用する従業員の数が 50 人以下の会社及び個人
サービス業	資本金の額又は出資の総額が 5 千万円以下の会社又は常時使用する従業員の数が 100 人以下の会社及び個人

出所：中小企業庁 HP より（2019 年 2 月 20 日閲覧）引用。

また，中小企業庁の定義では小規模企業者は，製造業その他が従業員 20 人以下，商業・サービス業では従業員 5 人以下としている。なお，これも商工会及び商工会議所による小規模事業者の支援に関する法律（小規模事業者支援法），中小企業信用保険法，小規模企業共済法の 3 法においては，従業員 20 人以下として規定されるなど，若干の相違がある。

このような点を踏まえると，ビジネス・システムの領域および管理の範囲についても個々の事業の経営資源により，どの領域を強みとするのか，どの経営資源を集中すべきなのか選択が重要になる。

2．ビジネス・システムの考え方

持てる経営資源をどう生かし，ビジネス・システムを構築すべきかについては，詰まるところ，どの領域を組織化（内部化）し，また，どの領域をアウトソーシング（外部化）するかということになる。図表12-3は，経営資源のありようを作業と管理の関係に見立て，ビジネス・システムの内部化と外部化をみるためのフレームワークである。

図表12-3　ビジネス・システムの内部化・外部化

手順	開発部門	設計部門	手配・調達	製造・加工	物流部門	販売部門
内容	企画設計	具体設計	資材調達	加工・検査	販売物流	顧客販売
自社（作業）						
自社（管理）						
他社（作業）						
他社（管理）						

出所：筆者作成。

このフレームワークを使うことで，その企業の事業がどの領域に資源を集中しているのか，またドメインとして何を選択しているのかを把握することができる。

少し例をあげてみよう。ここでは100円ショップで業界最大手のD社の事例を取り上げる。

D社は，1972年に創業者である，先代社長の矢野博丈が家庭用品の販売を目的として矢野商店を創業したことにはじまる。1977年に現在のD社を法人化し，100円ショップの先駆けとなった。当初はスーパーマーケットの駐車場に店舗を構える，移動販売・露天方式の100円ショップを運営していたが，賃貸契約により不動産を借りる，いわゆるテナントを借りての商法に切り替え，商店街やスーパーのテナントでの販売展開を基本とした。商品の品質には，こだわりを持ち，定価は100円ながら仕入れ原価が100円に近いものや原価割れしている商品も100円として販売する手法を取ったことが，安価で高品質のイメージ形成につながり，業界のリーディングカンパニーとなり全国展開した。

2018年現在，D社の事業（小売業）は店舗のチェーン展開が主たる事業となっている。売上高は4,200億円（2017年），従業員数は1,000名となっている。小売業としての規模でいえば，2018年現在では中小企業の範疇を超える。また，D社は直営店のほか，広島県福山市に本社を構える「洋服の青山」を運営する青山商事と合弁で設立（1999年）し，100円ショップ（S社：小売業）を別系列で全国展開している。S社の従業員数は2018年現在，1,329名（ただし，正社員99名），売上高159億円となっている。

今でこそ大企業としての仲間入りを果たしているものの，同社にも強みと弱みがあり，図表12-4に示されるように，具体設計部門，製造・加工部門，物流部門は概ねアウトソーシングに委ねてきた。

また，D社のドメインは，企画設計，商品検査，顧客販売の部門にあり，ビジネス・システムはこの三つのドメインを軸にして構築されていることがわかる。しかし，このドメインは固定ではなく，自社の成長や環境変化に応じてド

図表12-4　D社のドメイン

手順	開発部門	設計部門	手配・調達	製造・加工	出荷・検査	物流部門	販売部門
内容	企画設計	具体設計	資材調達	加工・検査	商品検査	販売物流	顧客販売
自社（作業）	◎	×	△	×	◎	△	◎
自社（管理）	◎	△	△	×	◎	△	◎
他社（作業）	△	◎	○	◎	△	◎	△
他社（管理）	×	△	○	◎	△	◎	△

（注）×は部門として有していない，△は一部業務として取り入れている，○は得意分野，◎は重点部門。

出所：筆者のD社への2009年，2014年の聞き取り調査により作成。

メインは修正される可能性がある。例えば，同社では，2009年には不得意分野でも自社の強みに変える取り組みがなされ，もともと苦手であった流通部門への進出を試み，2010年には北海道に流通センターとしての自社工場を建設するなど，自社物流にも乗り出した。かつてはD社も中小企業であったものの，企業成長とともに，ドメインの軸を見直し，ビジネス・システムが変容された一例といえよう。

3．ビジネス・システムの活かし方

持続性のあるビジネス・システムを構築する上で，どのような観点に着目して考えるべきだろうか。小川［2003］はビジネス・システムを再考するための指標として，九つのポイントをあげている。すなわち，(1) どのような顧客ニーズに応える事業なのか，(2) 顧客にアピールできるのは何か，(3) 自社のビジネス・システムと他社との違いは何か，(4) それはどのような資源から構成されるのか，(5) 他社はどの領域を模倣できないのか，また模倣しない理由は何か，(6) 製品，サービスの独自性はどのようなものか，(7) 価格や品質，納期，スピード，などの提供方法で何が優れているか，(8) 現在，顧客のニーズに応えていないものは何か，(9) 顧客ニーズを無視している業界慣行は何かである（小川正博［2003］27～28頁）。

すでにお分かりのようにビジネス・システムは，第8章でみた，競争戦略の差別化実現を目的としている。伊丹［2007］によれば，この差別化は，「実際に顧客に製品を届けるその接点で実現しなければ，顧客は満足はしない」とし，「意図した差別化を現実のものとするためには…仕事の仕組みを工夫する必要がある」という。また，ビジネス・システムが有効か否かは企業が決めることではなく，「本当に顧客が製品を使う時点が最後の審判のとき」であるとし，その製品なりサービスが顧客の購買，使用につながってこそ問われるべきものとしている（伊丹敬之［2007］181頁）。さらに，伊丹・加護野［1989］では，ビジネス・システムが競争上，どのような立ち位置にあるのかを判断するためのポイントには三つあるという。一つは，有効性であり，二つは，経済的に見た場合の効率性，三つは，競争相手から見た場合の模倣困難性である（伊丹敬之・加護野忠男［1989］80頁）。

ビジネス・システムを介して持続的な経営を実現する上では大きく2点が重要である。まずは上述したように，第1には，顧客と真摯に向き合い，ビジネス・システムが差別化実現として有効に機能しているかを監視していくことが重要である。第2は，顧客との関わりを通じて，「働く人々の学習としての意義」（伊丹敬之［2007］185頁）に結び付けることである。仕事の現場で学習の機会を得，これを仕事の内容や仕方を見直していく，また，それを通じて市場への対応を考えていくことが重要なのである。市場への対応を考えるための知識や情報の蓄積は，事業活動を発展，持続させていくための資源や能力に変換させることができる。

おわりに

この章ではビジネス・システムとは何か，また持続性をもった経営を行うためにビジネス・システムはどうあるべきかを考察した。まずは企業のドメインを明確にした上で，自社の強み，弱みを把握すること，そこからビジネス・システムを構築し，競争相手や顧客との関係性の中から有効性があり，経済効率性があり，模倣困難性をもったビジネス・システムを構築していくことが重要であることを明らかにした。

【参考文献】

安室憲一『中国企業の競争力—「世界の工場」のビジネスモデル』日本経済新聞社，2003年。

伊丹敬之『経営を見る眼』東洋経済新報社，2007年。

伊丹敬之・加護野忠男『ゼミナール経営学入門』日本経済新聞社，1989年。

小川正博『事業創造のビジネスシステム』中央経済社，2003年。

神戸大学大学院経営学研究室『経営学大辞典（第2版）』中央経済社，1999年。

中小企業庁「平成26年経済センサス・基礎調査」，2016年

第13章

大学のアイデンティティと企業家精神
—札幌大学出身の社長さん—

はじめに

「道内企業社長 2008 調査」(帝国データバンク札幌支店調べ) によると，ある事実が判明する。それは，道内企業社長の出身大学別ランキングで札幌大学は第6位で，社長さんの数 356 人であったことである。

そこで次のような仮説を立ててみよう。すなわち，札幌大学の建学の精神「生気あふれる開拓者精神」，「自由で明るい雰囲気」といわれる校風，これらは社長を多く輩出していることと何らかの関連があるのではないだろうか？　ということである。つまり大学のアイデンティティと企業家精神の関連性を問うものである。

1. アイデンティティとは

アイデンティティとは何か。「自分」ということについての存在意識；「自分を証明する」ことである。アイデンティティは，自分を発見し，自分を確立していく過程で築かれる「自分らしさ」である。そこでは，自己の成り立ちを知り，自己のルーツを知ることによって，「自分は何者か」と自己を確認する心理が働いている。

そして若者は，つねに現在の存在を模索し，将来を展望し，自分の存在を吟味していく。「アイデンティティ」とは，このような歴史と時代のなかで，揺れ動く青年期の自分の存在意識を指してもいる。

2. モラトリアム（猶予期間）

「自分とは何者か」がわからなくなり，何かを得ていくための精神的な苦闘をしている状態，アイデンティティの拡散状態，これは時間をかけて待つべき期間，つまり「モラトリアム（猶予期間）」とみなされる。それは「ライフサイクル」における自我発達の危機（アイデンティティ・クライシス）ととらえられる。学生という身分の青年期はまさにこの「モラトリアム」の期間である。つまり，社会人として成熟するまでの猶予期間なのである。

3. アイデンティティ人間

アイデンティティを確立した成年期の人間は，アイデンティティ人間といえる。それは，

① 自分が何者であるか明確に定義し，価値観をもつ人間
② 内的な道徳律と自己統制があり，自我理想に従って行動する人間
③ 社会的役割をもち自分を秩序づけて，行動に責任をもっている人間である（鑪幹八郎［1990］）。

4. 大学のアイデンティティ

それでは，大学のアイデンティティとは何であろうか。大学に限らず組織のアイデンティティとは，組織メンバーが共有する理念・使命のことを指す。大

学では，「建学の精神」，「教育目標」，「教育方針」に表されている。札幌大学の場合（『札幌大学　大学案内』），建学の精神は，「生気あふれる開拓者精神」であり，教育目標は，「生気あふれる人間」，「知性豊かな人間」，「信頼される人間」の育成である。

教育方針は，次の５項目である。

1．北海道から世界へ羽ばたく，視野の広い人間を育てます。
2．個性をみがき，夢の実現を目指す人間を育てます。
3．幅広い教養をもち，人生を豊かにできる人間を育てます。
4．地域を愛し，社会貢献の意欲に富んだ人間を育てます。
5．環境に配慮し，未来に責任をもつ人間を育てます。

これら建学の精神，教育目標，教育方針は，札幌大学が「青年期」にいたって「自分を確認する心理」に基づいて整えられていった。

5．札幌大学出身の企業家―5人の事例

大学のアイデンティティは，学生・卒業生にどのように影響を与えているのか？　それを探るために５人の札幌大学出身の企業家へのインタビューにおいて次の３点を訊(き)いた。

①　大学卒業から起業までの経緯
②　経営の理念
③　自分にとっての札幌大学の位置づけ

その結果，「生気あふれる」という要素は，札幌大学の学生気質の中核をなしており，大学時代に活きいきとしてアイデンティティ（自分らしさ）を確立していったものが開拓者精神を発揮し，企業家として事業を展開していったこ

とが共通の特徴であった。札幌大学の建学の精神と企業家精神の親和性はこのようにして生まれていた。以下のそのケースを紹介する。

(a) スタイリスト会社社長IS氏

外国語学部ロシア語学科卒業後，建設会社でOLの傍(かたわ)ら，スタイリスト塾に通い，後にフリーランスのスタイリストとなった。ファッション・インテリア・料理・雑貨をスタイリングする会社を設立した。在学中に吉本由美子著『雑貨に夢中』を読みスタイリストへの夢を抱きそれを実現させた。

それは，「札幌大学が目指す7つの目標」である「個性にあった夢と志を見つけ，その実現に向かって積極的に挑戦する『生気あふれる人間』にあてはまる。IS氏は，札幌大学を「コミュニケートの場」，「友人（人脈）をつくる場」，「良い刺激を受ける場」と捉えていた。大学を人と交流する「場」ととらえ，そこで得られた刺激から自分を見つめなおし将来を考える「場」としてとらえていた。

(b) 米穀店社長MM氏

外国語学部英語学科卒業後，家業の手伝いをすることになり，三代目の精米屋（米穀店）として「M館」を経営している。大学時代［鶏口となるも牛後となるなかれ］というモットーを心がけ，多くの人と交流し，いろいろなことに挑戦した。大学では，「生活の中で学ぶことが」多かったという。「大学4年間で精神的成長は大きかった」，「何事も一生懸命あたり，頑張る気持ちをもつことができた」という。家業を継いで，「自分ならではの米屋をつくりたい」という気持ちから「古代米とそれを使ったお菓子を扱うようになった」。米文化にこだわった経営姿勢を貫いている。この姿勢は，「生気あふれる開拓者精神」を体現しているといえよう。

(c) ローソン［A店］社長IT氏

経営学部卒業後，一般企業に勤務したが，その会社の経営理念に納得がいかず，半年で退社した。2～3年のアルバイト生活を経てローソン北海道本部に入社20年近く社員として勤めた後，ローソン北海道本部から勧められて独立した。営業成績が良かったため，本部から任されて2店舗目の［A町5丁目店］の経営も行うようになった。「24時間営業のコンビニは休みがなく，人を使うのもたいへんであるが，逆に，人に使われるよりも何倍も精神的に楽になった。自分の店を経営する中で，ゴミひとつ拾うのも意味があると感じている」という。学生時代の札幌大学の印象は，「キャンパスが大きく環境が何より良かった」という。そこで「軽音楽部でギターを弾いて大いに楽しくやっていた」。そうした学生時代の姿は大学の雰囲気，校風，そして建学の精神に結びつくものであり，それらが彼の独立心を養う基盤となっていただろう。

(d) 新・中古車販売会社社長 HK 氏

外国語学部ロシア語学科卒業後，旧日産サニー（現札幌日産）に入社し，社会人野球をやりながら，新車営業に従事した。18年間で新車生涯販売台数1,000台を達成した後，新車・中古車販売会社を設立し独立した。独立の契機は，（日産だけでなく）「ホンダにも乗ってみたい」という顧客のニーズの多様化に応え，いろいろな種類の車が提供できる会社を創りたいと思ったことであった。「お世話になったお客さまに恩返しがしたい，お客さまの好きな車を提供したい」という思いがあった。そこで中古車・新車・リースもやろうと思ったという。これは，札幌大学の教育目標の一つ「社会貢献の意欲に富んだ人間」像を体現している。彼は大学時代をふりかえって「一芸，自分の良さを探す4年間だった」という。「野球をやっていて高校から札大野球部に進んだ」という認識だったという。「勉強もさることながら，大学時代に仲間をつくれてよかった。良いライバル，いろんな友人，札大は個性的な学生が多かった。良い仲間がつくれた4年間で札大を出てよかったとつくづく思う」と語る。後輩たちに，「社会に出たら自分の腕，気持ちで活躍してほしい。大人とは責任をもつことだ。大学在学中に社会にどんどん出て行動して体験しておく，自分を探すことだ」とアドバイスする。

大学時代とは，自分を探す期間であり（それは教育目標2「個性をみがき，夢の実現を目指す人間」と符合する），友人をつくる時間であるという。仕事に対する信念は，「常にプラス思考で進む，自分に勝つ，できるんだという気持ち」だという。「できないと思うとできない，売れないと思うと売れない，その気持ちはお客に伝染する，売れるという信念をもつこと」だという。これは「生気あふれる開拓者精神」といえよう。

(e) ファッション企画製造販売会社社長 WM 氏

工業高校に学び数学が得意で，パイロットになりたかった WM 氏は，パイロットには語学が必要と思い，札幌大学の特待生試験を受けて英語学科に入学した。学生時代にイベント手伝いのアルバイトで厚生年金会館（現ニトリ文化ホール）において行われた山本寛斎のファッションショーを手伝った。そのときショーを見て感動し，「洋服ってすごいな」と思った。それですぐに大学で服飾研究会というサークルをつくった。おしゃれを楽しむ会であったという。札幌大学の自由な風土でそれができたように思うという。彼の卒業論文テーマは「アメリカファッションと日本ファッションの相違」というものであった。

ファッションデザイナーになりたいと思い卒業後山本寛斎の会社へ押しかけ入社させてもらった。ファッション界はパリコレや輸出中心で語学力のある人材を求めていた側面がある。バイヤーや企画管理をやらせてもらい，「ファッション・ビジネス・スタンス」を学んだ。寛斎のもとで4年間働き学んだ後，実家の都合で北海道へ帰ることになった。25歳で北海道に会社 T を設立する。寛斎から海外貿易業務委託を請けかつ寛斎ブランドの縫製業務も請けた。しかしバブル崩壊とともに，縫製は海外に仕事が流出して激減してしまった。そこで縫製工場は無理ということで，自社ブランド開発で付加価値をつくるビジネスに乗り出した。縫製請負から，＜企画・製造・販売＞に転換したのである。

ミラノ，パリコレクションを目指し，それを国内に逆輸入しようとした。「カミシマチナミ」ブランドを8カ国で販売している。東京コレクションには2001年から出品している。企業理念として「3つの法則」を掲げる。①自分たちは何者なのかを常に問い詰め，挑戦者でありたい，革新的あり方を追求したい。②誰のために仕事をしているかを意識したい。共感するすべての人のためである。③後世に引き継げるような仕事をしたい。次の世代の人たちに入りたいな，一緒に仕事がしたいなと思われるようなことをしたい，という。

大学時代に何をなすべきかという問いに対しては，「仲間と夢を語り合うべき」という。学生は「現在を風刺し，世の中を変えられると思わなければならない。口に出して言うべきだ」と語る。大学は,「人間として成長させてもらった」ところで,「学びの機会だ。しかし自分が学ばない限りゼロだ」という。

最初からパリコレクションやミラノなど海外を目指した点や，新ブランドを中国本土で売り出す計画をもつなどの点は,「北海道から世界へはばたく，視野の広い人間を育てます」という札幌大学の「教育方針 1.」を体現しているといえよう。

6. 建学の精神と企業家精神

上述の５人の企業家の事例から，二つの特徴が浮かびあがる。一つは，彼らが，学生時代すなわち青年期に,「生気あふれる人間」として何かに打ち込み，あるいは自分を発見し，アイデンティティを形成していったことである。彼らは大学の自由な風土のなかで何かに没頭し自分を発見していった。もう一つは，こうした大学時代のアイデンティティの形成を基盤にして，卒業後みずからの道を切り拓いて事業展開を行なったことである。これらの点はまさに「開拓者精神」をじゅうぶんに表わしているといえる。

札幌大学の場合，その建学の精神・教育目標が，紹介してきた企業家たちの成長過程と符合し彼らの経営についての考えすなわち企業家精神と親和性をもつ所以(ゆえん)はどこにあるのだろうか。それはこの大学の創設者（岩澤靖）自身が企業家であったことと大きく関係していると考えられる。大学創設時の理念・使命観に彼の企業家精神が大きく反映したであろうことは大いに考えられることである。大学創設当時，畑と原野しかなかった西岡の地を拓き大学を建設することは，フロンティアを切り拓く企業者活動そのものであった。

しかし大学の教育方針があったから彼らが企業家になったというつもりはない。例えば，現在の日本の状況のなかではやる気のある企業家は自ずと積極的に海外に目を向けるであろう。ただ大学の建学の精神や教育目標，教育方針がそうした方向性と親和性をもっているということである。ここに紹介してきた卒業生の社長さんたちが，母校の建学の精神などを在学中にどの程度知っていたかは不明である。知っていたとしても知らなかったとしても，それがどのように彼らに体現していったかが問題なのである。理念・目標・方針が学生自身の気質・精神・エートスとしてどのように浸透したのかである。それは，大学のもつ雰囲気・気風といったものを通して浸透するのであろう。学生時代に大学のもつ雰囲気･気風を彼らがどう具体的に感じ取って学生時代を過ごしたか，そこにおいてどのように青年期のアイデンティティを形成したかが後に企業家として彼らが自分を発展させることと関わっているのである。

7．青年期の教育の課題

(1) 青年期の位置づけ

青年期はエリクソン［1977・1980］によれば，次の２つの特徴をもつ。①青年期は明確な自我同一性（アイデンティティ）が確立される年代である。若者のいまや第一の関心事は，彼ら自身の自己像と比べ他人にとって自分がどんな人間に映っているかということであり，また，自分の夢や個性，役割，技術をどのようにして今日の職業に結びつけることができるか，ということである（エリクソン［1977］48～49頁)。②青年期は一種の「モラトリアム（猶予期間)」であり，青年はその期間に自由に活動する余地を与えられる。青年はその期間に自分の能力と理想とする原型とをどのように結びつけることができるか懸命に模索し，素質に適した職業的原型を見いだそうと努力する。しかし一つの職業的同一性（アイデンティティ）になかなか定着できるものではない。青年は，自己発見の可能性と自己喪失の脅威との背中あわせの状態にある。エリクソンはこのような状態を同一性の危機（アイデンティティ・クライシス）と呼んだ（同上，226～227頁）。そのような危機を乗り越えてアイデンティティを確立すると成年期にいたるのである。そして人は，社会のなかで自分の居場所を見つけ社会と自分の関係を発展させようとする（同上，228頁）。

(2) 青年期の教育の課題

だから，青年期から成年期へいたる人格の発達のなかで，大学教育およびその期間の果たす役割は大きい。重要なのは教育と職業との結びつきである。エリクソンによれば，「若者の今や第一の関心事」は「自分の夢や個性，役割，技術をどのようにして今日の職業に結びつけることができるだろうか」ということなのである。「青年は自分の能力と理想とする原型とをどのように結びつけることができるか懸命に模索し，素質に適した職業的原型を見いだそうとする」存在である。青年の「自分の能力」と「職業的原型」を結びつけるものは何か。それは青年期の教育であろう。アイデンティティの視点から見た教育は，青年の職業を希求する本性と密接不可分なものである。ここに青年期の教育である大学教育の本来的な使命があるのではないだろうか。

(3) アイデンティティの確立と企業家精神

札幌大学出身の企業家の事例から，青年期にじゅうぶんに自分のアイデンティティを形成した学生が後に企業家になっていることがわかる。大学はアイデンティティ形成期にある学生にその機会をじゅうぶんに提供する使命があるだろう。その際，大学の建学の精神・理念は，「気風」や「気質」となり学生の拠り所とならねばならない。その心の拠り所に依拠して学生が自分のアイデンティティを形成していくのが，理想的姿であろう。そうして学生はあくまで主体的に「教わり･育つ」のである。教師としてできることは「3%だけである」とある大学教師がかつて言っていた。それは教育が教師の側からの「教え・育てる」という側面は「3%だけ」の比重であり，学生の自己形成＝アイデンティティの確立が学生自身の主体性によることを示唆している。

【参考文献】

鑪幹八郎『アイデンティティの心理学』講談社，1990年。

E. H. エリクソン（仁科弥生訳）『幼児期と社会1，2』みすず書房，1977・1980年。

札幌大学『大学案内』札幌大学，2011年。

中本和秀「大学のアイデンティティと企業家精神」『産研論集』第44・45号，札幌大学経営学部，2013年。

本田由紀『教育の職業的意義』筑摩書房，2009年。

第14章

組織する

はじめに

多くの人間は，ロビンソン・クルーソーのように独りで生きてはいない。なぜか。人間は，社会（他の人間）との交流なしに生きていけない。それは他の生き物と同様である。

ロビンソン・クルーソーとは違って，多くの人間は組織の中で生きていく。だから組織とは何であるかを考える，つまりその組織というものの性質を知っておくことは，生きていくうえで役に立つだろうと思う。

どう役に立つのか？　自分が組織の中で行動するとき，組織を理解することによって組織のなかでの自分の行動の意味を客観的に理解できるようになる。そして意味を知って行動するのと，わけも分からず右往左往するのではだいぶ違いがある。

1．意思決定と組織

❶　本能 VS. 意思決定

人間の社会・組織を考えるとき，われわれは，しばしば他の動物の社会と比べることをしてきた。最も よく比較の対象とされたのは，ミツバチである。

例えばマルクスは，『資本論』という本の第５章で「労働過程と価値増殖過程」というテーマを考察するとき，次のように人間の労働をミツバチの行動と比較している。

「われわれは，ただ人間だけに備わるものとしての形態にある労働を想定する。クモは織り匠の作業に似た作業をするし，ミツバチはその蝋房（ろうほう）の構造によって多くの人間の建築師を赤面させる。しかし，もともと，最悪の建築師でさえ最良のミツバチにまさっているというのは，建築師は蜜房（みつぼう）を蝋で築く前にすでに頭の中で築いているからである。労働過程の終わりには，その始めにすでに労働者の心象の中に存在していた，つまり観念的にはすでに存在していた結果がでてくるのである」（マルクス［1965］234 頁）。

つまり人間の労働とミツバチの行動との違いは，頭の中で考えているかどうか，つまり意思が存在しているか否かというところにある。人間は家を造る前にすでに頭の中で完成された家の姿を思い描いている，それは言い換えると実行の前に計画が決められていることつまり意思決定がなされていることを意味している。

ミツバチの巣は六角形　ではミツバチの家造り＝巣作りの場合はどうなのであろうか？　まず，ミツバチの巣はどんな形をしているか思い出してほしい。入口断面の形は何角形であったか。六角形である。どうして他の形をしていないのか。

同一図形で隙間なしに詰め込める形は三角形，四角形，六角形である。そのうち同一面積で辺の長さの合計が一番短いのが六角形なのだ。それが巣を造るのにもっとも材料が少なくて済む一番合理的な形になっているのである。

でもどうして気まぐれにも他の形を取らないのか？　人間なら，色々な形の家を造らないだろうか？　実はここがミツバチと人間の決定的な違いである。

ミツバチは，遺伝子情報（本能）によって行動している。選択の余地なくひたすら自然に六角形の巣を作っている。実験で膨らんだ風船を数個まとめて集めて外側から縄などで絞めて均一に圧力をかけると風船は六角形になるといわれる。つまり全体に同じ力がかかると六角形になるのだそうである。だからミツバチは意図して六角形を造ろうとしているのではなく自然に六角形になるのである。それに対して人間の場合は，非遺伝子情報（文化的な情報）に基づいて意思決定しながら行動している。どんな形にしようかあれこれ考えた末にこれで行こうと決める。つまり家を実際に造る前に，頭の中で，どのような家を造るかイメージを描いている。つまり設計図を描いている。計画を立てている。それにあわせて材料をそろえて造り出す。経営学的に言うと，色々な代替案の中から，どれかを選ぶ，選択をしている。意思決定をしているのである。人間は，選択の「自由」を持っている。だから人によって様々な形の家ができあがる。これが，ミツバチとの違いである。

❷　ミツバチの社会＝組織

ミツバチの場合，遺伝子によって支配されているのは行動だけではない。社会のあり方＝組織の機構自体が，遺伝子によって支配されている。

ミツバチは，一つの巣が生存の基本単位となり，一匹一匹のハチが構成メンバーとしてそれぞれ役割分担を明確に持ち，他のハチと社会関係を取り結んでいる，いわゆる社会性昆虫である。その社会組織のあり方は，人間社会に例えれば，一種のカースト社会である。生まれながらにして上下関係によって組織化され，その間の分業関係が性差によって固定化されて制度化されている。

それは性差による分業社会である。女王蜂は，産卵機能に専門化されている。受精卵からは雌（メス）が生まれる。そのうち，選ばれて特別な餌（ローヤルゼリィ）を与えられた蛹（さなぎ）から女王蜂が生まれ，その他からは働き蜂が生まれる。家造り，食料調達，育児，防衛などの活動を行う。未受精卵は，雄（オス）になり，働き蜂のような仕事はせずに，遊び人（？）のように暮らしている。女王蜂が産卵期になって巣から飛び立ったとき一斉に女王蜂めがけて交尾（生殖活動）を行う。これが雄蜂にとっての唯一の仕事で，そのうえ交尾をすると即死してしまう。交尾しなかった雄は，餌を与えられず餓死して働き蜂によって巣からゴミのように掃き出される。受精した女王蜂は働き蜂になる受精卵をどんどん産卵する。そして労働力となるメス蜂（働き蜂）がどんどん生まれて活動して巣が維持されていく。

以上は坂上昭一著『ミツバチの世界』（岩波新書）に描かれたミツバチの社会のあり方である。以前にこの話を講義でしたとき感想を書いてもらったら，ある女子学生が，「女は働いてばかりで男は遊んでばかりいるのは不公平だ」と感想を述べていた。だが男の身になるとちょっと複雑ではないだろうか。私には，生殖活動にだけ特化して役割を果たしたらすぐ死んでしまう雄の姿は何か哀れな気がする。人間だったら，もっと自由に他のこともしたいのではないかと。このようにミツバチの社会は遺伝子によって支配され行動のみならず社会関係全体に自由がない社会なのである。

❸ 選択の自由を持った人間の組織は人工的かつ多様かつ可変

それに比べて人間の社会や組織はどうであろうか？　ミツバチの組織（社会）と比べ，人間の組織（社会）はどんな特徴をもっているだろうか？

人間は意思決定によって組織を造る。人為的に組織をつくる。人工的につくりあげる。それが人間社会である。従って，人によって造る組織も違うから多様な組織が存在するし，変えようと意思決定すれば変えられるものとして社会や組織は存在している。家の形が様々あり得るように。

人間と組織の対比：一寸の虫にも五分の魂：どんな労働にも意思が存在する。人間は選択の自由をもっていて意思決定して行動すると上のところで述べた。では本当に自由をもっているのだろうか？　企業などの組織で本当に自由に人は仕事をしているだろうか？　上司に命令されて仕事をしているのがほとんどではないだろうか？　本来自由なはずなのに実際には自由ではない。このことをどう理解したらよいだろうか？

❹ 目的に従う意思＝自由の自主的制約

その疑問を解くヒントをマルクスが述べている。マルクスは労働における意思の役割を重視している。「人間は労働によって彼の目的を実現しようとするのであり，労働をしている間，彼は自分の意思をその目的に従わせなければならない。つまり注意力が労働の継続期間全体に合目的的な意思として必要である」と言っている。そして，「自由な営みでないほど，その意思が必要である」とも言っている。自由でないのに意思が必要というところが重要である。

つまり，人間は，選択の自由を持っている。だが自由な営みでない労働が多い。そしてむしろ自由な営みでないからこそ意思が必要だという。

まず人間は選択の自由を持っているのになぜ自由でない労働が生まれるのか？　組織に入るからである。ただ自由な意思によって組織に入る。だが入ったら，そこでは自分の意思に発するのではない他人からの命令・指示を受けての労働が行われる。その際その命令･指示を自分の意思で受け容れて労働する。だから意志が必ずそこには必要である。

そういった構成員一人一人の意思決定の積み重なりのうえに組織，バーナードが言うところの人間の「協働体系」が成立している。どんな末端にいても労働する人間は意思をもっている，意思のない機械ではないことを忘れてはならない。機械ではない人間に機械のような作業をさせるには注意力という意思が必要なのである。

しかし「自分の意思に沿わないことも命令だからやらざるを得ない」という意思決定も人間はすることがある。自分に照らし合わせて考えてみてほしい。

でもいったんそう決めたら，その行動はやる人間の責任となる。「やりたくないけどやらざるを得ない」というのはジレンマであるしストレスになるだろう。遺伝子的に行動が決められているハチなら悩まないが，人間はなまじ意思をもっているから悩むのだ。

だがどうしてそうなるのだろうか？　このことについて組織を人間の体に例えて考えてみよう *。

* このような発想は，20 世紀初頭のアメリカ経営管理論の代表的論者であるA.H. チャーチにみられる。Alexander Hamilton Church, *The Science and Practice of Management*, 1914.　A. H. チャーチについては，土屋守章［1967］

図表14-1　人と組織の対比

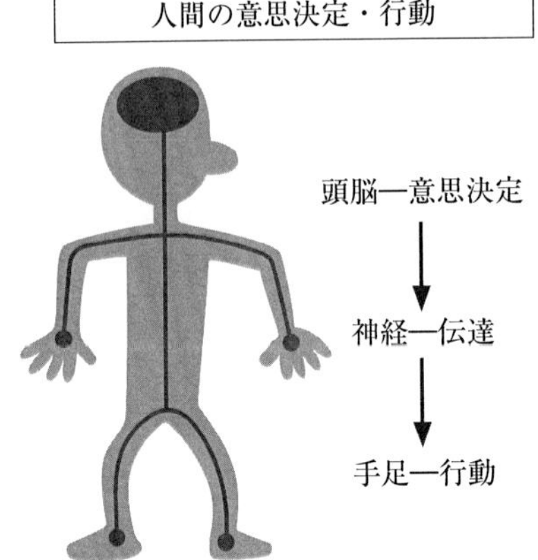

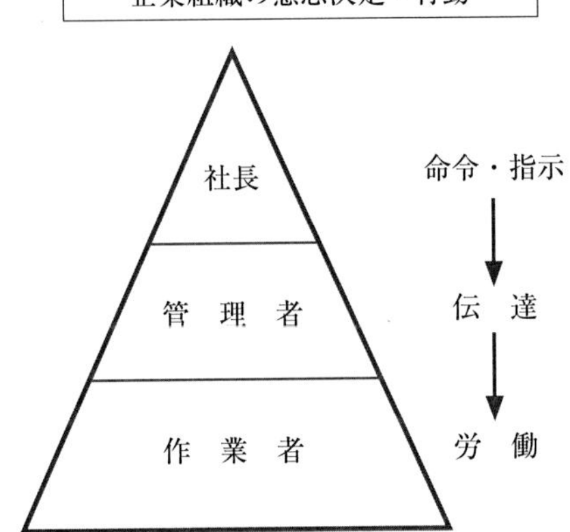

出所：筆者作成。

「米国経営管理論の生成（3）」を参照。

企業組織は人間でいうと，頭脳・神経・手足からなっている。それは，命令・調整・作業を機能として分担している。それぞれの機能を担っているのは，頭脳にあたる部分が企業家や工場主・社長など，神経にあたる部分が管理者，そして手足が作業者であるとたとえられる（図表14-1を参照）。

意思をもつのは頭脳，その意思が神経によって手足に伝達され手足が動く，というイメージである。企業組織において，手足にあたる作業者は，企業の意思決定を担ってはいない。自分の意思ではない他人の指示・命令によって労働する。それは人間の手足自体は意思をもたないのと同様である。だがそれを担っているのは意思をもっている人間である。これはジレンマがある。他人に使われるのが嫌だったら，自分で独立して事業をやるしかない。自由にやるには組織に入っていられないということになる。

だが，圧倒的多数の人は，組織に入って他人に命令されても嫌がらずにそれに従いながら仕事して生きている。どうしてなのか？　自分の自由にならない労働が待っていることがわかっているのにもかかわらず人はなぜ組織に入るのだろうか？　これが次の疑問である。

その疑問を解くために，次節では，まず，命令される関係がない組織をイメージしてみることから始める。そういう組織があるとして（実際あり得る），その組織がどういう展開をするか考えてみる。

2．単純階層組織の誕生

ここでは，お互いに自由な意思をもち，お互いに命令されたり服従したりすることのない諸個人がつくる組織をイメージしてみる。そのような組織が，さらに発展していく，つまり大きくなっていくには，どうもそのままでは不都合が生じて，皮肉なことに，お互いの合意のもとに，つまりお互いの自由な意思のもとに，階層組織，つまり命令したりそれに服従したりする，つまり他人の意思に従う構造の組織が生まれてくることをみていく。この議論を展開した人は，オリバー・E・ウィリアムソンである。

❶　限界づけられた合理性

ウィリアムソンは，近代組織論の代表的論者ハーバート・サイモンが主張する人間観をまず説明する。つまり，人間は，「合理的であろうと意図されてはいるが，限られた程度でしか合理的ではあり得ない」（ウィリアムソン［1980］37頁）のであり，そういう状態の中で人間は行動しているという。その理由として以下のことを挙げている。

まず**神経生理学的限界**：意思決定者としての人間は稲妻のような速さをもつ計算機ではないし，情報をうけとり，貯蔵し，とりだし，処理することについての個人の能力は速度と貯蔵容量のうえで限界をもっている。

次に**言語の限界**：政治的指導者について，コモンズは，「他の人々が感じてはいるが言い表せないでいることを言語で定式化できる人」（ウィリアムソン［1980］41頁）だといっている。そのように他の人々にくらべて，言語の限界による制約，つまりその面での合理性の諸限界の制約がよりゆるやかである人々が，技術的，管理的，ないし政治的リーダーシップを発揮する地位につくべき自然な候補者であり，階層組織がこの理由によって現れうるという。

そしてウィリアムソンは，サイモンに従い，**組織の意義**を「組織が人間の目的の達成にとって有用な道具であるのは，まさしく個々の人間が知識，先見，技能，および時間について限界をもっているからにほかならない」（ウィリアムソン［1980］37 頁）というように説明する。つまり人間のもっている固有の合理性の限界を克服するものとして組織を観ているのである。

では，どのように組織は，人間の合理性の限界を克服するのだろうか？

❷ 仲間集団型組織

仲間同士の集団で協同的な活動する場合で，リーダーが存在しないで支配と服従の関係をともなわない，という状態を想定する。これが仲間集団型組織である。そこでは仕事を進めていくためのメンバー間のコミュニケーションは，次の図表 14-2 のようなオール・チャネル型ネットワークという形をとる。そこでは各人がすべての人々とむすばれ，階層組織が欠如している。

だが，仲間集団として実現可能な集団の大きさは，このネットワークのもつ情報処理上の限界によって，固有の限界がある。各人にあらゆることを伝達することは不可能であり，また，共同決定に到達するまでに，他の目的のために生産的に使用することのできる貴重な時間を優先的にとってしまうのである。

図表14-2　オール・チャネル型ネットワーク

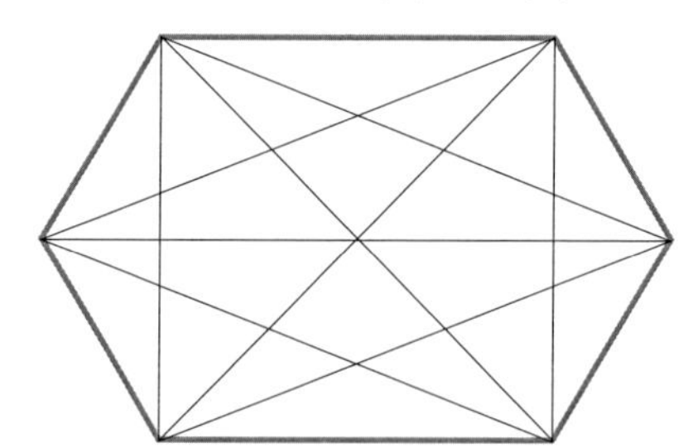

出所：O.E. ウィリアムソン［1980］78 頁 第 4 図。

共同の意思決定に必要な情報処理の負荷量は，次のように「コミュニケーションの連鎖」としてあらわされる。

コミュニケーションの連鎖（リンケージ）の数は，メンバーがｎ人いるとすれば，

Ln=n（n-1）/2　である。

ちなみにメンバーがｎ人から一人増えるごとに，コミュニケーションの連鎖はｎ増える（⊿L=Ln+1 − Ln=（n+1）n/2 − n（n−1）/2=2n/2=n)。

したがってメンバーが増えるに従い，コミュニケーションの連鎖数は算術級数的に増加していく。だから，各メンバーにあらゆることを伝達することが実行可能であるとしても，ルールづくりや意思決定において法外な経費を要することになる。つまりより大規模な組織になっていくほどオール・チャネル型ネットワークでは運営が困難に，さらに不可能になっていく。もし可能だとしても意思決定に多大な時間＝費用がかかり，効率性を損なうことになる。

そこでネットワークの構造を変えることが必要となる。そこで，車輪型ネットワークという型が考えられる。

この車輪型ネットワークのコミュニケーションの連鎖＝リンケージは，Ln=n−1となり，オール・チャネル型ネットワークよりもかなり減少する。

オール・チャネル型ネットワークを図のような車輪型ネットワークに改組して，誰でもよいから中心に位置を占めるメンバーにアクセス・ルールを明確に

図表14-3　車輪型ネットワーク

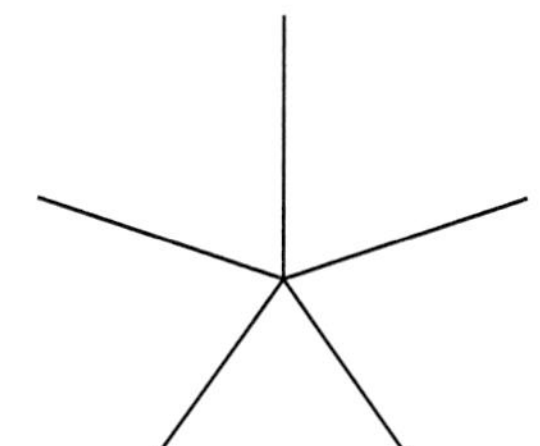

出所：O.E. ウィリアムソン［1980］78頁 第4図。

規定しておく責任を割り当てれば，決定の質をほとんど犠牲にしないで，集団全員の討論の必要性を回避できる。これによってコミュニケーション上の節約を実現できるはずである。

そして各人が完全に輪番制による交代で中心の位置につけられるという条件のもとでは，仲間集団の構造を乱すものではないはずである。

しかし，このような方式は，管理者的な才能が不均等に分布していれば問題が生じてくる。集団の成果と仲間集団の民主主義との間のトレードオフに直面するのである。適格性の劣るメンバーも順番が来れば管理者の任につくことを認めることによって生産性を犠牲にするか，それとも，仲間内のそのような情報処理能力の劣る若干のメンバーに対して，管理者責任を与えないかのどちらかが必要になる。

こうしてメンバーたちのあいだの限定された合理性の格差が，つまり知識と弁舌の才における能力の差異があることが原因となって，歴史上，実際に存在した典型的な仲間集団組織である初期労働組合運動においてとられていた輪番制または抽選による代表者選出も，結局は放棄されていくこととなったのである。

❸ 単純階層組織

必要な情報処理能力と意思決定能力は広範に分布しているものではない。だから，すぐれた情報処理能力と並外れた弁舌の才および意思決定の手腕をもつ少数の個人に，情報収集と意思決定を行う中心的な部署をとっておくことによって，効率性の要求が満たされることになる。

そのことによってエリート的な存在が現れてくることになる。選ばれた少数の人間は他のすべてのメンバーに対して非対称的な関係をもつことになる。頂点に立って調整を行い，権威と専門的技術があたえる権力を享受することになる。またより完全な情報をもっていることによって，他のすべての人々に対し，戦略的優位性をあたえられる。他のメンバーの価値前提と事実前提に対し法外な影響力をもつようになる。このようなエリート（選良＝文字通り選ばれた人）

が現れるとき，支配と服従という関係にある単純階層組織が実質的には成立していることになる（図表14-4参照）。

図表14-4　単純階層組織

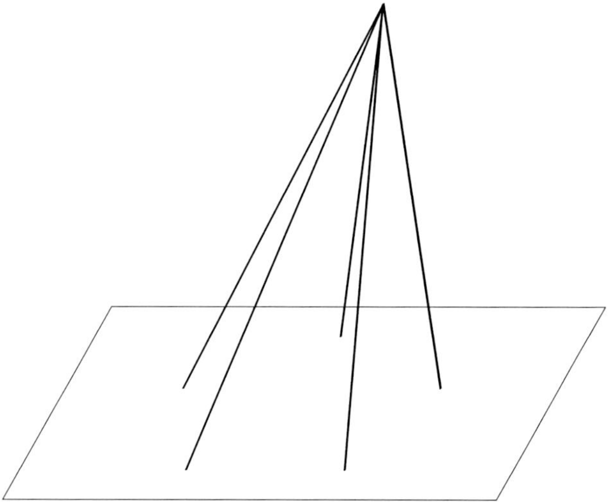

出所：筆者作成。

以上がウィリアムソンの主張する論理の概略である。ここでのポイントは，そういう支配服従の，上下階層的関係に，メンバーは嫌々ながら入るのではなく，自らの自由な意思によってそういう関係を自らつくるということである。そのほうが目的に対して合理的であるから，つまり組織が人間のもつ合理性の限界の制約を克服してくれるから，メンバーにとって利益がある，という状況では，喜んで自ら階層的関係に従うことになる。「組織に入る」，「会社に入る」ということはそういう状況なのではないだろうか。

【参考文献】

O. E. ウィリアムソン（浅沼萬里・岩崎　晃訳）『市場と企業組織』日本評論社，1980 年。
坂上昭一『ミツバチの世界』岩波新書，1983 年。
土屋守章「米国経営管理論の生成（3）」『経済学論集』第 33 巻第 1 号，東京大学，1967 年。
C. I. バーナード（山本安二郎ほか訳）『経営者の役割』ダイヤモンド社，1968 年。
ハーバート・A・サイモン（宮沢光一監訳）『人間行動のモデル』同文館，1970 年。
ハーバート・A・サイモン（松田武彦ほか訳）『経営行動』ダイヤモンド社，1989 年。
K. マルクス（大内兵衛・細川嘉六監訳）『資本論』大月書店，1965 年。

第15章

規模の経済性

はじめに

企業が利益を生み出す秘訣として常識化していることは，「たくさん作ればコストが下がる。たくさん売ればコストが下がる。コストが下がれば利益が出てくる・生まれる。」という論理である。これを「規模の経済性」という。大量生産・大量販売の論理，その基礎・前提が「規模の経済性」という論理である。

まずそれはコスト（費用）の区別から理解される。

1．固定費

固定費とは，操業度の変化に関わりなく，その一定期間における総額が変化しない原価要素をいう。固定資産の減価償却費，固定資産税，不動産の賃借料，保険費，事務職員の給料などである。

なぜ，操業度や生産量にかかわりなく，費用として一定額が原価に加えられるかというと，それは，価値の移転の仕方による。機械設備などは5～10年で償却される，つまり費用として10年間均等に計上され続け，製品に価値を移転する。例えば，1億円の機械設備を10年使い続け，償却するとすれば，1億円÷10年=1,000万円/年の減価償却費を原価として計上することになる。その償却費を製品1,000個に転嫁すれば,1個当たりの原価費用は1万円となる。もし増産して2,000個に転嫁されれば，1個当たりの原価費用は5,000円に低下する。つまり，生産量が増加すれば，固定費はより多くの製品に分散されて製品単位当たりの固定費は低下するのである。

図表15-1　固定費

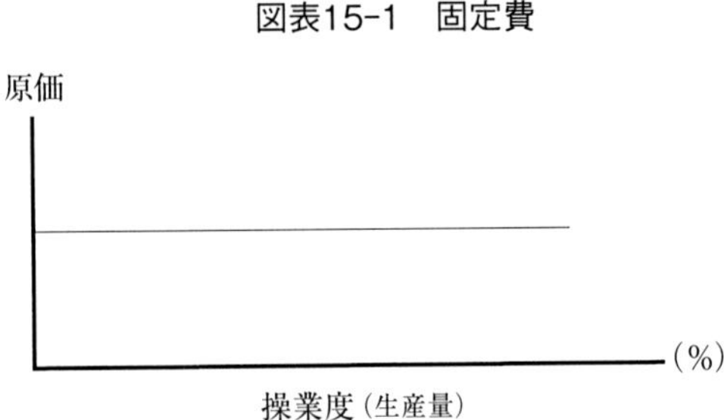

出所：筆者作成。

2. 変動費

変動費とは，操業度の増減に応じて，その一定期間における総額が比例的に変動する原価要素をいう。直接材料費，出来高給，時間給の直接賃金，歩合制の販売手数料などである。

なぜ,操業度（生産量）の増減に応じて比例的に変動するかといえば,それは,例えば，直接材料費などは，製品がつくられる場合，その価値がすべて移転されるからである。1台のクルマを作る場合に，100万円の鋼板がボディをつくるのに使われる場合，その時点でその材料が使い切られるのであるから，その時点で100万円の費用を製品に転嫁しなければならないのである。したがって生産量が増加すれば比例的に総変動費は増加する。だが原価に占める製品単位当たりの変動費は変わらないのである。

図表15-2　変動費

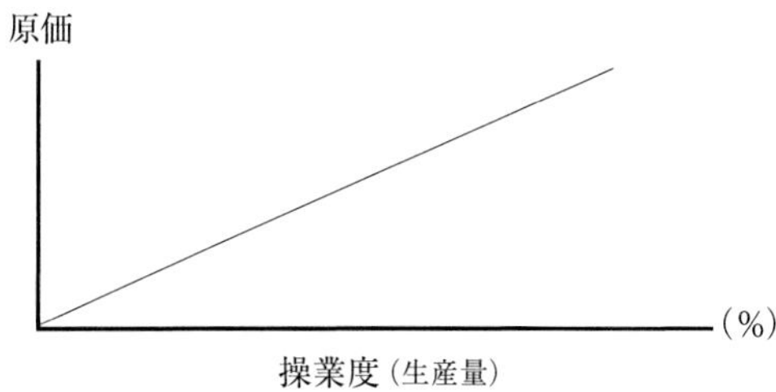

出所：筆者作成。

3. 規模の経済性

マクシー＆シルバーストンによれば，コストは生産規模が増大するにつれて二つのおもな方法，すなわち機械化の促進と「流れ」生産の採用によって低下する。自動車生産の場合，全体としての最適規模が100万台という桁の数字であることからすれば，1950年代のヨーロッパの自動車メーカーの中で，最適規模に近い水準で生産しているもののないことは明らかであった。しかしそれでも，生産規模が増大するにつれて収益逓増が作用する。その場合の節約は，生産量が非常に高い水準に達するまで引き続き得られたのである（図表15-3参照）。

図表15-3からは，生産拡張が1台当たりの固定費の減少をともなっていること，また成長にともなう高度の機械化が1台当たりの直接労務費に大きな節約となって表れていることがみてとれる。

図表15-4にみられるように，生産規模の拡張の初期の段階における節約は，会社にとってたいへん大きいようである。年間生産量が1,000台から5万台に増加する場合，40％程度のコストの低減が期待される。生産量を2倍にして10万台にすると，原価は15％低下する。これに対してさらに2倍にして20万台にするとさらに10％の節約が達成される。40万台にはね上げるとさらに5％の節約を生む。この点をこえて拡大すると生ずる節約は急激に小さくなっていき，節約はほぼ100万台の水準で消滅していく。1台当たりのコストは40万

台をこえても引き続き低下するが，低下率は次第に小さくなる。

図表15-3　コスト／生産量の関係——会社X（1954年）

生産量（台数）	100,000	200,000	300,000	400,000
総固定投資（指数）	100	140	180	240
1台当たりコスト（指数）				
原材料費	100	96	94	92
労務費（直接）	100	92	85	76
変動的（製造）間接費	100	100	100	100
固定費	100	70	60	60
1台当たりの総コスト	100	92	89	87
1台当たりの工場コスト（1台当たりの総コスト－原材料費）	100	85	78	76

出所：G. マクシー・A. シルバーストン［1965］96 頁 第 12 表。

図表15-4　企業の技術的な規模の経済性

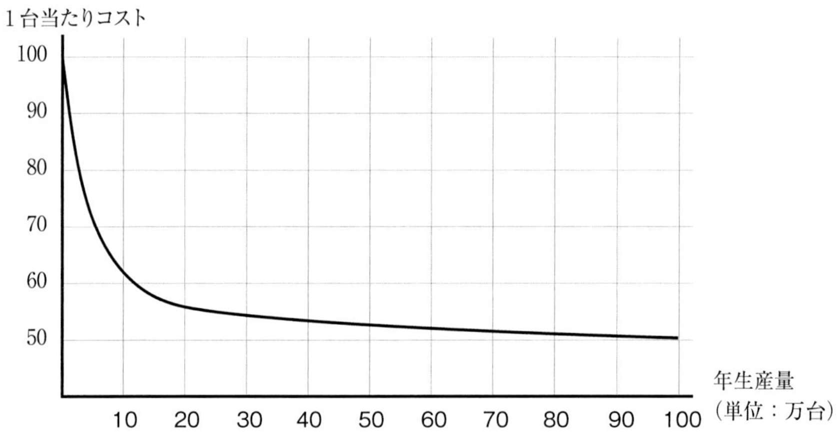

出所：G. マクシー・A. シルバーストン［1965］102 頁 第 2 図。

こうして規模の経済性は，技術革新，つまり機械化，流れ作業方式の採用などによって生産規模が増大し，かつ労働生産性が向上することによって生じる。

生産規模が増大するにつれて，第一に，固定費がより多くの製品数に分散する。それにより1単位当たりの固定費が減少する。第二に，機械化により労働生産性が上昇し，製品1単位当たりに入る直接労務費も減少する。それらによって1単位当たりの総コストが低下してゆく。それにより価格が同一とすれば，より多く生産すればするほど利益が逓増していくし，またコストの低下に応じて価格を引き下げてゆけば，需要が増大しさらに生産を拡大することができ，さらにコストが下がってゆき，価格引き下げ・生産拡大をできる。このように生産拡大→コスト低下→価格引き下げ・利益増→需要増→生産拡大という循環をなし，したがって，低価格・高利潤を実現することができるのが「規模の経済性」の利点である。

多くの企業が事業を拡張していこうとするのは，こうした規模の経済性の効果を発揮して利潤を増大させようという意図があるだろう。

【参考文献】

G. マクシー＆ A. シルバーストン（今野源八郎他訳）『自動車工業論』東洋経済新報社，1965 年。
（George Maxcy and Aubrey Silberston［1959］*The Motor Industry*，George Allen &Unwin Ltd.）

第16章

科学的管理法

はじめに

どのように多く生産させるか＝能率的に働かせるかという問題意識のもとに編み出された技法が，F.W. テイラー（Frederick Winslow Taylor）による科学的管理法あるいはテイラー・システムである。1880年代から20世紀初頭のことである。それは一貫して作業の合理性・能率の追求であった。

19世紀後半以降，第2次産業革命によって化学・電機・石油などの産業が勃興，機械化が進む。アメリカでは南北戦争後，大企業が形成され，大量生産・大量消費の時代に入ろうとしていた。工場のなかではより能率的に生産をすることが求められており，能率増進運動が生まれていった。しかし，19世紀末から20世紀初頭のアメリカでは，職長が工場の管理を任されており，単純出来高賃金制であった。生産性が上がったとき，経営者は超過払いを抑えるために出来高賃金率を切り下げようとした。それに対して労働者は，賃金率を切り下げられないように，申し合わせて作業を遅らせた。これは「組織的怠業」と呼ばれた。

それに対してテイラーは，標準作業量（課業）の設定をして客観的基準を設けようとした。作業を分割しムダな動作を省き最適な動作を研究（動作研究）し，作業時間をストップ・ウォッチで計測（時間研究）し，標準課業を設定する。この動作研究・時間研究をもとに作業指図票を作成して労働者を指導する。労働者が標準課業を達成した場合，高賃金を払い達成できなかった場合，低い賃率で払う差別出来高賃金制を提唱した。

このうち動作研究・時間研究から作業指図票作成までのしくみはそれぞれ，現代の工場で，無駄のない作業を検討工夫するインダストリアル・エンジニアリング（IE）や標準作業票の作成に活かされている。

一方，経営組織面では，テイラー以前の組織が職長の支配するライン組織であったものを，テイラーは，職能別職長制の組織に変えて「計画と執行の分離」を行おうとした。これはライン・アンド・スタッフ組織に発展した。

1. きっかけ；組織的怠業；東部鉄道運賃率事件

テイラーは，当時の低水準の作業能率の原因を労働者の組織的怠業の存在に求めた。当時は，労働者の能率を刺激するために単純出来高給制がとられていた。労働者が能率を上げて賃金収入が増えると，企業家側は，恣意的に，賃率切り下げを行った。そのため，労働者は，仕事をしすぎると損をすると思い，組織的に能率を抑えるという組織的怠業を行ったのである。

この怠業を解消し，労働生産性の向上を図るために，テイラーは，労使が恣意的に動かせない一つの科学的な法則として作業標準（課業）を設定しようとした。

テイラーは「科学的に」生産過程のあらゆる部分を研究・分析し，原材料，機械および作業方法について実験し，またそれらの諸研究で課業を遂行するために労働者が必要とする時間を測定する目的でストップ・ウォッチを使用した。それゆえにこそ「科学的」管理と表現されるようになったのである（ナドワーニー［1977］序文）。

テイラーの科学的管理法が有名になった契機は，アメリカにおける東部鉄道運賃率事件であった。1910年春にミシシッピー川東部地方で営業していた諸鉄道会社は，従業員に対する賃上げを承認したと同時に，州際商業委員会に輸送運賃率の引き上げを申請した。しかし東部荷主会社は州際商業委員会に提出されたこの引き上げ案に反対する組織をつくり，その法定代理人にルイス・D・ブランダイスを選んだ。ブランダイスは運賃率の引き上げ以外の手段で利潤を維持することができると主張し，鉄道会社の要求に反対した。その際，その根拠として，テイラーの科学的管理を適用すれば，この国の鉄道会社に1日100万ドルの節約が可能となると主張し，テイラーの考えにそって活動していた「能率技師」のギルブレスやエマースンなどに公聴会において証言させた。この「1日100万ドル」という考え方に新聞社は注目し，新聞はこの公聴会の推移をすべて報道したので広く社会の関心を呼び，これ以降，テイラーの考え・実践は「科学的管理」と呼ばれることになったのである（ナドワーニー［1977］55～61頁）。

2．科学的管理法の探求；時間研究・動作研究；銑鉄（ズク）運び

テイラーは時間動作研究という科学的手法によって課業の設定を行おうとした。テイラーがベスレヘム・スチール会社に科学的管理法を適用しようとしたとき，第一に着手したのは課業によってズク（銑鉄の塊）を運ばせる実験であった。

従来，ズク運びの課業は，一日平均一人で12.5トン運び，日給制で一日1.15ドル払うものであった。そこでテイラーは，ズク運び人夫シュミットを選び，次のような実験をした。

シュミットは「銑鉄を持ち上げ，歩け，まわって休め，歩け，休め」というテイラーの指示に従って働いたのである。そして一日47.5トン運び（従来の3.8倍），一日平均1.85ドル（従来の1.6倍）が支払われた。この実験には次の2つの要素が含まれていた。

❶ 動作研究

ショベルの1回にすくい上げる量，ショベルの大きさ，すくい上げ方などを研究，最適な一定の方法を定めようとした。

❷ 時間研究

仕事をまず要素動作に分解し，これら要素動作に要する時間を（ストップ・ウォッチで）計り，仕事全体にかかる時間を算出する。これを土台にして，標準時間，課業を設定した。

❸ 差別出来高給制度

上述の動作研究・時間研究から一日の標準課業が設定される。差別出来高給制度とは，労働者が標準課業を達成した場合に高賃金を払い，達成できなかった場合は低い賃率で払うものである。例えば一日の標準課業が20個と設定され，それを仕上げれば高い賃率1個当たり例えば15セント支払われ一日3ドルの収入になる。しかし，もし課業未満しか生産できなかったら（例えば19個），低い賃率，例えば1個当たり12セントに下がり，一日の収入は2ドル28セントにしかならないとするものである（図表16-1参照）。

図表16-1　差別的出来高賃金

	課業（以上）	課業未満
賃　率	15セント	12セント
出来高	20個	19個
賃　金	15セント×20個 =300セント＝3ドル	12セント×19個 ＝228セント＝2ドル28セント

出所：テイラー［1969］23～24頁から作成。

3. 当時の受容度

ダニエル・ネルソンは，1901年から1917年までにテイラーの直接の同僚たちによって組織化された「テイラー化された企業」つまり科学的管理を導入していった29社について，科学的管理のこれら企業におよぼした影響力を次のようなテイラー・システムの主要な特徴によって評価をしている。

(1) 予備的な技術的・組織的改善つまり機械と機械的手法の変化
(2) 計画部
(3) 職能別職長制度
(4) 時間研究
(5) 刺激的賃金支払い制度

それによると，計画部はたいていの場合に設置され，時間研究はあらゆる企業で行われた形跡があった。しかし職能別職長制度は非実践的と考えられ，刺激的賃金支払い制度は導入する機会をもたなかった。全般的にいって工場管理者とくに低階層の工場管理者が著しい不安感と懐疑心をもってテイラー主義を見つめていた。科学的管理の導入に対する労働者の抵抗も一部ではみられた。ウォータータウン兵器廠では労働者を時間研究に服させたときストライキが起きた。メアー・アイランド造船所では刺激賃金を導入しようとしたときストライキが起きたという（ネルソン［1978］132～158頁）。つまりテイラーが提唱したすべての要素が実際に企業において実践されたわけではなかった。

4. 現代に通じる科学的管理法の構成要素

ではテイラーの科学的管理法は現代の工場の管理においてどのように受け継がれているのだろうか。受け継がれている点を挙げてみる。

❶ 標準課業の設定

作業を分割しストップ・ウォッチで測定し（時間研究），無駄のない動作を設定し（動作研究），一日の標準作業を設定する。これは現代の工場でも実践されている。

❷ 指図票の作成

作業を科学的に分析（時間研究・動作研究）し，どのように作業を行うかを示した作業の指図票を作成する。これは現在の標準作業票やインダストリアル・エンジニアリング（IE）に通じる。

❸ 計画部

計画部は，時間・動作研究をして，課業設定をになう組織である。これにより，仕事を計画し，指揮し，管理する職能とそれを実行する職能とが分離した。いわゆる計画と執行の分離といわれるものである（図表16-2）。近代的管理事務部門の重要な職能はテイラーのこの計画部にその起源をおっている。そのうち一部は，原価部，工場保全部，人事部，生産管理部となり，インダストリアル・エンジニアリング，製造方法・工程計画，あるいは時間研究部と呼ばれる生産管理部になっている（島　弘［1963］188頁）。

概念的にいえば，科学的管理によって，図表16-2のように管理者層が形成されて労働者と分離し，近代的管理の基礎が築かれたといえる。

図表16-2　計画と執行の分離；管理の形成

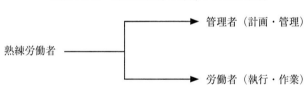

熟練労働者 → 管理者（計画・管理）
熟練労働者 → 労働者（執行・作業）

出所：筆者作成。

❹ 職能別職長制

テイラーは，計画部の設置と同時に職能別職長制をとることを提唱している。図表16-3のように，計画部においては，手順係，指図票係，時間・原価係，工場訓練係がおかれ生産計画が策定される。計画部において策定された計画を工員が実行に移すのを世話する職能的職長として，準備係，速度係，検査係修繕係をおいている。

このように経営組織面では，テイラー以前の組織が職長の支配するライン組織であったものを，テイラーは，職能別職長制の組織に変えて「計画と執行の分離」を行おうとした。これは現代のライン・アンド・スタッフ組織に通じるものである。

図表16-3　職能別職長制

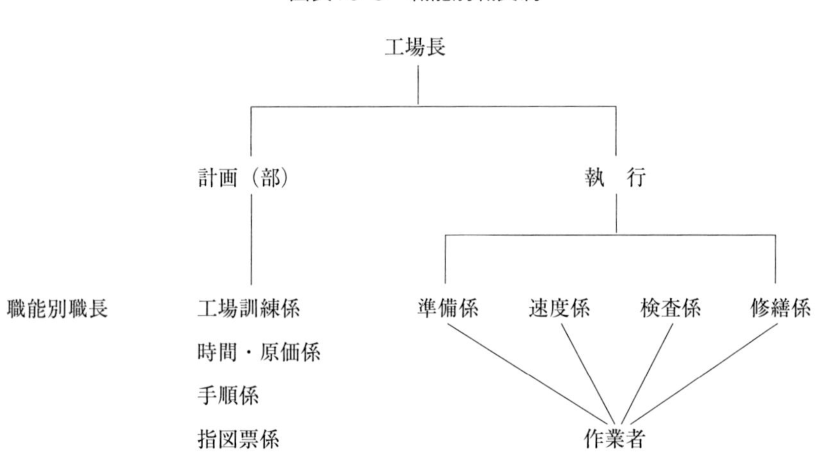

出所：テイラー［1969］122 頁より作成，占部都美［1981］34 頁 第 1 図参考。

【参考文献】

占部都美『近代管理論』白桃書房，1981年。

F. W. テイラー（上野陽一訳）『科学的管理法』産業能率大学出版，1969年。

島　　弘『科学的管理法の研究』有斐閣，1963年。

中川誠士『テイラー主義生成史論』森山書店，1992年。

中川誠士編『テイラー』文眞堂，2012年。

M. J. ナドワーニー（小林康助訳）『新版科学的管理と労働組合』広文社，1977年。

D. ネルソン（小林康助・塩見治人監訳）『20世紀新工場制度の成立―現代労務管理確立史論―』広文社，1978年。

第17章

フォード・システム
—いかに多く生産するか—

はじめに

フォード・システムとは，ヘンリー・フォードとフォード自動車会社が，1910年代に開発した最初の本格的な自動車の大量生産システムであり，現代の工場管理機構の発展に歴史的画期をなしている。

1．フォード・システムの特徴＝大量生産システム

❶　製品の単純化・標準化・単一化

フォードは，1908年にT型車を開発するとともに，T型車へ生産を限定集中し，製品の単純化，標準化，単一化をはかった。

❷　互換性生産と専用工作機械

大量生産に必要な条件は，第一に互換性生産と専用工作機械の開発・利用，すなわち互換性のある標準化された部品の精密かつ大量の機械加工である。そして第二に移動式組み立てラインつまり流れ作業方式によって，それら部品が迅速に組み立てられかつ部品組み立て部門から最終組み立て部門へと順序良く

流れることであった（ソレンセン［1968］133頁）。

なお，最終組み立てラインが考案されたのは1908年7月のピケット・アベニュー工場においてであり，初めて現実に設置されたのは1913年夏のハイランド・パーク工場においてであった（ソレンセン［1968］134～135頁）。

フォードの方式は，T型車という単一車種の生産に限定することによって，製造作業全体が標準化され，そして標準化されることによって第一に作業の機械化を可能にして単一目的の工作機械すなわち専用工作機械の開発を可能とさせ，高速での機械加工による部品の大量生産を可能とさせた。また標準化は，第二に組み立て作業を細分化し単純化して不熟練組立工の大量投入することを可能とさせたのである。

❸　流れ作業方式＝ライン生産

ベルトコンベアによる流れ作業組織は，時間・空間の無駄を排除し，サイクル・タイムすなわちあるジョブ（仕事）が開始され完了するまでの正味時間と，リード・タイムすなわち作業が終了してから次の作業が始まるまでの手待ち時間を短縮させた。

製造工程は，作業順序と作業所要時間によって均等に細分化された標準作業を遂行するワーク・ステーションの連鎖すなわち生産ラインとなったのである。

❹　同期化

そこでは次のような全体作業と個別作業の同期化が求められた。この作業の同期化もフォード・システムの必要条件である。

「シャシー（車台）にロープを結びつけ，ウィンチでこれを引っぱった。各部品を順序良く，動くシャシーに取り付けた。部品によっては，ほかよりも取り付けに長い時間がかかるものがある。したがってロープで引っぱる速度を一定にしておくには，ラインに部品を届ける時間間隔を調整しなければならなかった。このために気長に時間を測り，再調整しなければならなかったが，その結果，組み立てラインに沿った部品の流れ・速度および間隔をうまくかみ合わして，全作業が完全に同一ペースで進むようになった」（ソレンセン［1968］151頁）。

❺ 移動式組み立てライン

移動式組み立てライン（moving assembly line）によって次のように大幅な組み立て時間の短縮がなされた。

従来，静止して組み立てる場合には，一台の組み立てに必要な延べ時間は12時間半であったが，1913年8月におけるハイランド・パークにおけるライン組み立ての最初の試みでは，250フィートの細長いオープン・スペースの一端に巻揚げ機を設置し，シャシーをロープで引っぱることにした。シャシーを構成する各部品の組みつけ時間を考慮して部品を異なる間隔で置いて，その中をシャシーをゆっくりと移動させ6名の組立工がその後をついて組みつけていった。それにより，組み立てに要する延べ時間は5時間50分に短縮した。10月の実験では，140名の組立工が150フィートのラインにそって配置された。組み立て延べ時間数は一台につき3時間をわずかに下回るまでに短縮された。12月には，ラインを300フィートまで延長し，組み立て要員を177名に増やした。組み立て時間は2時間38分になった。12月16日にはエンドレス・チェーンで車を移動させるラインを設置した。その後，4カ月の間，何回か人員やスピードを調整した。「部品の流れ・速度および間隔をうまくかみ合わせて，全作業が完全に同一ペースで進むように」するためには「気長に時間を測り，再調整しなければならなかった」（ソレンセン［1968］151頁）のである。そうして1914年4月末には，3本のラインがフル稼働するようになり，1時間33分に一台の割合で組み立てをするようになった（ハウンシェル［1998］318～319頁，A. Nevins［1976］p. 473）。

図表17-1　移動式組み立てラインによる流れ作業の概念

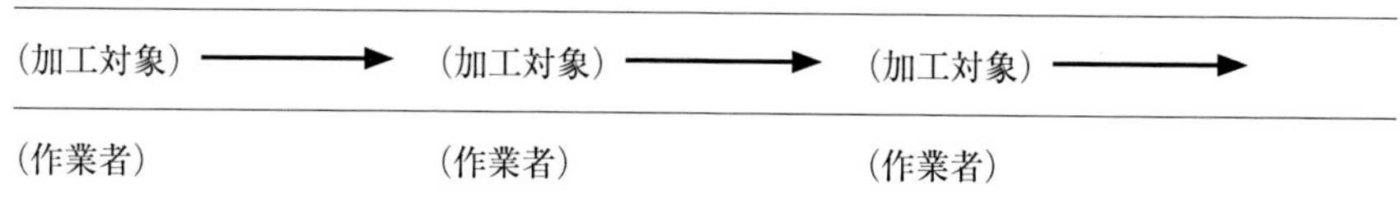

出所：筆者作成。

ただし，移動式組み立てラインの導入だけがフォード・システムの本質であったのではない。シャシー組立時間の劇的な短縮は，単に移動式組み立てラインの導入による効果だけではなかった。生産しやすいように，また部品コストを下げるように車それ自体の設計が修正されたり，作業がよりしやすくなるようにシャシー組み立てラインの高さを調節してみたり，といった設計の部分的変更や作業改善の積み重ねが，組み立て時間の短縮に累積的な影響を及ぼしていた。また日給５ドルがもたらした生産現場での労働者のモチベーションの増大も考慮に入れなければならない（和田一夫［2009］4～11頁）。

❻　リバー・ルージュ工場＝垂直統合・速度の経済性

フォードが新たに建設したリバー・ルージュ工場には，鉄鉱石や石炭などの原料が鉄道や船で運ばれてきた。そして溶鉱炉や鋳造工場，ガラス工場そして機械工場，組み立て工場など，原料から完成車までのすべての加工工程を擁して一貫生産を可能とするものであった。そして原料から完成車までの淀みない工程の流れは，作業手待ちや中間在庫その他のムダをできるだけ排除することを可能とした最高度に能率的な生産体系を築きあげた。

機械加工から出る中ぐり屑や旋盤屑，鉄板の断ち屑といったものから成るスクラップは，みな平炉に入れる製鋼原料となった。製鋼工場には平炉，シート，バー，ロッドといった鋼材をつくるブルームミル，ロールミルまでの圧延工程が全部そろえられていた。コークス炉から出るガスは発電に利用された。これらはあらゆる面で操業費の大幅な節約になった。そして製造日程は大幅に短縮された。原料を受け取ってから，代理店の手元に新車を渡すまでに以前は21日かかったが，それがルージュ工場では4日に短縮されたのである。これらを通じて生産時間の短縮と単位時間当たり産出量の増加が可能となった（ソレンセン［1968］200～201頁）。

これにより，企業内部での材の加工処理の速度が増大することによって商品や在庫の回転率が高まり，生産性の増大や単位原価の減少が生じる，いわゆる速度の経済性が実現したのである（チャンドラー［1979］481～482頁）。

❼ フォード・システムと科学的管理法との関係：継承性と違い

① 継承性；時間動作研究・課業概念・計画と執行の分離

ヘンリー・フォード自身は，テイラーリズムやほかのどんな経営学説にも頼らなかったと主張しているが，時間動作研究はテイラー・システムから実質的に継承している。「フォード自動車会社は，テイラーなしに『テイラー化』された」といわれる（ハウンシェル［1998］318頁，Meyer III［1981］p.11, p.21）。例えば，ヘンリー・フォード自身，ストップ・ウォッチを使った時間動作研究によってどのようにピストンとロッドの組み立て作業工程を分析し再編成して能率を驚異的にあげたかを概略つぎのように述べている。

従来の方式では，それは六つの工程からなる単純作業であったが，全作業を1人の作業員が行って3分かかった。職長はストップ・ウォッチでその動作を分析し，一日9時間の作業のうち4時間が歩行に費やされていることを発見した。作業員は，自分の材料を集めるためと完成物を次の工程に渡すために足を運んでいた。職長は新しい計画を考案した。彼はその全作業を三つの部分に分割した。そして作業台にスライド（滑り台）を取りつけた。その各側面に3人ずつ作業者を配置し，スライドの端に検査員をおいた。1人の作業員が全作業を行う代わりに，1人の作業員は全作業の3分の1だけ遂行することにした。そして彼は足を動かすことなく自分の分担だけを遂行するようにした。この作業の再編成は労働者の生産性の驚異的な増加に結果した。古い方式のもとでは，28人の作業員が一日9時間で175個のピストンとロッド（ピストン棒）を組み立てたが，新方式のもとでは，7人が一日8時間で2,600個を組み立てたのである（Ford［1922］p.88, Meyer III［1981］pp.21-22）。

フォードの技術者たちは，このように時間動作研究を行なって作業遂行における無駄な時間や動作を除去して，課業を設定し直し，労働過程を「テイラー化」した。そこでは，職長が計画し，作業員が実行する「計画と執行の分離」も行われていたのである。

② 超越部分；機械化・機械ペース・流れ作業化・移動式組み立てライン

しかし，「テイラー化」された要素に焦点を合わせると，フォード・システムとテイラーの科学的管理のあいだにある基本的相違を見損なう危険性がある。

テイラーは，ズク（銑鉄の塊）運びの職務をシュミットの話で説明していた。そこでは銑鉄を積み込む職務は所与とされ，科学的管理の任務は，作業指導によっていかに銑鉄運搬人（シュミット）の能率を改善するかにあるとテイラーは考えていた。一方，フォード社の生産専門家は，問題を異なった角度からとらえる。なぜ，銑鉄を素手で積み込まねばならないかを彼らは問題にする。その仕事は機械を使って行えないだろうか，と考える。フォード社の技術者は後に，どうして固体になった銑鉄にこだわらなければならないのかを問題にするだろう。どうして溶鉱炉から直接鋳造し，銑鉄の取り扱いや再加熱を全くなくしてしまわないのか，というように問題を考える（ハウンシェル［1998］318頁）。実際，リバー・ルージュ工場では，溶鉱炉を設置し鋳造工場や製鋼・圧延工場へと工程をつなげるのである（ソレンセン［1968］201頁）。

フォードの取り組み方は，機械により労働を削減することであり，テイラー主義者が通例やったような，所与の生産工程の時間動作研究と差別出来高払い制度ないし何らかの作業報酬によって作業者の能率を改善することではなかった。テイラーは生産上のハードウェアを所与としたうえで，能率を改善するために，労働者の動作と手順を変更した。これに対し，フォード社の技術者は新しいハードウェアを開発し，作業工程を機械化し，労働者は機械に材料を送り込み，機械の世話をするものだと考えた。フォード社での作業ペースを定めたものは最終的には機械であった（ハウンシェル［1998］318頁）。

フォード・システムでは，テイラーのように課業を実現するために差別的出来高賃金制を用いる必要はなかった。労働者は精密に計算された流れ作業の組立ラインによって一つの動作を行えばよいので，彼らは組立ラインによって自動的につまりマシン・ペースで管理されたといってよいだろう。

❽ フォード・システムの経営管理的意義

フォード・システムは，今日の大量生産体制を原理的に確立した画期をなす生産システムである。そしてその経営管理発展における意義は次のように考えられる。

第一に，流れ作業組織の意義である。フォード・システムは，機械的搬送手段（コンベア）を内装した機械体系を土台とする流れ作業組織を全機構的に確立させた。個々の作業は，機械的搬送手段によって「同期化」され，「時間的強制進行性」が付与された。こうして，作業機構のなかに生産管理（作業管理・工程管理）機能を内装したシステムを原理的に確立したのである。

第二に，労働の側面からみれば，直接工のくりかえし作業から非くりかえし作業が完全に分化・独立して，本格的な間接部門が確立して，作業組織は直接部門と間接部門からなるライン・スタッフ作業組織へと原理的に変革・整備された。

そしてフォード・システムは，次の三つの段階で独自の管理機構を発展させている。

第一に，生産管理の集中処理機構を本格的に成立させた。

第二に，労務管理の集中処理機構を本格的に確立させ，生産管理機構から分離し，はじめて今日の労務管理部門を成立させた。

第三に，生産管理と労務管理の集中処理機構の確立によって，調整・統合機能を内装化したライン・スタッフ管理組織を確立させたのである。

ライン・スタッフ管理組織は，テイラー・システムで職能別職長制度によってプリミティブに生まれてはいたが，フォード・システムでは，流れ作業組織に適用されて本格的に展開されたのである。

また，現代の大量生産体制は，このフォード・システムが原理的に確立した新しい生産力構造をオートメーション化によって精緻化している。

したがって，図表17-2にみられるようにフォード・システムは19世紀の工場から20世紀および21世紀の大量生産体制と工場管理機構へと発展する歴史的画期に位置しているのである（塩見治人［1978］278～286頁）。

図表17-2　工場管理機構の発展

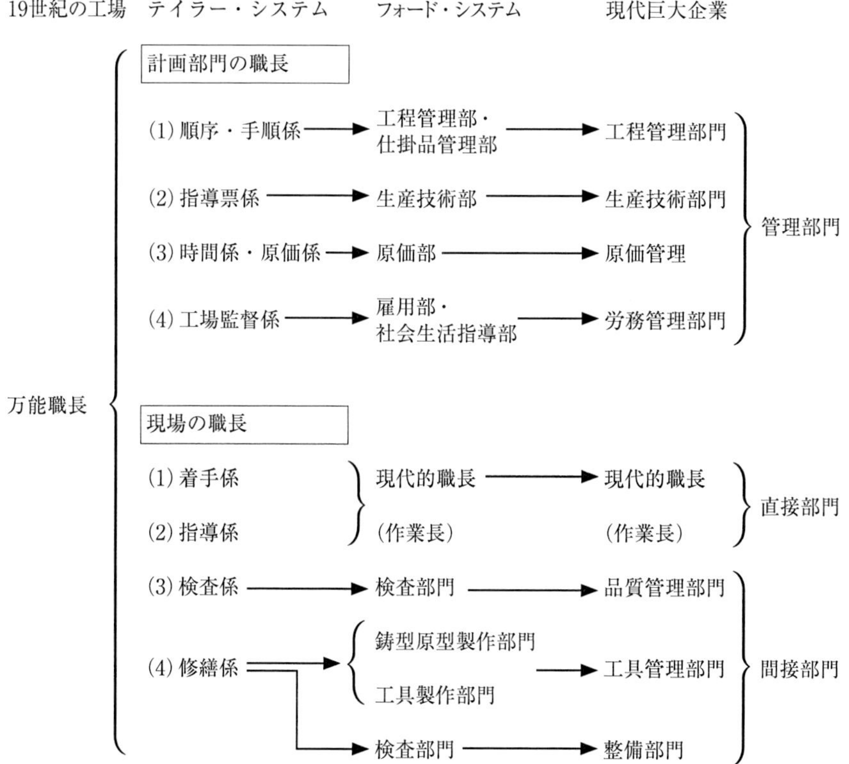

出所：塩見治人［1978］285頁表5-41。

2．フォーディズム（フォード主義）

ヘンリー・フォードがフォード・システムという大量生産システムを確立していく際に推進力となった彼の経営理念は，一般にフォーディズム（フォード主義）と呼ばれる。つまりフォード自動車会社の創始者ヘンリー・フォードが提唱した経営理念ないし哲学である。それは経営の営利性と社会貢献性との統一，産業問題の解決を説くものであった。その特徴は，次の点である。

① 高品質製品の社会への供給

フォード自動車会社内でT型車が生まれるまでの製品開発の過程には，二つの流れがあった。第一に，ヘンリー・フォード自身は最初から大衆が買える廉価車の開発を指向していた。そして価格が800から950ドルで2気筒エンジン搭載かつチェーン駆動方式のA型とC型それにその派生車種F型を開発した。第二に，他方で会社の主要出資者かつ重役に連なる者たちは，より大型で高級な車の生産を要求していた。その結果開発されたのがB型（4気筒エンジン，トルク駆動方式，価格2,000ドル）とK型（6気筒エンジン，トルク駆動方式，価格2,500ドル）である。K型は金持ちのあいだで好評を博したが，ヘンリー・フォード自身はこれに反対であった。フォードはB型やK型で苦心して案出した仕様を用いて，つまり4気筒エンジンでトルク駆動方式を用いて，かつ価格は800ドルというこれまでで最も安い価格で売れるN型を開発した。つまり高級車と同等の仕様で廉価な車を発売したのである。このN型の成功を受けて次に登場したのがT型車であった。

T型車には，従来の鋼より三倍の張力をもちかつ機械加工しやすいバナジウム鋼を使用していた。それにより「もっと立派で軽くて安い車をつくる」ことができた。さらにT型車には，遊星型（プラネタリー）変速装置やフライホイール磁石発電装置などの革新的な装備を施している。また，生産にあたっては，部品の精度を上げるためにヨハンソン・ゲージを使用した。こうしてフォードは，高品質製品を大量に安価に社会へ供給しようとしたのである（フォード［1968］103頁，ソレンセン［1968］88～124頁）。当時T型車は決して「安かろう悪かろう」という製品ではなかった。安価だが高性能な今風の表現で言えば極めて「コスト・パフォーマンス」の高い車だったのである。

②　低コスト生産と低価格維持

低価格維持は，需要を拡大し，大量生産がもたらす低コストは高利潤をもたらす。しかしフォードは，次のように，公衆へのサービス（奉仕）を原則として，低コスト生産から生まれる利潤は価格引き下げによって公衆へ還元されるべきであるとした。

「経営の歩むべき真の道は，その使命に従い，…公衆へのサービスを追求するにある。もし製造コストのうえで何らかの節約が可能なら，それを公衆に与えよ。もしいくらかでも利潤が増加すれば，それを価格引き下げによって，公衆と分かちあうべきである」（フォード［1968］44頁）。

③　高賃金

労働者への高賃金を支払うことは，需要を拡大し，かつ労使関係を安定させるものだとフォードは次のように説いた。

「自社の従業員は，自社の最良の顧客であるべきだ。わが社の発展は，1914年，われわれがその最低賃金を一日に2ドル余りから一律5ドルに引き上げたときに始まる。…その結果，われわれは自社の従業員の購買力を増加させ，彼らがまたその他の人びとの購買力を増加さすといったぐあいに波及的に購買力を増加していったからである。この高賃金の支払いと低価格での販売とが購買力を拡大させるという思想こそが，実にわが国今日の繁栄の基礎になったのである。これがわが社の基本的動機であり，われわれはそれを『賃金動機』と呼んだ。」（同上，13頁）

実際に1914年当時，平均賃金2ドル40セントであったものを，定額日給制で1日5ドルを支払うことにした。この高賃金は，需要拡大のみならずまた労使関係の安定化をもたらすことが意図されていた。現実に当時非常に高かった労働移動率を抑え労働者の定着を促すことを意図してもいた。1913年にハイランド・パーク工場の月平均労働移動率は31.9%であったが，1915年には5ドルの最低日給制を採用し，移動率は1.4%に減少したのである（同上，196頁）。

④　利潤の全面内部留保と生産への再投資

フォードは，次のように述べて，利潤の内部留保とそれの生産への再投資を指向した。「フォード事業体の利潤は，…すべて各事業に還元されている。」（同上，48頁）。

以上4点の特徴からなるフォーディズムは，特に高賃金・低価格は，次のように「顧客の創造」という面を現代企業の目的にもたらした点で意義深いものであった。

「ゴーイング・コンサーンとしての経営をわれわれは常に考慮しなければならない。経営は労働者に活動の場を与え，公衆には商品と便益を与える。…不況の到来を防ぐ方法は，価格を下げ，賃金を増加させることにある。…高賃金と低価格は，より大きな購買力―より多くの顧客―を意味する。…事業の目的の一つは，消費者に対して供給するとともに消費者を創造することにある。顧客は，人々が何を望んでいるかを理解し，それを妥当な価格で生産し，そしてその生産に十分高い賃金を支払い，人々がそれを買うことができるようにして，はじめて創造される。」（同上，185～186頁）

また，それは，フォード・システム＝大量生産システムを形成・発展させていく動機にもなった。「価格を下げしかも高賃金を支払うことができるように，…購買・製造・販売・輸送などの各方面で，方法改善の道を探求することが必要」（同上，187頁）であったからである。

ヘンリー・フォードは，経営を公衆つまり社会に対するサービスの制度とみなしていた。そして，こうした原則によって，公衆＝社会に対するサービスの不断の向上と拡大を説いた。このようなサービス主義経営の社会への普及により，資本と労働，生産者と消費者の対立は解決し，経営と社会全体の繁栄がもたらされると説いた。フォーディズムは，巨大経営における生産の社会化の進展，個別経営と社会との相互依存関係の緊密化，という二十世紀以降の現代の特徴的事態を反映しており，以後のビジネス・イデオロギーの原型となり，その基本思考はさまざまなかたちで今日まで継承されてきている(宗像正幸[1988])。

なお，T型フォードの生産の足どりとそれにつれた価格の推移を次の二つの表に示しておく。いかに大量生産が価格の引き下げを可能とし，価格の引き下げが需要を創造していったか，その相互作用をみることができる（図表17-3，図表17-4参照)。

図表17-3　T型フォード生産高の足どり

生産台数	日　付
1	1908年10月1日
1,000,000	1915年12月10日
2,000,000	1917年6月14日
3,000,000	1919年4月2日
4,000,000	1920年5月11日
5,000,000	1921年5月28日
6,000,000	1922年5月18日
7,000,000	1923年1月12日
8,000,000	1923年7月11日
9,000,000	1923年12月26日
10,000,000	1924年6月4日
11,000,000	1925年1月3日
12,000,000	1925年6月15日

出所：チャンドラー［1970］172頁。

図表17-4　T型フォードの価格推移

	ランアバウト	ツーリング・カー
1908年10月1日		850（ドル）
1909年10月1日		950
1910年10月1日		780
1911年10月1日	590（ドル）	690
1912年10月1日	525	600
1913年8月1日	500	550
1914年8月1日	440	490
1915年8月1日	390	440
1916年8月1日	345	360
1918年2月21日	435	450
1918年8月16日	500	525
1920年3月4日	550	575
1920年9月22日	395	440
1921年6月7日	370	415
1921年9月2日	325	355
1922年9月16日	319	348
1922年10月17日	269	298
1923年10月2日	265	295
1924年12月2日	260	290
1926年2月11日	290	310

出所：チャンドラー［1970］43頁 第1表。

3．まとめ

T型フォードは，販売累計1,500万台以上に達した。製品を1車種に絞ったので，部品を標準化し規格化できた。それ専用の工作機械を作製し大量の精密部品を生産することによって規模の経済性を実現した。移動組立法（コンベア方式）の採用により，生産の速度の経済性と規模の経済性を高めた。フォードはまた，原材料から部品，組み立て，販売までの財の流れを企業内に内部化（企業内で行うこと）した。これは垂直統合であり，これによって経営の効率化を図った。テイラーの科学的管理法とフォード・システムとのつながりの面で言えば，科学的管理法の動作研究・時間研究は，移動式組み立て法の実施における作業の細分化や無駄の排除など作業設計に活かされた。また，フォードの組織は職能別組織でありテイラーの主張していた計画と執行の分離が行われそれをさらに発展させた工場管理機構を創造した。大量生産システムとしてのフォード・システムは，フォーディズムというヘンリー・フォードの経営理念と表裏一体で両者は相互促進的に形成展開された。

【参考文献】

下川浩一『フォード』東洋経済新報社，1972年。

塩見治人『現代大量生産体制論』森山書店，1978年。

チャールス・E・ソレンセン（高橋達男訳）『フォード；その栄光と悲劇』産業能率短期大学出版部，1968年。（Charles E. Sorensen［1956］*My Forty Years with Ford*, A. Watkins.）

A.D. チャンドラー Jr.（内田忠夫・風間禎三郎訳）『競争の戦略』ダイヤモンド社，1970年。（Alfred D. Chandler, Jr.［1964］*Giant Enterprise: Ford, General Motors, and the Automobile Industry*, Harcourt Brace & World, Inc.）

A.D. チャンドラー Jr.（鳥羽欽一郎・小林袈裟治訳）『経営者の時代―アメリカ産業における近代企業の成立―』東洋経済新報社，1979年。

（Alfred D. Chandler, Jr.［1977］*The Visible Hand: The Managerial Revolution in American Business*, Harvard University Press）

D・ハウンシェル（和田一夫ほか訳）『アメリカン・システムから大量生産へ：1800-1932』名古屋大学出版会，1998年。

（David A. Hounshell［1984］*From the American System to Mass Production, 1800-1932: The Development of Manufacturing Technology in the United States*, Johns Hopkins University Press.）

ヘンリー・フォード（稲葉　襄訳）『フォード経営―フォードは語る』東洋経済新報社，1968年。（Henry Ford［1926］*Today and Tomorrow*, W. Hinemann）

宗像正幸「フォーディズム」『経営学大辞典』中央経済社，1988年。

宗像正幸「フォード・システム」『経営学大辞典』中央経済社，1988年。

和田一夫『ものづくりの寓話：フォードからトヨタへ』名古屋大学出版会，2009年。

A. Nevins [1976] *Ford: the Times, the Man the Company*, Arno Press.

Henry Ford with S. Crowther [1922] *My Life and Work*, Arno Press.

Stephen Meyer III [1981] *The Five Dollar Day: Labor Management and Social Control in the Ford Motor Company, 1908-1921*, State University of New York.

第18章

GMのフルライン戦略 —いろいろな車をたくさん作り，売る—

はじめに

前章で紹介したフォード・システムという自動車の大量生産システムを確立させたフォード社に対して，フルライン戦略と事業部制組織という新機軸をひっさげて，フォードを抜き業界第一の地位に躍り出たのは，ゼネラル・モータース（GM）である。新組織と新戦略はGMにぴったり合った。1924年から27年にかけて自動車市場でのGMのシェアは18.8%から43.3%に上昇した。爾来GMは業界第一の地位を維持することになる。一方，フォードの市場シェアは1920年の55.5%から1940年には18.9%へと転落していったのである（チャンドラー［1967］165～168頁）。

1．フォードの行きづまり

1924年にアメリカ自動車市場は年間350万台の水準で頭打ち状態に陥った。1908年の発売以来アメリカの大衆車市場を開拓し続けてきたフォードT型車もこの年をピークに売れ行きが鈍り始め，1926年には在庫が堆積するようになった。ついに1927年には1,500万台目の工場出荷を最後にフォードT型車は生産中止にいたった（図表 18-1 参照）。それはフォード T 型車にとって市場の飽和を意味していた。つまり市場にはフォード T 型車が最大限まで普及し，もうこれ以上売れない限界点にまで達していたのである（チャンドラー［1970］111 ～ 175 頁）。なぜ T 型車は売れなくなったのであろうか？

第一に，それは初期需要から買い替え需要へ需要の変化したことが原因であった。T 型車の相次ぐ価格引き下げによってこれまで車を所有していなかっ

図表18-1　フォードT型の生産台数（1908～27年）

年	生産台数	期　　間
1909	10,660	1908 年 10 月 1 日～ 09 年 9 月 30 日
1910	19,050	1909 年 10 月 1 日～ 10 年 9 月 30 日
1911	34,858	1910 年 10 月 1 日～ 11 年 9 月 30 日
1912	68,773	1911 年 10 月 1 日～ 12 年 9 月 30 日
1913	170,211	1912 年 10 月 1 日～ 13 年 9 月 30 日
1914	202,677	1913 年 10 月 1 日～ 14 年 7 月 31 日
1915	308,162	1914 年 8 月 1 日～ 15 年 7 月 31 日
1916	501,462	1915 年 8 月 1 日～ 16 年 7 月 31 日
1917	735,020	1916 年 8 月 1 日～ 17 年 7 月 31 日
1918	664,076	1917 年 8 月 1 日～ 18 年 7 月 31 日
1919	498,342	1918 年 8 月 1 日～ 19 年 7 月 31 日
1920	941,042	1919 年 8 月 1 日～ 20 年 7 月 31 日
1921	928,750	1921 年 1 月 1 日～ 21 年 12 月 31 日
1922	1,301,067	1922 年 1 月 1 日～ 22 年 12 月 31 日
1923	2,011,125	1923 年 1 月 1 日～ 23 年 12 月 31 日
1924	1,922,048	1924 年 1 月 1 日～ 24 年 12 月 31 日
1925	1,911,706	1925 年 1 月 1 日～ 25 年 12 月 31 日
1926	1,554,465	1926 年 1 月 1 日～ 26 年 12 月 31 日
1927	399,725	1927 年 1 月 1 日～ 27 年 12 月 31 日

出所：和田一夫［2009］54 頁 表 1-6。

た人々が車をもつようになるいわゆる初期需要があらかた開拓しつくされてしまっていた。そして需要の主流はすでに車を所有している人々による買い替え需要に移行していたのである。彼らはすでに所有している1台目の車を下取りに出してそれを頭金に，もっと良い車を買おうとした。そのとき彼らは，T型車を再び買おうとしなかったのである。

なぜなら第二に，フォードT型車はすでに旧式となっていたからである。「1920年代中ごろの水準からすれば，T型車は時代遅れだった。スタイルや内装だけでなく，点火装置，燃料混合装置，変速機，ブレーキ，そして懸架装置（サスペンション・システム）のすべてのためにT型は古風に見えた。フォード以外の業者はすでにバッテリー式の点火装置，電動式の始動装置，そしてショック・アブソーバーなどの，本来の意味での技術上の改良を行なっていた。しかしフォードは1908年以来，フォード社と一般大衆とに奉仕してきたT型車の基本設計に頑なに固執した」（ハウンシェル［1998］347～348頁）。こうしてフォードは買い替え需要をとらえることができなくなっていたのである。

それは第三に，フォードT型車のような低価格帯にすでに多くの競争相手が生まれていたことも原因であった。図表18-2に示されるように多くの他社モデルがフォードとの価格差を縮めていたのである。

第四に，1920年代のアメリカの1人当たり国民所得の増加も大きな原因の一つであった。それは1921年から1926年までに551ドルから610ドルに増加

図表18-2　フォードとの価格差の例（単位：ドル）

	1922年	1926年	値下額
フォード	645	565	80
オーバーランド・フォア	895	595	300
シボレー	875	735	140
ドッジ	1,785	895	890
クライスラー	1,485	995	490

出所：チャンドラー［1970］175頁。

した。豊かになった人々は，フォードＴ型車よりも少し高くとも装備とスタイルの良い「モダンな」他社モデルを求めるようになっていたのである。割賦販売制度もそれを後押ししていた。

このような市場の変化に対して自動車生産企業は，発想の転換を求められていた。そしてそれにいち早く最も適応したマーケティング戦略を展開して，フォードを抜いて第一位の自動車生産企業となったのが，GM（ゼネラル・モータース）であった。

2．GM：範囲の経済性の追求

フォードの行きづまりに対しては，発想の転換が必要であった。フォードはいわば「大衆のために良い車をできるだけ安く」（Ford［1922］p.73）生産販売しようと考えたのに対して，GM の創始者ウィリアム・デュラントや３代目社長のアルフレッド・P・スローンらは，「あらゆる所得階層とあらゆる目的のための乗用車を」（スローン［1967］561 頁）生産販売しようと考えたのである。その結果，フォードがＴ型一車種の規模の経済性を追求したのに対して，GM は数車種にわたる範囲の経済性を追求するようになった。

❶ GM の創立者デュラント

GM（ゼネラル・モータース）は，1908 年に当時アメリカで屈指の馬車製造業者であったウィリアム・C・デュラントによって設立された。なお，この年はヘンリー・フォードがＴ型車を発表した年でもある。デュラントは，ヘンリー・フォード同様に自動車の初期の時代にあって，その将来性をよく見通していた。当時，自動車は一般に金持ちの遊びの道具とみなされていた。その高価格は大衆向きとはいえず，＜機械＞としては信頼性に欠き，またよい道路も少なかった。だが，その＜機械＞がまだ６万 5,000 台しか生産されなかった 1908 年に，年産 100 万台の時代が到来すると予見していた。そしてデュラントは，フォード同様に，まれにみるビジョンと勇気と果敢な実行力と洞察力の持ち主であり，すべてを自動車の未来にかけていた。

フォードと違ったのは，デュラントが，「多種多様な変化に富む自動車」を追求して，ビュイック，オールズ，オークランド，キャデラックといった自動車会社を相次いで吸収合併したことである。当初は，全体的な製品系列についてデュラントには確固たる政策があったかわけではない。そして同じ価格帯で似たような車を合併吸収された各会社が重複して生産し，互いに共食いの結果を生むようなこともあった。しかしデュラント引退後にスローンによって結果的にそれが「嗜好も経済力もまちまちな各階層の買い手にそれぞれ適合するような変化に富んだ車種系列」の編成を目指す基礎となったのである（スローン［1967］5～9頁，78～79頁）。

❷　フルライン戦略と事業部制組織

デュラントは1920年に景気後退で売り上げが伸びずにGM株が急落したとき，信用買いでGM株を買い支えようとして金づまりに追い込まれ，社長辞任にいたった。資金援助していたデュポン財閥のピエール・デュポンが後を襲って新社長となった。ピエールは，GM傘下のユナイテッド・モーターズの社長に就任していたGM中興の祖ともいえるアルフレッド・スローン・ジュニアによる組織改革案を承認した。スローンは，持ち株会社傘下の各会社が独立に事業を行う体制から，総合本社が事業部を統括する方向へ組織改革を進めた。そして各事業部間の製品（プロダクト）系列（ライン）の整理を行っていった。1925年のGMの年次報告によれば，GMは，「あらゆる財布にあった，あらゆる目的にそう乗用車を生産する（building a car for every purse and purpose)」という基本政策を確立し，価格面で従来シボレーとオールズモビルの間にあった隙間を6気筒の新型車ポンティアックによって埋めようとした（図表18-3参照）。つまり4気筒車のシボレー以上のものを必要としているが，6気筒車のオールズモビルほどのものを必要としていない人がたくさんいるつまり潜在市場があると考えたのである。これは，全体としてすべての価格階層をもれなくカバーし，異なる顧客の好みにぴったり適合させることであった。こうしたGMの製品系列をフォードの製品系列と比較すればその相違は歴然としている（図表18-3，図表18-4参照）。

図表18-3　GMの製品系列（1926年）

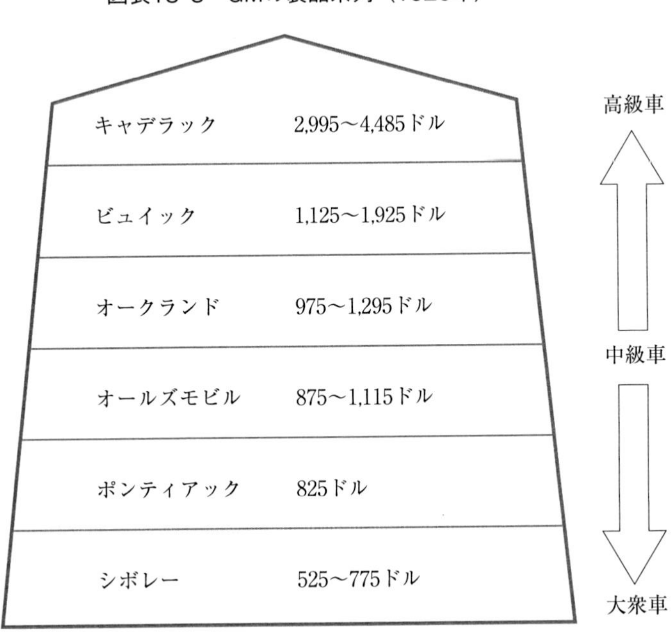

（注）オークランド事業部のモデルは，価格面で他の事業部（ビュイック，オールズモビル）のモデルと重複していたため，同事業部ではまもなく，新たに開発されたポンティアックに本腰を入れるようになり，他のモデルを段階的に，製品系列からはずしていった。そして後にポンティアック事業部と改名された。他方，キャデラック事業部は，同事業部の最低価格の乗用車とビュイック事業部の提供する最高価格の乗用車との間にある価格の空隙を埋めるため，新たに1927年にラサールの開発を開始している。

出所：チャンドラー［1970］242～243頁より作成。
米倉誠一郎［1999］168頁 図3-2を参考とする。

図表18-4　フォードの製品系列

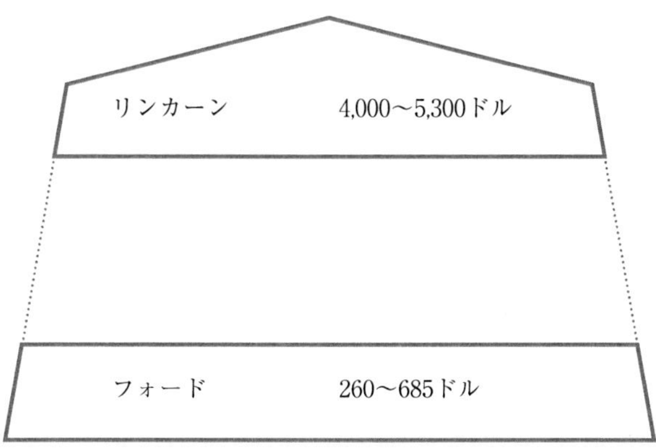

出所：チャンドラー［1970］243～244頁より作成。

自動車の需要には「需要のピラミッド」が存在し，GMでは最高級車キャデラックが最も高価格・少量生産であり，T型フォードに対抗するシボレーが低価格で大量生産された。この需要のピラミッドと価格帯をGMでは上述のように「どんな財布や目的にも応じた車を（A car for every purse and purpose）」というスローガンで表現したのである。これがすべての顧客セグメントに応じた商品を取りそろえるフルライン戦略であった。そこでは製品（プロダクト）系列（ライン）の各製品それぞれに応じた生産とマーケティングの計画的戦略が必要であった。スローンは，図表18-3のような価格と商品の概念をもとに事業部制組織を構築し，マーケティングを進めた。

フォードT型車よりも高い車がなぜ売れるようになったのか？　そこには市場の変化とマーケティングがあった。すなわち自動車販売をめぐって，次のような市場と制度の発達があった。それは，すでに述べた買い替え市場化と下取りの慣習化，そしてこれから説明する割賦販売金融の利用，製品改良，スタイル重視，アニュアル・モデル・チェンジである。

❸ GMのマーケティング革新

GMのフルライン戦略はマーケティング革新によって支えられていた。その一つは，割賦販売金融である。大量生産は，それとともに大規模な消費者信用の必要性をつくりだしていた。しかし，自動車産業の初期の時代，つまり20世紀初頭から第一次大戦前までの時期に，「銀行はそれに手を出さなかった」。そこでGMは，1919年にGM販売金融会社（GMAC = General Motors Acceptance Corporation）を設立して，ディーラーと消費者向けに乗用車金融を始めた。GMACは，GMのディーラーと消費者との間に結ばれた小売月賦販売契約を承認し，GMACはその契約にもとづいてディーラーに融資をした。その仕組みは，GMのディーラーと消費者との間で結ばれた小売月賦販売契約を，ディーラーがGMACに提出し，すべての信用要件が満足すべきものであることがわかったならば，GMACはその債務を引き受け，顧客からの代金回収はGMACが行う，というものであった。こうしてGM製品の小売の流通販売金融を行うことによって，GMACは信用不足で抑えられていた健全な自動車需要を促進する役割を果たした（スローン［1967］385～390頁）。

図表18-5　月賦販売金融の仕組み

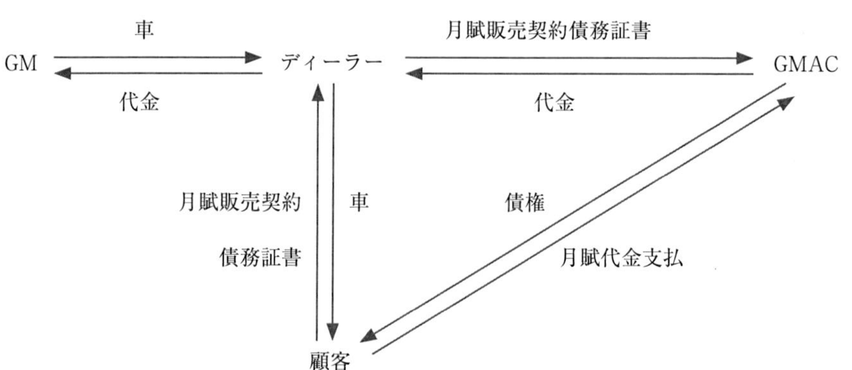

出所：筆者作成。

二つめには，製品改良とスタイル重視とアニュアル・モデル・チェンジの一連の工夫がある。自動車市場の発達の過程で自動車メーカー各社は競争して製品の技術的改良を進めた。その結果，各社製品の技術的差違が縮まり，消費者が車を選ぶ基準は，車の外観つまりスタイルの好みに次第に移っていった。「自動車がどれもみな相当の技術的水準に達した現在，車の特色を最も強く表すのは外観」（スローン［1967］342頁）となったのである。それに対応してGMは1927年に「アート・アンド・カラー・セクション」という課を設置し，GM製品のアートと色彩の問題を研究するようになった。この課は，後に「スタイル・セクション」となる。GMは，車の外観の急激な変化には消費者がついてこられない（つまり売れない）ことを経験し（1929年の<妊娠したビュイック>），クルマのスタイルは，アニュアル・モデル・チェンジ計画を立て毎年少しずつ進化させるようにした（スローン［1967］338～350頁）。この漸進的方法の成功例は，1925～29年にかけてのシボレーのモデル・チェンジである。GMは，1925年に新しい6気筒シボレー・エンジンの開発に着手したが，この新エンジンは，フォードが4気筒エンジン搭載のA型車を登場させるのを待ち受け1929年まで温存した。そのうえで1927～28年にはシボレーのスタイル・チェンジを行い，次いで28年にはシボレーに4輪ブレーキを取りつけ，ホイール・ベースを4インチ長くする製品改良を行った。このような漸進的なアニュアル・モデル・チェンジによって，シボレーはフォードA型に挑戦し成功をおさめたのである。

3.　用語解説

【フルライン（full-line）】

「フルライン戦略」：すべての顧客セグメントに応じた商品を取りそろえる。

その分野のあらゆる関連商品・サービスを提供すること。つまり豊富な品ぞろえのこと。それによりあらゆる需要に対応することができるので，総体として売り上げを最大化できる。

【範囲の経済性】

事業主体が複数の事業活動をまとめて行うときの総費用が，それらを個別に行ったときの費用の合計よりも少ない場合，そこに生じる費用節約効果を範囲の経済性という。

複数の財・サービス（事業活動）を行うほうが，それらの生産活動（事業）を別々に行うよりも，より安価な費用で済むことによる利益。複数事業に共有可能な投入要素，すなわち，機械設備，エネルギー，ノウハウ，情報，ネットワークをより広い範囲の事業に活用することにより得られる利益なので，範囲の経済性と呼ばれる。同一の投入要素を用いて別の新たな事業を行っても，追加的な費用がほとんどかからないか，または新規にその事業を行うよりも費用が少なくて済む場合にこの効果が生まれる（『経済学辞典』岩波書店）。範囲の経済性は，単一の業務単位内の諸過程を複数製品の生産・流通に用いるときに生じる経済性である（チャンドラー［1993］13頁）。これは多角化戦略の合理性を説明する論理である。

GMの場合，各車種間で，部品をある程度共通化し，共有することで，個々の部品は広範囲に使われることでより大量に生産され規模の経済性が効果を発揮する。GMのディーラー（販売店）は，豊富な品ぞろえすることによってあらゆる顧客の需要に対応することで，ライバル他社に対して優位な競争力（販売力）をもつことになる。

【参考文献】

A.P. スローン Jr.（田中融二・狩野貞子・石川博友訳）『GMとともに』ダイヤモンド社，1967年。

A. D. チャンドラー Jr.（三菱経済研究所訳）『経営戦略と組織』実業之日本社，1967年。

A. D. チャンドラー Jr.（内田忠夫・風間禎三郎訳）『競争の戦略―GMとフォード・栄光への足跡―』ダイヤモンド社，1970年。

A. D. チャンドラー Jr.（安部悦生ほか訳）『スケール・アンド・スコープ』有斐閣，1993年。

デーヴィッド・A・ハウンシェル（和田一夫ほか訳）『アメリカン・システムから大量生産へ：

1800 - 1932』名古屋大学出版会，1998年。
米倉誠一郎『経営革命の構造』岩波新書，1999年。
和田一夫『ものづくりの寓話：フォードからトヨタへ』名古屋大学出版会，2009年。
Henry Ford [1922] *My Life and Work*, Arno Press.

第19章

トヨタ生産方式
―いかにむだなく生産するか―

はじめに

トヨタ生産方式は，日本の自動車工業の宿命であった小規模な市場の制約にいかに対応するか，という問題意識から「多種少量でも安くつくる」（大野耐一）ために開発されてきた方式である。「トヨタ生産方式なるものは，戦後，日本の自動車工業が背負った宿命，すなわち“多種少量生産”という市場の制約の中から生まれてきたものです。」「その目的は，企業のなかからあらゆる種類のムダを徹底的に排除することによって生産効率を上げようというもの」であった（大野耐一［1978］i頁）。

実際，トヨタの課題は，単に安くつくることではなく，多品種で変動の大きい中でいかに安くつくるかであった。多品種は日本で売る限り避けられない現実であった。例えば4トン級大型トラックは輸出先の多様化もあって，仕様が多く，日産30台なのに40種類はあったという（下川浩一・藤本隆宏編［2001］「大野耐一氏口述」15頁）。

1. 日米比較

大野耐一は，「私は終戦直後のアメリカ自動車メーカーの生産性は日本の10倍とふんでいた」と語っている（同上書「大野耐一氏口述」10頁）。そして次に示すように1960年代半ばにおいても生産規模の差は圧倒的であった。

GMは1965年にシボレー事業部で，同一ホイールベースで3車種の乗用車を165万台生産した（Nishiguchi［1994］p.103）。1車種当たり55万台の規模である。それに対してトヨタは1967年に，7ホイールベースで6車種の乗用車を38万3,436台生産した（『トヨタ自動車30年史』756～767頁）。1車種当たり6万3,906台の規模である。GMシボレー事業部とトヨタの生産規模には，1車種当たり約8.6倍の差があった。そしてトヨタは，規模で劣ってもいかに効率よく経済的に生産するかが課題となったのである。トヨタ生産方式の推進者であった大野耐一の著書『トヨタ生産方式』のサブタイトルが「脱規模の経営をめざして」となっている所以である。以下，主に同書に基づきトヨタ生産方式の生成過程と特徴を説明する。

2. 限量生産

戦後数年間，トヨタはまず生産性向上をめざして，生産の平準化，標準作業化，レイアウトの変更など生産システムの変更に力を入れていった。その結果，トラック月間1,000台体制を確立したが，作ったトラックが売れず昭和25年に危機を迎える。再建計画，首切り，争議といった一連のトヨタ危機である。この危機を通じて，「ただ生産性を上げればよいのではなく，売れるものを売れる時に売れるだけ作る」という「限量生産」を大前提にしたうえでの生産性向上・コストダウンこそが重要だとの教訓を得た（「大野耐一氏口述」10頁）。そうして「徹底した無駄の排除」というトヨタ生産方式の基本思想が生まれ，この考え方から，それを貫く二本の柱，(1) ジャスト・イン・タイムと (2) 自働化が生まれた。

3. ジャスト・イン・タイム（JIT）方式（カンバン方式）

❶ ジャスト・イン・タイムの意味

英語の辞書によれば，“just”とは，「まさしく，ちょうど」といった意味である。また“in time”とは，「…にちょうどよい時に，間に合って」といった意味である。だから「ジャスト・イン・タイム」という表現には，遅すぎても早すぎてもだめで必要なときに，また多すぎても少なすぎてもだめで必要な分だけ，「ぴったり」「まにあう」というニュアンスが込められている。つまりトヨタの「ジャスト・イン・タイム」方式とは一台の自動車を流れ作業で組み上げてゆく過程で，組み付けに必要な部品が，必要なときにそのつど，必要なだけ，生産ラインのわきに到着するということである。

❷ 「後工程引取り」と「かんばん」

では，必要なものを，必要なときに，必要なだけ供給する「ジャスト・イン・タイム」をどのようにしたら実現できるか。「後工程が前工程に，必要なものを，必要なときに，必要なだけ引き取りに行く」ようにすれば，「前工程は引き取られた分だけつくればよい」。工程をつなぐ手段としては，「何を，どれだけ」欲しいのかをはっきり表示しておけばよい。それを「かんばん」と称して，各工程間を回すことによって，生産量すなわち必要量をコントロールする仕組みである。

製造工程のいちばんあとの「総組み立てライン」を出発点として，組み立てラインにだけ生産計画を示し，部品の運搬方法も，これまでの前工程から後工程へ送る方式から，「後工程から，必要なものを，必要なときに，必要なだけ，前工程に引き取りに行き，前工程は引き取られた分だけつくる」というやり方を追求することとした。これにもとづいて，製造工程を前へ前へとさかのぼり，素形材準備部門まで連鎖的に同期化してつながり，ジャスト・イン・タイムの条件を満足させることになる。

このときに，引き取り，あるいは製造指示の情報として使われるのが，「かんばん」である。カンバンは基本的には生産指示書プラス出庫票である。カンバンという名前は，昭和35年にデミング賞の審査を受けたときに，キャッチフレーズとして考案された。

カンバンの指示によって，必要な部品が必要なときに，必要なだけ，生産ラインのわきに到着するようにするシステムである。

❸ 「かんばん」とは何か

「かんばん」は「ジャスト・イン・タイム」を実現する道具である。トヨタ生産方式の運用手段は「かんばん」である。長方形のビニールの袋に入った一枚の紙切れ。この紙切れが，「引取り情報」，「運搬指示情報」，「生産指示情報」としてトヨタと協力企業相互間の情報として縦横に駆け巡る。昭和28年ごろ，機械工場内で「スーパーマーケット方式」というものを採用した。スーパーマーケットというのは，顧客にとって，必要とする品物を，必要なときに，必要な量だけ入手できる店である。だから生産ラインにおける前工程をスーパーマーケットとみて，顧客である後工程は，必要な部品を必要なときに，必要な量だけ，スーパーマーケットにあたる前工程へ取りに行く。前工程は，すぐに後工程が引き取っていった分だけ補充する，という方式である。そのとき実際の運用手段として，部品の品番その他，仕掛上の必要事項を表示した紙切れを「かんばん」と称して使い出していた。それから「カンバン方式」と呼ばれるようになったといわれる。「かんばん」が十分にはたらくための前提条件は，①生産工程をできるだけ流れるようにすること，②生産をできるだけ「平準化」すること，③「標準作業」を決めて行うこと，である。

❹ 生産の平準化

「かんばん」の役割は，①「引取り情報」「運搬指示情報」，②「生産指示情報」，③「つくり過ぎ」および「運び過ぎ」の防止である。その使い方のルールは，

それぞれ　第一，「かんばん」が外れただけ後工程が前工程へ引き取りに行く。第二，前工程は「かんばん」の外れたものを外れただけ，外れた順につくる。第三，「かんばん」のないときは運ばない，つくらない，である。

「かんばん」の第二の使い方のルールは「前工程は後工程が引き取った量だけ生産する」ことを意味する。その場合，後工程が引き取る量にバラツキが大きければ大きいほど，前工程は余分の人と設備を抱え込まざるを得なくなる。そうさせないためには，最終工程，つまり完成車組み立てラインの生産の山をできるだけ低くして，同時に谷を浅くして，流れの表面をおだやかにすることである。これをトヨタでは「生産の平準化」と呼んでいる。そしてそれは，生産ロット（一度に同じ部品を生産するまとまった量）をなるべく小さくする「小ロット生産」を必要とする。

また「生産の平準化」は，「多工程持ち」・「多能工化」・「少人化」・「段取り替え時間の短縮」といった工夫をも必要とした。「ジャスト・イン・タイム」を始めるにあたって，まず，生産の流れをつくるために，機械の配置を作業順の配置に変え一人の作業者が３～４台の機械を受けもついわゆる「多能工化」・「多工程持ち」を始めて「少人化」をした。引き取られた数だけつくろうとすると，専用ライン以外は，異なった部品を生産するための金型などの段取り替えが必要となる。「ロットを小さく，段取り替えを速やかに」を合言葉に，その段取り替えの時間を短縮して，小ロット生産を行い，それによって「生産の平準化」を追求したのである。

4. 自働化：「にんべん」のついた自働化

「JIT」方式に次ぐトヨタ生産方式のもう一つの柱とは「自働化」である。ニンベンのついた「自働化」である。それは，トヨタでは「自動停止装置付の機械」を意味する。ほとんどの機械設備には，自動停止装置が付いている。「定位置停止方式」とか，「フルワーク・システム」とか，「ポカヨケ」その他，もろもろの安全装置が付加されている。それによって，人は正常に機械が動いているときはいらずに，異常でストップしたときに初めてそこへ行けばよい。だから一人で何台もの機械がもてるようになり，「省人化」され，つまり人手が減るので工数（延べ作業時間数）低減が進み，生産効率は飛躍的に向上する。また異常があれば機械を止めるということは，問題を明らかにするということである。問題がはっきりすれば改善も進む。この考え方を発展させて，人手作業による生産ラインでも異常があれば作業者自身がストップボタンを押してラインを止めるようにした。「自働化」は生産現場における重大なムダであるつくり過ぎを排除し，不良品の生産を防止する役割をはたす。

つまりどこかで不具合があり，ラインが止まると，そこに応援に行き，不良品が出るのを防ごうとする工夫でもある。異常があれば現場作業者の自主的判断で機械をとめる。「アンドン」，自働停止装置付きの機械によって，生産ラインの問題を顕在化させ，品質を生産ラインのなかで作り込んでいく品質改善運動でもある。これによって不良品というムダを省くのである。

なぜムダを排除するか，その基本的な考え方は，能率の向上は原価低減に結びついてはじめて意味があるというものである。そのためには，必要なものだけをいかに少ない人間でつくりだすか，という方向に進まなければならないと考えた。トヨタは，昭和25年の人員整理，労働争議，その後の朝鮮戦争勃発にともなう特需景気のなかで，人間を増やさないでいかに増産するか，という大テーマに取り組んだ。ムダには，(1) つくりすぎの，(2) 手待ちの，(3) 運搬の，(4) 加工そのものの，(5) 在庫の，(6) 動作の，(7) 不良をつくる，ムダがある。これらのムダを徹底的に排除をして作業能率を大幅に向上させようとしたのである。

5. 生産の同期化・カンバン方式の形成過程

「JIT（ジャスト・イン・タイム）方式」も「自働化」もいずれも，工程全体のテンポを合わせる「同期化」を追求し，生産の流れを実現しようとするものである（大野耐一［1978］186頁）。

日本の生産技術者たちは，フォード・システムの実現した高い効率性の源泉を単にコンベヤーシステムにあるのではなく，各工程の作業時間を一定にして仕掛品が流れるように工程全体が動くことにあると考えた。そして行程の細部にまでわたる作業研究や生産工程を全体として管理する工程管理（進度管理）に重点をおいた。彼らは，現場に出向いて動作研究や時間研究を徹底的に行った。そうして生産を平準化したスムーズな流れにするための努力が根気強く続けられた（和田一夫［2009］542～544 頁）。

そうした過程のなかで，工場と工場の間に中間倉庫（整備室）があれば，それをバッファー（緩衝在庫）として使った。しかしそこに収容する量を限定して行き，最終的にはその廃止をめざした。こうした過程を進行させるなかで最終組み立てラインに全工場が同期化するように「後工程引取り」が始まったと推論される（同上書，507 頁）。

そして昭和 38（1963）年には新たに「カンバン方式」と呼ばれる管理方式を採用して，この同期化管理を個々の部品加工からさらに粗形材製造工程へと，生産工程全体に拡大強化していったのである（同上書，533 頁）。

こうしたプロセスで，トヨタ生産方式が科学的管理法やフォード・システムを受け継いでいることが分かる。

6. TQC（カイゼン）

トヨタ生産方式とならんで車の両輪にも例えられるのが，トヨタの TQC（Total Quality Control）である。TQC は品質管理を全社的に行おうという取り組みである。1950 年代後半に人員を倍増し生産量が 5 倍に増えたころ，不良率が増加しつつあった。そこで 1961 年から取り組んだのがこの TQC であった。「品質は，工程で作り込め，検査で作るのではない」というスローガンのもと，不良品が出たら「源流工程に遡ってその要因を探」した。職長・組長クラスが中心となって取り組んだ。

その一方で，QC サークルは，職場の改善活動をするサークル（小集団活動）

である。QC サークルは，第一線作業者が自主的に会合を開き，職場の問題について改善を検討する場である。目的は，①作業者一人一人の能力向上，②意欲の向上，明るい職場作り，③会社の発展への寄与，である。TQC と QC サークルによって，不良品をなくす工夫，効率をアップする工夫を職組長や現場の労働者自身が考え提案する活動を行った（下川浩一・藤本隆宏編［2001］「根本正夫氏口述記録」148 ～ 170 頁）。

7．系列生産方式

JIT 方式あるいは「カンバン方式」には組立企業と部品供給業者（系列，下請け）の長期継続的で密接な協力関係が必要である。部品納入業者である下請け企業は系列企業と呼ばれ，これら系列企業との情報や品質意識の共有が必要であるところから JIT 方式は「系列生産方式」ともいわれる。部品在庫を組み立て企業がもたない。つまり，余分な在庫がたまらないようにする工夫であり，在庫のムダを省くつまり在庫費用の圧縮を実現する。1962 年頃トヨタでは全社的に「カンバン方式」をやれるようになった。それから実地で見てもらいながら勉強してもらって協力企業にも「カンバン方式」を普及させていった。

図表19-1　系列方式

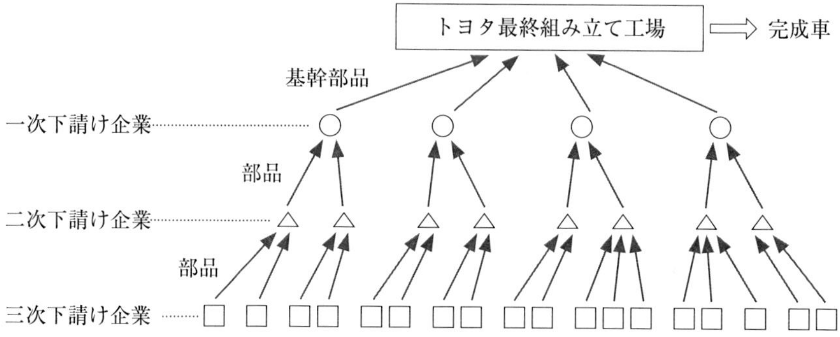

出所：筆者作成。

系列は，煩雑な市場取引に伴うコストや時間のロスを排除し極めて効率の良いシステムである。系列化は，トヨタへの部品納入の一元化により確実かつ迅速な納入とコストの引き下げを両者の緊密な協力関係（トヨタによる指導，部品メーカーによる改善など）のなかでつくりだす。

この関係は，取引の面からみれば，市場取引と組織内の取引との中間的なものであり，いつでも原理的には退出できる取り引きであるが，実質的に継続的な取引になっている。市場のもつ効率性と組織のもつ安定性を同時に実現している。その意味で，系列は，市場と組織との中間にあり，企業内部であるような外部であるような組織，「中間組織」という性格をもっている（米倉誠一郎［1999］，伊丹敬之・加護野忠男・伊藤元重編［1993]）。

8. フォード・システムとトヨタ生産方式

トヨタ生産方式もフォード・システム同様，流れ作業を基本としている。その違いは，トヨタ式では倉庫が不要なことである。

大ロット対小ロット；フォード式の量産システムでは，同種・同型の部品のロットを大きくまとめて，プレスの型を替えずになるべくたくさん打ち続ける。ロットを大きくして計画的に量産することでコスト・ダウンを実現した。しかしそれは各所に手持ちの在庫をおくことになった。

トヨタは，その逆で，「ロットはできるだけ小さく，プレスの型の段取り替えを速やかに」した。トヨタ式は在庫から生じるつくり過ぎのムダ，それを管理する人・土地・建物などの負担をゼロにしようという考え方である。そのために「ジャスト・イン・タイム」に後工程が前工程必要な部品を引き取りに行く「かんばん」方式を実践しているのである。そして前工程は後工程が引き取った量だけ生産する。その場合，後工程が時期と量についてバラついた形で引き取ると，前工程は，人と設備に関して最大限の能力を準備しておかなければならなくなり，原価を引き上げるムダを生みだす。そこで生産の「平準化」を行いバラつきをなくす。その結果，ロットを小さくして，同じものをたくさん流さないようになったのである。フォード式は同じものをまとめてつくってしまおうという考え方なのに対して，トヨタ生産方式は「最後の市場では，お客さんが一人一人違った車を一台ずつ買うのであるから，生産の場においても一台，一台つくる。部品をつくる段階においても，一個，一個つくっていく。つまり『一個流しの同期化生産』という考え方に徹する」やり方である。

設備や人員のムダを省くために「生産の平準化」を目指し，「生産の平準化」を実現するために「ロットを小さくする」こととなり，「ロットを小さくする」ために「段取り替えを速やかに」することとなった。大型プレスの段取り替えの時間は，昭和20年代に2～3時間を要したが，30年代には1時間を割り込み15分まで短縮した。40年代後半には3分まで短縮された。これは作業者の実地訓練によるものであった。

最終組み立てラインだけでなく全工程に流れをつくって生産のリード・タイムを短くするのが，ヘンリー・フォードの「同期化」という言葉を使った真意であったと思われる。しかし，それ以降のアメリカの大量生産方式では，最終組み立てライン以外は工程のスムーズな流れがつくりあげられず，部品生産・供給においてむしろ流れをせきとめる大ロット生産が定着してしまい，生産の流れに大きな淀みを生みだしてしまった。トヨタ生産方式は，「フォード・システムの真意」を受け継いだが，フォードから乖離して量とスピードを追求するあまりいたずらにロスを生みだす大ロット・スピード生産のアメリカの大量生産方式は受け継がなかった。むしろそれへのアンチ・テーゼであった（大野耐一［1978］175～201頁，下川浩一［1991］290頁）。小ロット生産を実現するための諸工夫により，「リーン」（lean=むだのない）な生産方式となったのである（ウォマック他［1990］）。

9.「日本的労働編成」

生産システムは，社会システムと技術システムの合成最適化されたものであるという「社会・技術システム論」（風間信隆［1985］）の視点からすれば，トヨタ生産システムは，これまで述べてきたJITシステムをはじめとする生産諸技術・生産管理の諸技法の体系であるとともにその技術システムを動かす人間（技術者・管理者・労働者）の織り成す社会システムとその技術システムとの合成物である。トヨタ生産方式は，その社会システムとしての日本の労働・雇用慣行に基づく「日本的労働編成」（鈴木良始［1994］66～82頁）と密接不可分なものである。

日本的労働編成とは，戦後日本の雇用慣行である長期的雇用関係と賃金の年功的上昇のもとで，賃金と仕事が厳密な対応をせず，作業者の仕事分担に柔軟性と広がりを許容したものである。それによって「多能工」化や現場作業員によるQC活動と改善活動，設備保全活動などが可能となったのである。

アメリカにおける労働編成が，労働の細分化，専門性＝単能性＝硬直性，個人責任制を特徴としていたのに対して，日本における労働編成は，①仕事内容の包括性，②作業者の汎用性，柔軟性，③作業集団への連帯責任，などを特徴としている。

大野は，JIT＝カンバン方式とならぶトヨタ生産方式のもう一つの柱に「自働化」を位置づけている（大野耐一［1978］14, 186頁）。またさらにTQCはトヨタ生産方式とならぶ「車の両輪」に例えられている（下川浩一・藤本隆宏編［2001］148頁）（図表19-3参照）。どうして「自働化」とTQCは，カンバン方式とならぶ位置づけで当事者たちから重視されていたのであろうか。その二つの要素は，いずれも労働・働き方に関わるところに留意をせねばならないと筆者は考える。自働化において行われている作業は「多工程持ち」となるものであり，それは作業者の多能工化を含意する。アンドンなどによるライン・ストップ，それによる「品質の作り込み」は，現場作業者が品質保全活動を行うことを意味する。また，TQCも現場作業者が品質保全・改善活動に取り組むものである。それらはいずれも上述の「日本的労働編成」の特徴（図表19-2参照）に直結しそれを前提として成り立つものなのである。つまりそうした労働編成のあり方なくしてトヨタ生産方式は成り立たないがゆえに，大野ら現場でその生産システムを編成していった人たちは，JIT方式とならべて自働化とTQCを重視し

図表19-2　労働編成の日米比較

日本的労働編成	アメリカ的労働編成
・労働の包括性	・職務の細分化
・作業者の汎用性（柔軟性）	・作業者の専用性（硬直性）
・集団責任主義 （集団責任に媒介された個人責任）	・個人責任主義

出所：鈴木良始［1994］77頁 表1-7。

ていたと考えられる。

従来のトヨタ生産方式の説明のほとんどが，技術システム＝生産諸技法の説明に終始していたが，その技術システムはそれに相応した労働の編成のあり方＝社会システムなくしてはあり得ない（鈴木良始［1994]）。その意味で生産システムは技術システムと社会システムの「合成最適化」を目指すものなのである（風間信隆［1985]）。

10. トヨタ生産方式の体系図

これまで見てきたトヨタ生産方式の体系を図示すれば以下のとおりである。

図表19-3　トヨタ生産方式体系図

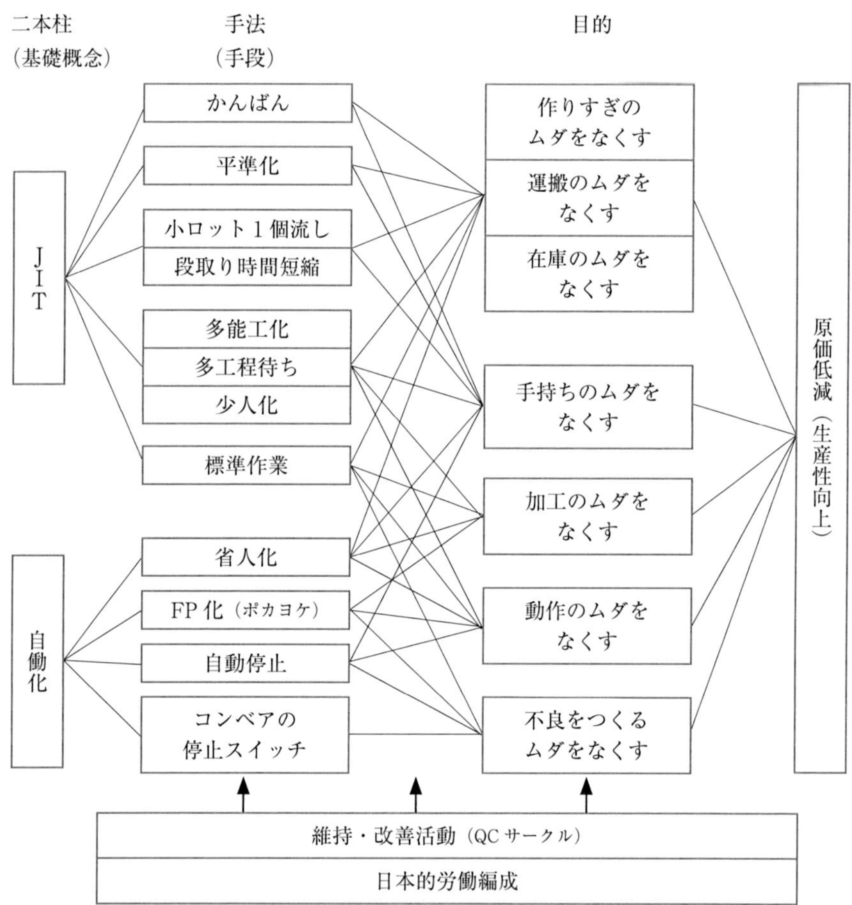

出所：下川浩一・藤本隆宏編［2001］175頁 図7及び鈴木良始［1994］から作成。

11．生産システムの発展の流れ

また，これまで見てきた生産システムの発展の流れを表にすればおおよそ以下のようになる。

図表19-4　生産システム発展の流れ

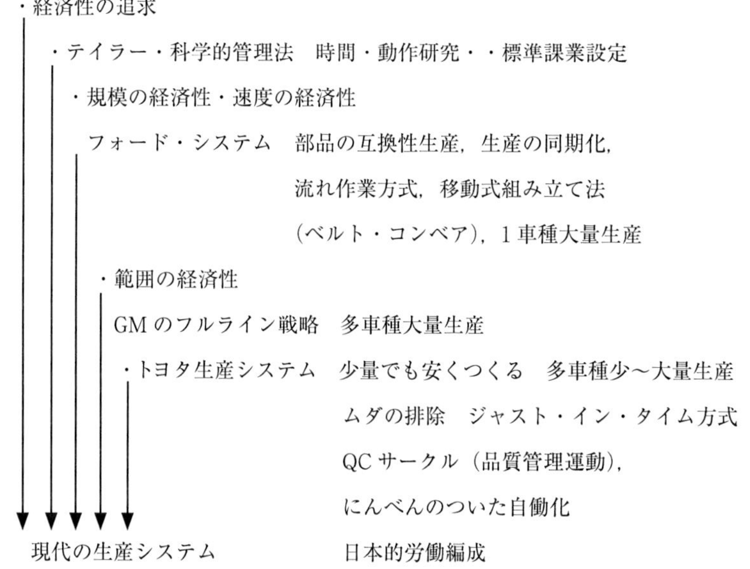

出所：筆者作成。

【参考文献】

伊丹敬之・加護野忠男・伊藤元重編『リーディングス日本の企業システム4：企業と市場』有斐閣，1993年。

大野耐一『トヨタ生産方式－脱規模の経営をめざして―』ダイヤモンド社，1978年。

風間信隆「社会・技術システム論」村田稔編『経営社会学』日本評論社，1985年。

下川浩一「フォード・システムからジャスト・イン・タイム・システムへ」中川敬一郎編『企業経営の歴史的研究』岩波書店所収，1991年。

下川浩一・藤本隆宏編『トヨタシステムの原点』文眞堂，2001年。

鈴木良始『日本的生産システムと企業社会』北海道大学図書刊行会，1994年。

ジェームズ・P・ウォマック他（沢田博訳）『リーン生産方式が世界の自動車産業をこう変える。』経済界，1990年。

トヨタ自動車工業株式会社『トヨタ自動車30年史』，1967年。

米倉誠一郎『経営革命の構造』岩波新書，1999年。

和田一夫『ものづくりの寓話：フォードからトヨタへ』名古屋大学出版会，2009年。

Nishiguchi, Toshihiro［1994］*Strategic Industrial Sourcing*: The Japanese Advantage, Oxford University Press.

第20章

人間関係論：働く個人の動機づけ（1）

――やる気はどこから生まれるか――

はじめに

前章まで考察してきた能率的に生産するためのシステムは，けっして技術システム（機械体系）の問題のみならず，そこで働く人間の社会システム（労働体系）もかかわっていた。そこでは，働く人間の意欲つまり「やる気」が働きぶりや生産性に大きく影響してくることが予想される。そのような人間の意欲を問題とする考え方が「人間関係論」として1920年代後半以降生まれてきた。それはいわゆる動機づけ理論に発展していった。

1．動機づけと人間行動の構造

動機づけとは，組織の成員に直接働きかけて，組織の目標達成に向かってやる気を起こさせることである。そしてマズローによれば，人間の行動を動機づける要因は，一つは人間の基本的欲求であり，もう一つの重要な要因は外的な環境であるという（マズロー［1987］85～86頁）。

人間は命令を受けて即，何の感情もなしにロボットのように行動するのではない。図表20-1のように自分の欲求と上司からの命令のされ方（環境）によって態度（感情）が生まれ，それに基づいて行動を起こす。態度の違いによって行動の内容も違ってくる。そして成果も違ってくる。やる気のある態度を形成する要因が動機づけ要因であり，それが何によってどのように生まれてくるかが問題である。

図表20-1

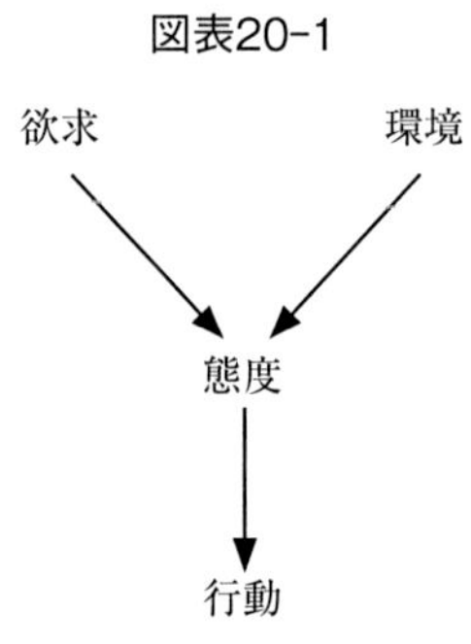

出所：筆者作成。

レスリスバーガーは，態度（感情）がどのように形成され行動に影響するかをさらに詳しく図表20-2のように考えた。この図は，作業環境上の変化は，労働者の個人的状況および職場状況に媒介されて，労働者の態度・感情を形成し，労働者の反応（生産成果）に影響することを示している。

図表20-2

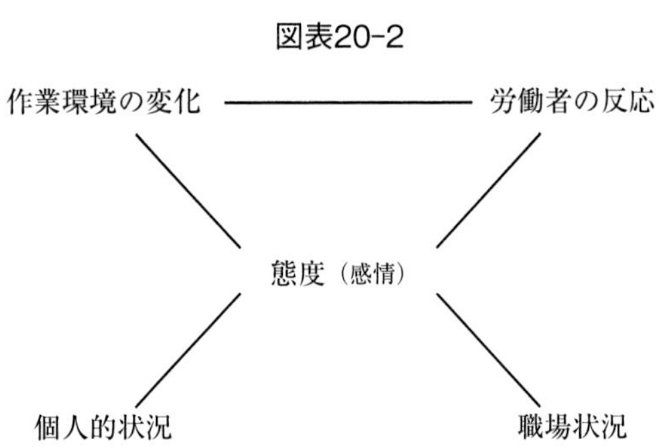

出所：レスリスバーガー［1954］24頁 図Ⅲ。

つまり，作業環境の変化は，直接的に労働者の反応に影響を及ぼすのではなく，労働者の個人的事情と職場集団の状況によって形成される労働者の態度（感情）に媒介されて労働者の反応（生産意欲・生産高）に影響を及ぼすというのである。このような考え方は，次の「ホーソン工場実験」という臨床実験の研究から得られたものである。

2．ホーソン工場実験

1924年から1932年にかけて，アメリカ電話電信会社（ATT）の系列会社で，設備の製造・供給を行っていたウェスタン・エレクトリック社のホーソン工場において，作業者の生産性向上を規定する要因を探し出すための産業心理学的実験が行われた。

実験の前提・仮定は，当初，物的作業環境がいかに生産性に影響を与えるかという，「科学的管理」的発想にもとづくものであった。

(a) 照明実験（1924年11月～1927年4月）

それは，まず，全米科学アカデミーの全国学術調査協議会（NRC）に設置された「産業における照明の質・量の能率に及ぼす関係についての委員会」によって行われたもので，その当時電機業界で唱えられていた，照明度を上げれば能率が上がるという仮説を実証するために行われたものである。ホーソン工場の総工場長ストールがNRCの研究に協力を申し出て，ホーソン工場で実験が開始された。

第一照明実験

照明に関する最初の実験は，第一部門（小部品の検査部門），第二部門（継電器（リレー）組み立て部門），第三部門（コイル捲き部門）の三つの部門において行われた。作業員は，日光を補助として既存の照明設備のもとで作業をした。

人工照明の水準が一定間隔で3, 6, 14, 23fc（foot candle= ルーメン / 毎平方フィート）と増やされた。第一部門では，生産能率は照明強度の度合いに従うものではなく産出量は照明量と直接関係なく上下した。第二部門では，能率は多かれ少なかれこの実験中に持続的に増大した。第三部門では，生産能率は常にスタート時の水準より高かった。そして照明度を減らしても能率は落ちなかった。

第二照明実験

前の三つの部門のうちコイル捲き部門が実験のために選択された。作業員を同数の二つのグループに分け，一つは「実験グループ」と呼ばれさまざまな照明強度のもとで作業するようにした。もう一つは「コントロール・グループ」と呼ばれ，ほぼ一定の照明強度のもとで作業するようにした。競争意識の影響を排除するためこれらのグループは別々の建物に配置された。

実験グループは 24, 46, 70fc という異なった三つの照明度のもとで作業した。一方，コントロール・グループはおよそ 16 ～ 28fc（幅があるのは日光の増加にともなうものである）の一定の照明度のもとで作業した。

この方法では，生産能率の差は，直接的に照明強度の差に関連するだろうと想定されていた。しかし，両グループでほぼ同じ程度の眼に見える相当の生産増加に結果した。この二つのグループの能率の差は，非常に小さく誤差の範囲内のものであった。結果的に第一照明実験同様，何が成績の改善の明確な要因なのかが再び決定できなくなった。

第三照明実験

第三実験では，人工照明だけが使われた。コントロール・グループでは，10fc という一定の水準の照明度のもとで作業をさせた。実験グループでは，10 ～ 3fc の範囲で 1fc ずつ照明度を減らした。両グループとも能率はゆっくりしかし着実に増加した。実験グループは，3fc というほとんど自分たちの作業をみることができなくなる水準の暗さになるまで能率を維持した。

これまでの三つの実験の完了後，2 人の有能な作業員を選抜しさらなる非公式実験を行った。0.06fc という月明かりにほぼ等しい光量のロッカールームで作業をさせてみたのである。しかしこの非常に低い光量のもとでも彼女たちは自分たちの能率を維持した。

以上のようにこれらの照明実験の結果は，実験者が期待した照明と能率の間の関連性を明らかにするものではなかったのである（Roethlisberger & Dickson［1939］pp.14-18）。作業量と照明度に相関関係があるという仮説は実証されず，そこでウェスタン・エレクトリック会社関係者は，能率は単一の要因ではなく多くの要因に影響されるという考えを強くし，次に，継電器組み立て作業テスト室の実験を始めることにした。

（b）継電器組み立て作業実験室（1927年4月～1933年2月）

ここでは調査員たちは，照明度を重要な変数とするのをやめ，疲労と能率との関係を解明することを意図して，継電器組み立て作業を対象に賃金支払方法，休憩時間，作業時間などを変数として操作することにした。継電器組み立て作業実験室の実験メンバーは5名の女性作業員から構成された。作業内容は，「コイル，誘電子，接触バネおよび絶縁体を一つの器具に組み立て，各部品をそれぞれ4個の機械ねじで締めつける」ものである。1個の組み立て作業時間は約1分を要する。作業は反復作業で，5名が組み立て作業台で働き，1名が組み立て作業中の5名に部品をそろえて渡す役割を果たした。35の部品を取り付け，継電器を仕上げる。1個の仕上げに1分程度かかる作業であった。実験室は，一般の継電器組み立て作業の部屋と異なる場所に設けられ，実験メンバーだけを一単位とする集団出来高給制にされた。1927年4月から1932年半ばまで5年以上にわたって実験が続けられた。

まず，（第3期）これまで100名あまりの継電器組み立て部門全体の団体出来高賃金であったものを実験グループ5名の集団出来高払いに賃金支払い方式を変更した。すると目立って全生産高は増加した。（第4期）次に，午前・午後に各々5分間の休憩を与えた。すると生産は明らかに増加した。（第5期）10分間の休憩を2回とることにした。すると日生産高，週生産高はともに大きな上昇を示した。（第7期）午前・午後に軽食・茶菓を支給し各々10分間の休憩をとるようにした。生産は（減退した第6期と比べ）高水準に戻り継続した。

第8期から11期まで，第7期の条件を維持しつつ，労働時間の諸変化を導入した。（第8期）毎日30分早く仕事を終了した。すると日生産高・週生産高は著しく高まった。（第9期）さらに30分早く仕事を終了し労働時間を1時間短縮した。すると日生産高・週生産高は多少低下したが，1時間当たり平均生産高は上昇した。（第10期）第7期の労働条件にもどし，茶菓をとるため午前15分間，午後10分間の中休みをとり，仕事終了は5時とした。すると彼女たちは以前のどの実験期よりもはるかに高い生産を上げかつその水準を維持した。（第11期）労働日数の減少を取り入れ土曜日を休日とした。日生産高は増加したが土曜日の生産の損失を補てんできず週生産高は減少した。（第12期）第3期の労働条件に戻って，休憩時間，特別な茶菓などの譲歩条件はすべて廃止された。しかし，日生産高，週生産高は他のいかなる期の生産高よりも高いものとなり，全期間を通じて生産の低下傾向は全くなかった。（第13期）休憩と茶菓を復活させた。すると生産高はこれまでのうち最高のものとなった。

以上の結果，導入された細かな諸変化は，継続的に生産が増加したという重大な変化を説明するものではないと疑わせるものとなった。第7期，第10期，第13期の労働時間と労働条件は同一であるが，これら三期間中の生産は上昇傾向をたどり続けた。初期に週平均生産高は，作業員一人当たり約2,400台の継電器組み立てであったが，第7期には2,500台に増え，第10期には2,800台に，第13期には，平均3,000台に達していた。第12期は，労働条件が終日軽食をとらず休憩もせずに働くことを要求している点で，第3期と類似していたが，第3期の平均生産高が週2,500台に満たなかったのに，第12期のそれは週2,900台を上回っていた。

以上の結果，実験者たち会社の産業研究部は，次のような結論に至る。

・生産高の継続的な上昇は休憩についての変化とは全く無関係である。
・たんに特別な研究が開始されるという当初のものめずらしさが原因であるとはいえないほど，この上昇傾向は長期にわたって続いた。

・実験作業室の女子作業員の満足感は，注目に値するほど高まった。
・彼女たちの欠勤率は実験作業室のグループに入って以来，約80％減少した。
・高度の生産量は，何かいっそう楽しい自由な幸福な労働条件にあるように感じられた（メイヨー［1951a］60〜71頁）。

調査者は，疲労が生産を阻害する一大要因であるという仮説をもっていた。しかし，継電器組み立て作業実験では，第12期に，作業条件をすべて元の状態に戻し，休憩，軽食その他いっさいのものを除いた週48時間労働への復帰がされたにもかかわらず，つまり作業条件の改悪にもかかわらず，生産高は予想された急落を示さず，依然として極めて高い水準を保ち続けた。このことをどう理解・解釈すべきかが分らなくなり，問題となった。

そこで，1928年にハーバード経営大学院のエルトン・メイヨーやレスリスバーガーらがこの実験のコンサルタントとして招聘されることになった。

メイヨーは，集団内の精神的な態度の変化が原因だと考えた。「彼女たちが実験作業室の雰囲気を喜んだ理由は，そこには嫌悪すべき管理や監督がましい行為がないということであった」（メイヨー［1951a］85頁）。実験室の作業者たちは，一つの社会単位になり，注目が増したことを楽しみ，その実験計画へ参加しているという意識を発展させた。作業者たちは，特別な集団として選び出され，多くの注目を浴びたために，彼らの態度が改善されたのだ，という仮説が考えられた。つまり労働者は実験する条件よりも実験者が自分たちに関心を持っていることに反応しているように思われた。

レスリスバーガーも，女工たちの協力的態度および生産能率向上の原因は，監督方法が根本から改変されたことにあると考えた（レスリスバーガー［1954］16〜19頁）。

実験者たちは，実験に際し，物理的諸条件のみが生産高を左右する原因であることを確かめるために，被験者の心理的要因が作用しないようにと被験者たちの協力を得ようとした。その結果，工場の作業慣習はすべて変えられてしまったのである。彼女たちは，導入される変化についていちいち意見を求められた。彼女たちは，加えられた変化に対する自分たちの考えについて，丁寧な質問を重役室に招かれて受けた。彼女たちは，監督者もおかれず，作業中のおしゃべりも許された。こうして実験者たちは，実験室内の社会的状況を完全に一変させてしまったのである。

従業員の態度および感情が重要であった。作業条件の実際の変化と同程度にその作業条件の変化がもたらす「意味」がその態度や感情に重要な作用をなすとレスリスバーガーは考えた。そして人間の働く意欲は，その人間が彼の仕事，仲間，上長に対して抱いている感情によって左右されるというのである。

そうしてレスリスバーガーは，人間が注目を受けたり，人間的・社会的存在として扱われることにより生み出された効果であると考えたのである。つまり実験メンバーが特別な社会的位置や取り扱いを受けたことに関連して作業量の増加が起こったというのである。このことは「ホーソン効果」と呼ばれて世間に知れ渡った。

ではなぜ「ホーソン効果」で作業量増加が起きたのか，さらにこの点を究明するために，第二継電器作業集団，雲母はぎ作業テスト室，面接計画が計画された。

（c）第二次継電器組み立て作業集団実験，雲母はぎ作業実験室（1928年～1930年）

第二次継電器組み立て作業集団実験は，継電器組み立て作業テスト室の補足的な実験として賃金と作業量増加の関係をみるために始まった。最終的には，作業量は多くの要因により決まるものであり，賃金のみを唯一の変動要因とすることは認められないと結論づけられた。

雲母はぎ作業実験は，継電器組み立て実験の調査の主要な部分を繰り返させてみて，はたして同一の結果が得られるかどうかをみるために行われた。休憩の効果をみるため，5名の経験工の生産上の記録がとられた。彼女たちは実験の趣旨を十分説明され，研究が始まることを喜び，その研究に興味をもった。休憩制度が導入されてから，平均一時間当たり生産高は維持されむしろ上昇した。一日の労働時間を正規に働き，10分間の休憩を二回与えられた第4期には，生産は急速の増加し，最高限度に達した。しかし，この実験は，休憩の効果を明らかにした最初の実験（継電器組み立て）からは一歩も出るものではなかった。ここでも休憩の導入は，環境のさらなる大きな変化の一部であり副次的なものであるという結論に達しないわけにはいかなかった。彼女たちを対象とした面接の報告では，彼女たちが作業室の雰囲気を喜んだ理由は，そこには嫌悪すべき管理や監督がましい行為がなかったからということであった（メイヨー［1951a］83～85頁）。

両方の集団で生産高の増加をもたらしたのは，賃金ではなくて，モラール（士気）や人間関係の改善が原因であると考えられた。つまり，能率やモラールが向上したのは，物的環境条件というよりはむしろ，社会的・人的条件が改善されたためであるとレスリスバーガーは仮定した。つまり調査員たちは実験で自ら監督者としての機能を引き受けることになった。そしてそれにより，作業者と監督者の個人的な親交が自由で楽しい作業環境をつくりだした。そこからリラックス→モラールの改善→生産性向上という流れが生み出されたと考えられた。

（d）面接計画（1928年9月～1931年）

この一般従業員面接計画の直接的なきっかけとなったのは，継電器組み立て作業テスト室で起きた作業量増加の原因として，①賃金制度の変更，②就業時間の変更（休憩の導入），③友好的な管理・監督方式への変更，の三つの意見が出されたことである。特に，ウェスタン・エレクトリック社のL.M.プットナム氏は，実験的変化とは関係なく作業者たちの成績が継続的に改善したこと，そのなかで彼女たちの作業と作業環境とに対する態度が著しく改善したこと，それが能率の改善と相伴っていることに注目した。そして能率の増進は，実験中のどんな変化よりも，労働意欲の改善によって生じると考えた。そこで労働意欲を改善する最善の道は監督方法を改善することにあるという結論に達していた（メイヨー［1951a］81頁）。

この点をさらに究明するために，また監督者育成方法を発展させることを目的として一般従業員面接計画が始められた。上司や仕事や作業条件などが労働者にとってどのような意味をもっているのか，それを知ってホーソン工場側は，管理者教育に活用しようとしたのである。

この面接計画は，（当初）所定項目についてイエス・ノーを求める指示的な方法であった。しかし，質問と関係のないことを話しだすものが出てくるので，1929年7月からはメイヨーの指導で，またレスリスバーガーの参画のもとにインタビュアーが相手に好きなように話をさせる非指示的方法が導入された。そして管理・監督の方法・実態についての一般従業員の生の声を聴くということに重点が置かれるようになった。面接記録もそのように作成するものであった。面接対象者総数は2万名あまりにのぼった。全体として，不満というコメントは工場作業条件に関連したものに多く，賃金制度・監督・勤務時間・昇進などの労働条件では満足と不満足が拮抗していた。これらの従業員らのコメントには，作業条件や労働条件などの状態そのものが示されているというよりも，それらの事柄についての従業員の感情が示されたものと理解すべきと考えられた。

メイヨーによれば，多くの労働者は，心の底に「念頭を去らない」事柄つまり強迫観念をもっており，それを面接者に向かって自由に語ることを希望していた。それは会社に関係ある事柄に限られておらず，そして人々は自分たちの抱く問題を「洗いざらい話してしまう」とき，「情緒的解放」を感じたという。労働者の語る話題は，彼にとって解決しがたい問題であり，過去の経験ないし現在の状況によって生じた異常なあるいは歪んだ精神状態によって決定されたものであった。例えば，ある婦人労働者はある監督が嫌いであったが，それはその監督が自分の嫌いな継父に似ているためであった。そのことを彼女は面接中に自覚した。そして彼女の嫌悪はまったく理由のないものであるという自覚は事態をかなり緩和せしめたという（メイヨー［1951b］104～106頁）。

つまりメイヨーは，社会の状態をデュルケームのいう「アノミー」の状態，つまり規範の拘束力が弱まり社会秩序が不安定になっている状態と捉えた。そして面接計画での被面接者の反応を，フロイトのいう「強迫観念」つまり過去の不幸な経験の追憶に悩まされている状態にあると理解したのである（メイヨー［1951a］139頁）。

それゆえ，人々の意識・感情が形成される個人のおかれた社会状況の探求が面接計画の目的とされることになった。

この過程において，人間はそのおかれている環境により規定される社会的な意味あい（social significance）との関連においてのみ理解される社会的存在である，という人間関係論的な考え方が明確になっていった。そしてこの面接計画は，従業員管理上の方策として大きな意義をもち，ホーソン実験以後1936年にカウンセリング活動として引き継がれていく（竹林浩志［2013］57～62頁）。

(e) バンク配線作業室―公式組織・非公式組織―（1931年6月～1932年5月）

これは，ウェスタン・エレクトリック社での調査の最終段階において行われたバンク配線作業室におけるインフォーマル（非公式）な集団行動の研究である。インフォーマルな集団による作業量制限行為の存在・実態を明らかにし，そのような制限行為をつくりだす集団がどのように形成され，どのような機能を果たしているか，その実態解明が課題とされた。

電話局の配電盤装置のスイッチを組み立てるバンク配線作業には，次の三つの作業集団が含まれていた。（一）配線工，（二）ハンダ付工，（三）検査工である。賃金支払いは，集団奨励給で，各作業者は集団の総生産高に基づいて報酬を受けるようになっていた。しかし作業者たちは適当な一日の作業量はどれくらいかということについて明確な考えをもっており，それは経営者が考えている生産高の標準よりも低かった。

各作業者には，生産高のインフォーマルな取り決めを上回って＜レート破り＞になったり，その標準を下回って＜さぼり屋＞になり仲間にたかって迷惑をかける，といったことがないようにという集団感情が作用していた。

集団の規範に従わせるために，メンバーたちは，いやみやあざけり，「ビンギング」（嫌われ者の上腕をかなり強くたたくこと）のような方法を懲戒的な手段として用いていた。

調査が進むうちに，フォーマルな構造の内部に二つのインフォーマルな集団があることが明らかになった。フォーマルな構造は，三人の配線工と一人のハンダ付工を一組とした三つの集団と，それら三つの集団を検査する二人の検査工から成っている。そのなかに二つのクリーク（派閥）A, Bが存在していた（図表20-3参照）。

配線工のW_2とW_5，ハンダ付工のS_2，検査工のI_3らは，クリークの行動に参加しない，＜孤立者＞であるが，彼らはさまざまな理由で締め出されていた。S_2は言語があまりできず社会的な相互作用ができなかった。W_2は独立独行で順応性がなかった。W_5は，会社の方針に違反した集団の行動を職長に＜密告した＞という理由で集団から締め出された。検査工I_3が締め出された理由は，もう一人の検査工であるI_1が，しばしばエラーを見つけても形式的に作業者のせいにしないで，彼らの仲間のように振る舞ったのに対して，I_3は，彼の検査の職務を非常にきまじめに行ったということであった。

図表20-3　バンク配線作業室の内部組織

検査工　I_1　I_3
配線工　W_1 W_2 W_3　W_4 W_5 W_6　W_7 W_8 W_9
ハンダ付け工　S_1　S_2　S_4
クリークA　クリークB

I_3　＊検査厳しすぎ
W_2　＊独立独行
W_5　＊密告
S_2　＊言語障害

注：なお，I_3は実験の途中でI_2の交代で入ってきた。
S_4はS_3の交代で入ってきた。

出所：Roethlisberger & Dickson［1939］p.509, Figure 45。

そして，次のような感情がクリークのメンバーとしての資格を支配しているように思われた。

一，働きすぎてはいけない。そうすれば＜レート破り＞だ。
二，怠けすぎてはいけない，そうすれば＜さぼり屋＞だ。
三，仲間の不利益になるようなことを監督者に話してはいけない。そうすれば＜つげぐち屋＞だ。
四，社会的な距離をおいたり，お節介をしようとしてはいけない。例えば検査工だったら，検査工ぶってはいけない（Roethlisberger & Dickson［1939］p.522）。

調査員たちは，クリークが作業者たちにとって，次のような二つの機能を果たしていることを発見した。（一）内部的には，レート破りやさぼりのような，メンバーの無分別な行為から彼らを守るとともに，（二）生産標準を引き上げたり，賃率を切り下げたり，作業者たちの＜遊び＞をやめさせようとする経営者による外部からの干渉から彼らを守ってくれていることである。

つまり検査工―配線工―ハンダ付け工の公式組織のなかで，非公式組織が存在していたのである。それは，「働きすぎない，密告するな」といった暗黙の掟をもった組織であって，生産性に大きく影響を及ぼしていた。ここから，職場の人間関係や感情に配慮した管理が必要であることが分かってきた。

非公式組織の中では，共通の感情が存在する。それは，「仕事に精を出しすぎるな」，「仕事を怠けすぎるな」，「上司に告げ口するな」，「偉ぶったり，お節介をやいたりするな」といったものであり，そうした感情を共有することにより，安心感，一体感，帰属感が醸成され，職場での「協働」が生まれていたのである。だからこの非公式組織を公式組織と合致させることが管理者には求められることになったのである（図表20-4参照）。

図表20-4　非公式組織の機能

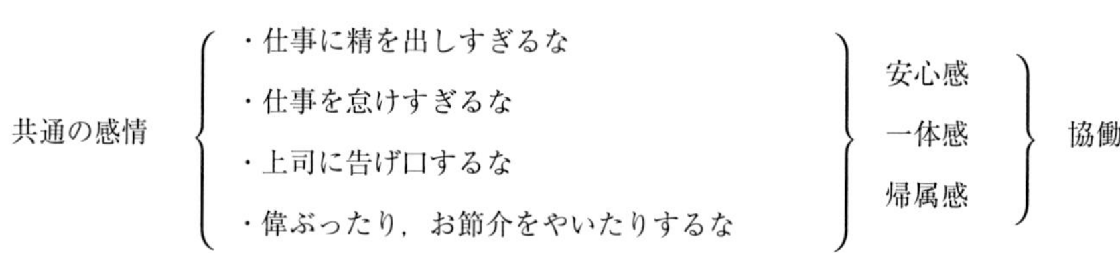
共通の感情
・仕事に精を出しすぎるな
・仕事を怠けすぎるな
・上司に告げ口するな
・偉ぶったり，お節介をやいたりするな
安心感
一体感
帰属感
協働

出所：筆者作成。

あらゆる組織は，社会体系（social system）として考えるべきで，その社会体系の感情や非論理的な構成要素を考慮しないと，技術体系の能率の論理がうまく機能しないことが分かってきた。

それ自身の規則や秩序や賃金支払い方式をもつフォーマルな組織は，感情や人間関係にもとづくインフォーマルな組織と同時に結合して存在している。インフォーマルな組織は，＜悪いもの＞とみなされるべきではなく，フォーマルな組織にとって不可避的な相互依存的な側面であるとみなされるべきである。

そして管理者は，技術的組織と人的組織を均衡させるように努力し，経済的目標を確保するとともに社会的組織の均衡を維持して，個々人がこの共通目的に貢献することを通して個人的な満足を得て協働意欲をもつことができるようにするべきということになる（レン［1982］376～377頁）。

3. 社会体系としての組織：「社会人」仮説

ホーソン調査から，能率や経済的報酬に対する要求という技術的側面は，あらゆる組織の人間的側面に対する関心と相互に関連しているとみなされるべきであるという観点が発展させられた。作業者たちは満たされるべき物的欲求をもっているが，もっと重要なのは，彼らが社会的欲求をもっているということである。メイヨーは，個々の人間は，さまざまな組織の構成メンバーとして，他の人々と関わりをもちながら行為する主体であるという「社会人（social man)」仮説を提起した。

メイヨーは，リカードに代表される経済理論が想定するいわゆる「烏合の衆」仮説（The rabble hypothesis）を，つまり経済人仮説を批判する。リカードらの経済人仮説は，1. 社会は組織されざる孤立した諸個人の集合であり，2. 彼らは自己保存ないし自利を確保するために行動する，3. あらゆる個人はこの目的を達成するために合理的に思考する，というものである。それに対してメイヨーは，人間は，「仲間によく思われたいという欲望，人類の協同的本能」をもち，それは上述の経済人仮説に優越すると考えた。「人は論理的に入念に形成された利己心という動機によって動かされているものの割合は非常に小さい」というのである（メイヨー［1951b］54～69頁）。

そしてメイヨーによれば，テイラーの科学的管理法あるいはリカードらの経済理論などが想定した経済人仮説のようなお金や経済的動機づけは，生産性向上を刺激するうえで二義的な重要性しかもたない。人が望んでいるのは，社会的な承認である。集団のメンバーとして受け入れられていることから得られる安心感である。だから「満足した労働者は生産的な労働者である」（レン［1982］384頁）ということになる。人は物的欲求をもっているが，社会的欲求ももっている。孤立した人間ではなく社会関係をもった人間，社会に属している人間である（図表20-5参照）。

したがって，管理者に求められる技能は，社会的技能（social skill），つまり人間を理解する技能であると考えられるようになった。人の意見を聴いたり助言を与える技能，作業者の感情を理解する技能である。そして人間の論理的および非論理的な行動を理解する技能である。

メイヨーは，面接計画で採用したカウンセリング手法（傾聴）に注目した。人が言いたがっていること，人が言いたくないこと，人が助けなしには言えないこと，これらに耳を傾けるというのである（メイヨー［1951a］95頁）。そして抑圧されていた非論理的要因（感情）を明らかにすることで，全体的状況に対するより適応的な理解を促し自発的協働を確保することを，経営職能に期待したのである。

図表20-5　経済人と社会人：人間観の対比

	人間観	動機づけ	帰属組織
科学的管理法および経済理論	経済人孤立的・打算的・合理的	賃金など経済的動機	公式組織
人間関係論	社会人連帯的・献身的・感情的	連帯感・一体感など社会的動機	非公式組織

出所：菊野一雄・山澤成康監修［2010］を参考に作成。

ホーソン・リサーチの臨床的研究から導き出された人間は，経済的誘因によって合理的に行動する人間（経済人）に対抗するものである。バンク配線作業室観察において検出された集団の成員としてのその集団の暗黙のルールを大事にする人間，すなわち「社会人」である。これは，公式組織における論理的行動に対して，非公式組織影響下の人間の非論理的行動（自己の所属する集団の規範・慣習に従おうとする行動様式）を組織の説明概念に加えた。眼に見ることのできない非公式組織は，公式組織が合理的な諸施策を遂行する場合，決して無視できない存在である。「フォーマルな施策の成功には，実はインフォーマルな働きかけが不可欠」と言われることの理由を明らかにしたのは，人間関係論の最重要な貢献である（辻村宏和［2013］178 頁）。

*新入社員の３割が３年以内に辞める理由

最近，２年前に卒業したゼミの卒業生（女子）に偶然地下鉄の電車のなかで再会した。そのときの会話から，彼女が，「最初に就職した会社は勤めて１年半で辞めた」ということがわかった。理由を尋ねると，「人間関係がよくなかったので」という。現在は，再就職していて，そこでは人間関係は悪くないという。元気そうにしていたから，わたしは少し安心した。だが，やはり働くときにはそこに厳然としてインフォーマルな組織が存在し，それに溶け込めなければ「人間関係がよくなかった」ということでフォーマルな組織からもはじき出されてしまうのだ，という事実を改めて身近なものとして思い知らされることになった。人間関係が重要なのだなと，あらためて思った。

【参考文献】

エルトン・メイヨー（村本栄一訳）『産業文明における人間問題』日本能率協会，1951年a。
エルトン・メイヨー（藤田敬三・名和統一訳）『アメリカ文明と労働』有斐閣，1951年b。
（Elton Mayo［1945］*The Social Problems of An Industrial Civilization*, Harvard University.）
菊野一雄・山澤成康監修『プライマリー経営学入門③人的資源管理の重要性』サン・エデュケーショナル，2010年。
竹林浩志「ホーソン・リサーチ」吉原正彦編［2013］所収，2013年。
辻村宏和「その後の人間関係論」吉原正彦編［2013］所収，2013年。
デュルケーム（宮島　喬訳）『自殺論』中公文庫，1985年。
野中郁次郎『経営管理』日本経済新聞社，1980年。
マズロー A.H.（小口忠彦訳）『人間性の心理学』産業能率大学，1987年。
吉原正彦編『メイヨー＝レスリスバーガー』文眞堂，2013年。
レスリスバーガー F.J.（野田一夫・川村欣也訳）『経営と勤労意欲』ダイヤモンド社，1954年。
レン D.A.（車戸　實監訳）『現代経営管理思想』マグロウヒル好学社，1982年。
Roethlisberger, F. J. & W. J. Dickson［1939］*Management and the Worker*, New York: John Wiley & Sons.

第21章

欲求階層説：働く個人の動機づけ（2）

はじめに

モラールからモチベーション論（動機づけ理論）・欲求理論へ。ホーソン実験・人間関係論は，生産性が，従業員のモラールに依存し，モラールは職場の人間関係によって影響される事実を実証した。

モラール（morale）の概念は，「士気」または「勤労意欲」とも訳されるが，生産性目的に協力しようとする組織成員の意欲ないし動機のことをさす意味にここでは用いられている。

ではそのモラールは人間関係になぜ依存するのであろうか？　それは明確ではなかった。そこで，動機づけ（motivation）というより明確な要因が求められた。つまり人間関係においてはどのような動機づけの要因が働いているのか，である。ここに，欲求理論にもとづいたモチベーション論が登場する。

モチベーションとは，組織目的の達成に協力しようとする組織成員の特定の方向の行動を引き起こす動機づけのことをさしている（占部都美［1981］329頁）。

1．欲求理論

欲求理論とは，個人を動機づけるものは欲求であるとするものである。人間の行動は，欲求→動機→行動→欲求の充足というプロセスをとると考える。つまり，人間は何らかの欲求を満たすために行動を起こすものであり，従業員の人間的欲求をみたすことによって，経営目的の達成に対する従業員のモチベーションを高め，それが高い生産性ないし業績に導く，という立場をとるものである。

従業員が人間としてどのような欲求をもつかという欲求仮説の違いによって，欲求理論にもとづいたモチベーション論は，次のような類型に分けられる。

1）**経済人仮説**　組織成員は，経済的（金銭的）欲求を満たすために，企業に参加し，経営目的の達成に協力するものとみなす欲求仮説である。

2）**社会人仮説**　従業員は人間として孤立した存在ではなく，職場の上司や仲間と社会的相互作用をもつところの社会人であり，職場集団の一員として，帰属感と安定感を満たすために行動しようとするという仮説である。

3）**自己実現人（self-realizing man）仮説**　人間は，まず基本的欲求によって動機づけられるが，それが満たされるとより高次の第二次的欲求によって動機づけられる。基本的欲求は，一つの階層をなす。最終的に自己実現の欲求が現れる。自己実現の欲求とは，仕事上で自己のもつ潜在的能力を最大限に発揮したいという人間の欲求をさしている。より低次の欲求は，それが満たされないかぎり，モチベーション要因をなすが，それが満たされると，もはやモチベーション要因とならないとする。

社会人（social man）仮説では，従業員は人間として孤立した存在ではなく，職場の上司や仲間と社会的相互作用をもつところの社会人であり，職場集団の一員として，帰属感と安定感を満たすために行動しようとする。このような社会人欲求は，最強の動機でないまでも，一つの強い動機をなすことを人間関係論は明らかにしたといえる（占部都美［1981］329～335頁）。

2．欲求階層説

動機づけ理論を体系的に展開したのは，心理学者のアブラハム・マズローである。マズローによれば，人間の行動を動機づける要因は，一つには人間の基本的欲求であり，もう一つは外的な環境であるという（マズロー［1987］85～86頁）。

人間はある欲求が不満足な場合，緊張が起こり行動を起こす。そしてその欲求を満足させようとする。そのことにより当該欲求は消失するが，今度はより高次の欲求が出現する。つまり，人間の欲求満足化行動は，低次欲求から高次欲求へと段階的に移行する。そして，マズローは，いろいろな欲求の間には，図表21-1のように，一種の優先序列の階層が存在するという欲求階層説を主張した。

図表21-1　人間の基本的欲求の階層

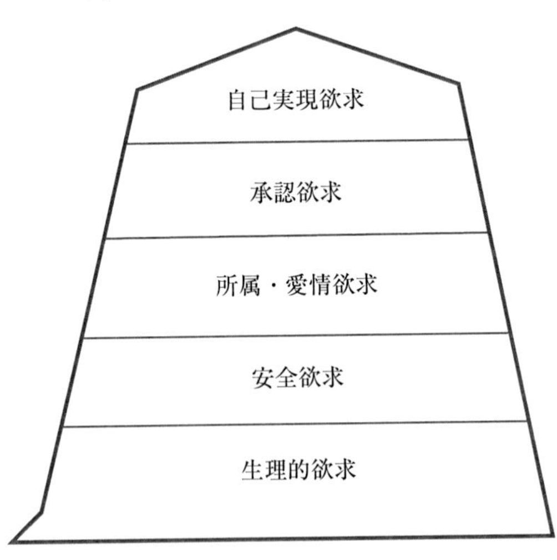

出所：筆者作成。

❶　基本欲求

マズローは，基本的欲求を次のように説明している。

①　生理的欲求

食物への飢えなどの生理的欲求は，疑いの余地なく，あらゆる欲求のなかで最も優勢なものである。特に極端なまでに生活のあらゆるものを失った人間では，生理的欲求が他のどんな欲求よりも最も主要な動機づけとなる。食物，安全，愛情，尊敬などを失った人では，おそらく食物への飢えが他の何ものよりも強い。しかし，パンが豊富にあり，いつもお腹いっぱいの時には，人間の願望はいったいどうなるであろうか？　直ちに，他のより高次な欲求が出現し，それが生理的飢餓に代わって優位に立つようになる。そしてそれが満たされると，順に，再び新しいさらに高次の欲求が出現してくる。これが，人間の基本的欲求はその相対的優勢さによりその階層を構成している，ということなのである。

動機づけ理論では，満足という概念は剥奪という概念と同じくらい重要な概念である。満足することにより，有機体は相対的に生理的な欲求に支配されることから解放され，結果的に他のさらに社会的な目標が出現してくるからである。

欲求は，満たされると，もはや欲求ではなくなる。満たされない欲求だけによって，有機体は支配され，行動が組織されるのである。

仮説としてある欲求がいつも充足されている人は，そうでない人に比べ，その後その欲求が充足されないときにいちばんよく耐えることができるとしている。

②　安全の欲求

安全・安定・保護を求める欲求，恐怖・不安・混乱からの自由，秩序・法を求める欲求である。

生理的欲求が比較的よく満足されると，次いで，新しい一組の欲求が出現する。安全欲求（安全，安定，依存，保護，恐怖・不安・混乱からの自由，構造・秩序・法・制限を求める欲求，保護の強固さなど）である。

平和で円滑に物事が運ぶ良い社会では通常，そのメンバーは，危険な野獣，気温の両極端，違法な襲撃，殺人，無秩序，暴政などを経験せず，十分安全を感じている。したがって，真の意味で，そういった人ではもはや安全欲求は実際の動機づけとしては存在しない。

しかし，社会的無秩序，革命，権威の崩壊などの状態で安全欲求が現れてくる。あるいは貯蓄やいろいろな保険（医療・失業・渉外・老齢）に対する願望などの現象に安全欲求の表われを認めることができる。

さらに広く，世の中で安全性や安定性を求めようとする様子は，見慣れぬものよりも見慣れたもの，あるいは知らないものよりも知っているものに対する共通した選好性に見られる。宇宙とその中にいる人間を，統一のとれた意味をもつまとまりとしてとらえる宗教とか世界観をもとうとする傾向もまた，部分的には安全を求める欲求により動機づけられている。

安全の欲求は緊急事態，すなわち戦争，病気，天災，犯罪の横行，社会の解体，神経症，権威の崩壊，慢性的悪条件などの場合だけ，有機体のもてる能力を実際に支配的に動員する。

安全欲求が社会的場面で焦眉の急となるのは，法律や社会的権威が現実に脅かされるときである。無秩序や暴力革命主義の脅威がある場合には，大部分の人では，より高い欲求から，より優勢になった安全欲求のほうを求めて逆行することが考えられる。このような場合，簡単に独裁者や軍部の支配を受け入れてしまうことがある。

③　所属と愛の欲求

接触，親密さ，所属を求める欲求，疎外感，孤独感を克服したいという欲求である。

生理的欲求と安全欲求の両方が十分に満たされると，愛情と所属の欲求が現れてくる。こういう欲求をもった人は，人々との愛情に満ちた関係に飢えているのであり，所属する集団や家族においての位置を切望しているのであり，この目標達成のために一所懸命，努力することになる。今や，孤独，追放，拒否，寄るべないこと，根無し草であることなどの痛恨をひどく感じることになる。

意図的共同体などが非常に急激に増加したのは，部分的には，接触，親密さ，所属などが満たされず，それへの渇望によるものであろうし，また広く見られる疎外感，孤独感，違和感，孤立感などを克服したいという欲求により動機づけられているものと思われる。これら広く見られる感情は，われわれの可動性，また伝統的集団形成の崩壊，家族の四散，世代間の隔たり，都市化による対面性の消失などにより悪化してきた。いくつかの若い反抗集団も同様に，集団性を求め，接触を求め，共通の敵（外的脅威をもうけることにより単純に仲間集団を形成できる）を前にしての現実的団結を求める深い渇望により動機づけられている。戦士集団は，共通の外的危険の存在により，兄弟的情愛や親密さに駆り立てられた。良い社会はすべて，もしそのまま存続して健全であろうとするなら，この所属・愛情欲求を何らかの方法で満足させなければならない。

人間社会では，この欲求が妨害されることが，不適応やさらに重度の病理の最も一般的な原因となっている。

④　承認の欲求

自己に対する高い評価，自尊心，他者からの承認を求める欲求，自信，独立と自由，評判，地位，名声，承認，威信，などに対する願望である。

すべての人々が，安定したしっかりした根拠をもつ自己に対する高い評価，自己尊敬，あるいは自尊心，他者からの承認などに対する欲求・願望をもっている。

これらの欲求は，二分することができる。

第一に，強さ，達成，適切さ，熟達と能力，世の中を前にしての自信，独立と自由などに対する願望がある。

第二に，他者から受ける尊敬とか承認を意味する評判とか信望，地位，名声と栄光，優越，承認，注意，重視，威信，評価などに対する願望がある。

自尊心の欲求を充足することは，自信，有用性，強さ，能力，適切さなどの感情や，世の中で役に立ち必要とされるなどの感情をもたらす。しかし逆にこれらの欲求が妨害されると，劣等感，弱さ，無力感などの感情が生じる。

⑤　自己実現の欲求

自己のもつ潜在的可能性をとことんまで追求し実現したいという欲求である。

ここまでの四つの欲求がすべて満たされたとしても，人は，自分に適していることをしていないかぎり，すぐに新しい不満が生じ落ち着かなくなってくる。自分自身，最高に平穏であろうとするなら，音楽家は音楽をつくり，美術家は絵を描き，詩人は詩を書いていなければならない。人は，自分がなりうるものにならなければならない。人は，自分自身の本性に忠実でなければならない。このような欲求を，自己実現の欲求と呼ぶことができる。

この言葉は，人の自己充足への願望，すなわちその人が潜在的にもっているものを実現しようとする傾向をさしている。この傾向は，よりいっそう自分自身であろうとし，自分がなりうるすべてのものになろうとする願望といえるであろう。

この欲求は通常，生理的欲求，安全欲求，愛の欲求，承認の欲求が先立って満足された場合に，それを基礎としてはっきりと出現する。

満たされた欲求は，動機づけ要因ではなくなる。ある欲求→その充足→その欲求の消失→新しいより高次の欲求の出現という順序をたどる。

基本的欲求が満たされている人間は，自己実現に向かう。「自己実現人」の特徴は，外の力ではなく内側からの本質的な成長欲求をもち，自律的，自己決定的であるところにある。

❷　相対的満足度

実際には，われわれの社会で正常な大部分の人々は，すべての基本的欲求にある程度満足しているが，同時にある程度満たされていない。欲求のヒエラルキーに関して現実的に述べると，優勢さのヒエラルキーを昇るにつれ満足の度合いは減少するといえよう。マズローは，たとえば独断で数字をあてはめてみると，平均的な人では，おそらく生理的欲求では85％，安全の欲求では70％，愛の欲求では50％，自尊心の欲求では40％，自己実現の欲求では10％が充足されているようであるという。

優勢な欲求が満たされた後に新しい欲求が現れるのは，突然一足とびの現象ではなくて，無からゆっくりと徐々に現れてくるのである。例えば優勢な欲求Aが10％しか満たされないと，欲求Bはまったく目に見えないであろう。ところが，この欲求Aが25％満たされると欲求Bは5％出現し，欲求Aが75％満たされると，欲求Bは50％現れるという具合である。

・平均的な人間の欲求充足度	自己実現欲求	10%	
	承認欲求	40%	
	所属・愛情欲求	50%	
	安全欲求	70%	
	生理的欲求	85%	満たされている。

❸　基本的欲求満足の前提条件としての自由

マズローによれば，基本的欲求の満足には，欠くことのできない直接的前提条件が存在する。言論の自由，他人に危害を加えない限りしたいことをする自由，自己表現の自由，調べ情報を収集する自由，自己防衛の自由，正義，公正，正直，グループ内の規律正しさなどは，基本的欲求満足のための前提条件の例である。これらの自由が妨害されると，脅威とか緊急反応などの反応が生じる。これらの条件は，それ自体は目的ではないが，明らかに目的そのものである基本的欲求と非常に密接な関係にあるので，目的とほとんど同一のものである。このような条件は，これなしでは基本的満足がほとんど不可能か，さもなければ重大な危険にさらされてしまうので，防御されることになるのである。

認知能力（知覚・知性・学習）が，とりわけ基本的欲求を満足させる機能をもつ適応的道具である。それが危険にさらされること，すなわちそれを自由に駆使することが奪われたり邪魔されたりすることは，明らかに，間接的に基本的欲求それ自体が脅かされることになる。秘密主義，検閲，不正直，コミュニケーションの妨害などが，あらゆる基本的欲求を脅かす。

3．企業内の個人の動機づけ

マズローの欲求階層説に従えば，欲求階層にそった働く個人の動機づけを企業の人事部は考えねばならないだろう。そしてそれは，図表21-2のような対応をしていると考えられる。

図表21-2　欲求階層と企業内施策の対応

欲求階層	企業内の個人の動機づけ
①　生理的欲求	報酬 快適な職場環境 余暇
②　安全欲求	社内福祉 年金制度
③　所属・愛情欲求	職場集団 プロジェクト・チーム 小集団・サークル活動
④　承認欲求	昇進，昇格， 表彰，特別報酬
⑤　自己実現欲求	意義ある（やりがいのある）仕事 社会・学問への貢献

出所：高村寿一［2001］109頁。

【参考文献】

占部都美『近代管理論』白桃書房，1981年。

菊野一雄・山澤成康（監修）『プライマリー経営学入門③人的資源管理の重要性』サン・エデュケーショナル，2010年。

高村寿一『経営入門』日経新聞社，2001年。

ダニエル・A・レン（車戸　實監訳）『現代経営管理思想』マグロウヒル好学社，1982年。

A.H. マズロー（小口忠彦訳）『人間性の心理学』産業能率大学，1987年。

第22章

X理論とY理論：働く個人の動機づけ（3）

はじめに

マズローの欲求階層説にもとづいて人事管理の理論を構想したものは，ダグラス・マグレガーが展開した「X理論とY理論」である。その問題意識は人材の能力開発にあった。

きっかけは，GMの中興の祖アルフレッド・スローンから，マサチューセッツ工科大学（MIT）の顧問会の席上で「有能な経営者とは先天的なものか，それとも後天的なものか」と問われたことであった。それでマグレガーは，1954年にアルフレッド・P・スローン財団から研究助成金を得て，多くの大企業の管理者育成の実際について比較研究を始めた。その成果が『企業の人間的側面』である。マグレガーはその書において「経営者が人材を使うについて，どのような理念をもつかによってその企業の性格が決まるものであり，また次代の経営者の質をも決める」ものであることを論証しようとして以下の理論を展開した（マグレガー［1970］著者まえがき）。

1. 前提となる考え方

マグレガーによれば，第一に，「統制」（control= それはさしあたり人を制御して動かすことを意味する）とは人間の性質にあった手段を選ぶことである。技術で自然現象を統制しようとする場合，それは自然法則に合うように調整する。「われわれは水を高い方に流そうと溝を掘ることはない」し，「内燃機関を設計するときには，気体の熱膨張という性質を認め，それに合わせて設計する」。人間についても，事情はまったく変わらない。統制しようとすれば，相手に適応した手段を選ぶことが大事なのである。したがって第二に，人の行動・性質に関しての仮定が，管理の仕方，人の統制の仕方に影響を与える。人間についてどのような考え方をしているかが問題なのである。統制というものは，自分のほうが相手の人間性に合わせたやり方をすることだと認識してはじめて，統制力は向上させることができるのだという。

そして「一日の標準作業量」を決めてこの標準作業量以上に仕事をしたらボーナスを出すような奨励給制度をとるテイラーの科学的管理法のような伝統的組織理論の統制の仕方は，工場における人間の行動特性を見誤っていると批判する。また，マグレガーは，ファヨールの古典的管理原則も批判する。権限によって人を統制することは現代の企業においては思うようにいかなくなっているのであって，企業における上下階層間の相互依存関係を理解し，権限をかさにきた統制方法より説得とか専門家の立場からの援助のほうがすぐれていると主張する。そもそもこうした組織に関する古典的原則は，現代では不適当になってしまったモデルから作りあげられ，政治・経済・技術という外部環境を無視し，人間行動について間違った考え方をもとにしているのであるが，今なお企業における人材活用に関する考え方に影響を及ぼしているのは遺憾であるとしている。

2. X理論＝命令統制に関する伝統的見解

つまり経営者の意思決定の背後には人の性質・行動に関して何らかの前提となる考え方があるものであるが，マグレガーは，その考え方のうちの伝統的な見解をX理論と名づけた。その特徴は次の4点である。

① 普通の人間は生来仕事がきらいで，なろうことなら仕事はしたくないと思っている。科学的管理法のような「一日の適正労働量」などを考えるのも，経営者は心の底では，人間が生まれながらにして仕事がきらいであると信じているからである。

② この仕事がきらいだという人の特性があるために，たいていの人間は，強制されたり，統制されたり，命令されたり，処罰するぞとおどされたりしなければ，企業目標を達成するためにじゅうぶんな力を出さないものである。

③ 従業員は外から強制されたり統制されなければ働かないものだ。

④ 普通の人間は命令されるほうが好きで，責任を回避したがり，あまり野心をもたず，何よりもまず安全を望んでいるものである。

そしてマグレガーはマズローの欲求階層説を援用しこのX理論を以下のように批判する。

人事管理の理論の中心は，「従業員にやる気を起こさせるにはどうしたらよいか」ということである。その「やる気」の背後にあるのは，人間の欲求である。つまり人間はたえず欲求をもつ動物であり，自分の要求を満たそうとして努力するし，働くものである。

人の欲求にはいくつかの次元がある，つまり重要度に階層がある。そして欲求があってもそれが満たされると，やる気を起こす源でなくなる。例えば，生理的欲求が適当に満たされれば，その次の次元の要求が人の行動を支配し始める。危険や脅迫・剥奪から身を守ろうとする「安全に対する欲求」である。

生理的欲求や安全に対する欲求が満たされると，次に「社会的欲求」がやる気を起こす重要な原動力となる。帰属したいという欲求とか，集団をつくりたいという欲求，同僚から受け入れられたいという欲求，友情や愛情を交換したいという欲求である。

社会的欲求のうえに，「自我の欲求」がある。自尊心と自信をもちたいという欲求，自治の欲求，完成の欲求，能力を伸ばしたい欲求，知識欲などである。また，自己の評判に関するもので，地位に対する欲求，認められたいという欲求，正しく評価されたいという欲求，同僚からしかるべき尊敬を受けたいという欲求などである。しかし，世間一般の企業の在来の組織づくりのやり方では，従業員の自我の欲求にほとんど注意を払っていない。

最後に自己実現の欲求がある。これは自分自身の能力を発揮したいという欲求であり，自己啓発を続けたいという欲求であり，創造的でありたいという欲求である。現代の会社生活では，こうした欲求に，はけ口を与える機会はまるでない。

次元の高い欲求を満たしてやらない場合に，「病気」が行動となって現われてくる。命ぜられたことしかやらない態度，敵意，責任のがれ，こういう形の行動は，部下の社会的欲求や自我の欲求が満たされないことから起こる病気の「兆候」なのである。

報酬を使って欲求を充足できるのは「職場を離れたときだけ」ということから，賃金所得者の大部分が「労働は一種の懲罰であり，この懲罰は職場から離れたときに買えるいろんな満足の代償なのだ」と心得ているのも驚くにはあたらない。

経営者が生理的欲求や安全性の欲求を満たしているため，従業員にやる気を起こさせる面からみると，社会的欲求や自我の欲求が重要になってきた。こういう次元の高い欲求を職場で満たしてやらないと従業員は欲求不満になり，その不満が行動に現れてくる。

「アメとムチ」で従業員にやる気を起こそうとするやり方はX理論につきも

のである。生きていくためにアクセクしているときなら，このやり方で人を使うこともできる。パンがあまりないとき人はパンだけのために一生けんめいになるものだから。しかし「アメとムチ」の理論は，一応の生活水準に達し，生理的欲求や安全に対する欲求よりも高い次元の欲求がやる気を起こす原動力となったときにはまったく効き目がなくなってしまう。「アメとムチ」では自尊心をうえつけてやることも，同僚から尊敬の念を得るようにしてやることも，自己実現の欲求を満足させてやることもできないのである。

経営者はもはやX理論で教わった統制方法，つまり報酬・約束・奨励金とかオドカシや強制といった方法，つまり命令統制による経営という考え方では，従業員にじゅうぶんなやる気を起こさせることは無理である。というのは，このやり方があてにしている人間の欲求は，現代社会においてはもはや，やる気を起こす原動力としてはあまり重要でなくなっているからである。命令・統制は，社会的欲求と自我の欲求を重視する従業員にやる気を起こさせるのにはあまり効き目がないのである。そして従業員が重要な欲求を職場において満たす機会が与えられないと，まさしく，怠けたり，命ぜられたことしかやらなくなり，責任を回避し，現状を改めることをきらい，扇動者に付和雷同し，不当な賃上げを要求するようになる。

目標管理もX理論である。一見新戦略と見えるもの（分権・目標による管理・相談づくの監督・民主的指導）も，つまりは新しい革袋につめた古い酒にすぎない。これらを生みだした手続きは，人間性について誤った考え方から生まれたものという点では同じだからである。こうした新手口は，X理論にもとづいたあいも変わらぬ戦略の枠内で，戦術（計画・手続き・仕掛け）を変えただけのものにすぎない。X理論は人に関する最小公分母つまり昔の「職工」をもとにたてられたものである。しかし，X理論の考え方が人事戦略を動かしているかぎり，普通の人間の能力を活用することはできない。このように，X理論が昔の職人的労働者を想定しているのに対して，マグレガー＝Y理論は，現代企業の中間管理者層を想定しているのである。

3. Y理論＝従業員個々人の目標と企業目標の統合

マグレガーは，古典的管理論を批判するのみならず，人間関係論的手法にも限界があると主張する。それによって従業員の不満・不和・衝突を取り除いても，自動的に企業が健全になるものでなく，従業員の満足感と生産性の間には直接的な相関関係はないというのである。人間性に関する理論なり考え方があってはじめて，人事管理についても革新が起こりうる。そしてそのような人事管理理論に関する新理論を「Y理論」と称してその前提とする次のような人間観を提示する。

① ふつうの人間は生来仕事がきらいだということはない。条件次第で仕事は満足感の源にもなり（したがって自発的に仕事をする），逆に懲罰の源とも受け取られる（したがってなろうことなら避けようとする）。

② 外から統制したり脅かしたりすることだけが企業目標達成に努力させる手段ではない。人は自分が進んで身を委ねた目標のためには自ら自分にムチ打って働くものである。

③ 献身的に目標達成に尽くすかどうかは，それを達成して得る報酬次第である。報酬の最も重要なものは自我の欲求や自己実現の欲求の満足であるが，企業目標に向かって努力すればただちにこの最も重要な報酬にありつけることになりうるのである。

④ 普通の人間は，条件次第では責任を引き受けるばかりか，自ら進んで責任をとろうとする。責任回避，野心のなさ，安全第一というのは，たいていは体験に基づいてそうなるのであって人間本来の性質ではない。

⑤ 企業内の問題を解決しようと比較的高度の想像力を駆使し，手練を尽くし，創意工夫をこらす能力は，たいていの人に備わっているものであり，一部の人だけのものではない。

⑥ 現代の企業においては，日常，従業員の知的能力はほんの一部しか生かさ

れていない。

Ｙ理論は動態的である。人間は成長し発展する可能性があり，統制には唯一絶対の形はなく，その場その場に即応したやり方をとる必要があることを強調する。企業内の人間がうまく協調できないのは，人間性がもともとそうしたものだというのではなく，その人間のもつ能力を引き出す手腕が経営者にないからであると指摘する。

❶ 統合と自己統制

Ｙ理論による組織作りの中心原則は，統合の原則である。つまり従業員が企業の繁栄のために努力することによって各自の目標を「最高に」成し遂げられるような条件をつくってやることである。元来，雇用契約では従業員は賃金をもらう代わりに，経営者の命令統制に服することとなっていると考えられていた。それに対して，統合とそれにもとづく自己統制という考えのいわんとするところは，企業目標と従業員個々人の欲求や目標とをはっきりした方法で調整できれば，企業はもっと能率的に目標を達成できるという点にある。

統合の原則によれば，企業側の欲求も従業員個人の欲求も無視してはならないのである。ただ経営者と従業員が協力して真剣に努力すれば，いつも従業員側にも企業側にもピッタリの統合的解決策が得られるとはかぎらない。Ｙ理論が非現実的だと思われるのは，この点である。

だがＹ理論の考え方によれば，命令統制による経営（Ｘ理論）では関係者の献身的態度をつくりだすことができないから，企業目標はうまく達成されない。「企業のために」という大義名分で一方的に命令を下すやり方では得るものより失うほうが大きい。だから，従業員全員が自分たちの目標を実現するには，会社が繁栄するようわき目もふらず努力するのが一番だと思うような状態をつくりださなければならない。Ｙ理論の考え方が正しいとすれば，実際に問題となるのは，そのような状態がはたして創り出せるものなのか，そして創れるとしてもどの程度に創り出せるのかということである。

❷ スキャンロン・プラン

Y理論にもとづく経営の一形態として，「スキャンロン・プラン」をマグレガーは紹介している。それはジョセフ・スキャンロンが構想した労使協調を図る協同戦略である。

第一は，業績測定とボーナスの連結である。会社の業績向上から生じた経済的利益の配分で原価引き下げ分を配分する方法をとっている。原価引き下げによる節約分を配分する場合，会社の総人件費と産出値，つまり総売り上げもしくは付加価値といったものとの比率を用いる。結果として生じた節約の一定部分（50%，75%）をこの計画に参加したものに毎月基本給に比例して支払う。この経済的報奨は，それを産出した行動に合理的にうまくタイミングが合っている。毎月支払われることで，タイミングよく行動と報奨が近接しているので，因果関係の結びつきがあり，これは心理的に効果がある。

第二は，効果的な参加である。会社が公式に各人に業績向上に心身を労して創意をこらす機会を与える方法である。この手段によって，各従業員が企業の目標に向けて努力することによって，自分の高度の欲求を満たす機会が豊富に与えられる。本人も自分の能力をこのように利用することによって，人に認められるとともに，他の重要な社会的および自我の満足を得ることができる。

生産性を会社の総合的成果という形で理解しこれに貢献するすべてを尊重する。スキャンロン・プランは人間でなければできない貢献を促し，これに「報奨を与える」。

一連の委員会があって，生産効率の改善についてだれが思いついたものでも，受理し，討議し，かつ評価し，役に立つと認められたものを実施する仕組みになっている。このようにすると皆が参加という概念の意味を納得するのである。相互依存という事実も納得する。社内のすべての人材が有する知識・創意・革新的な考えを信頼するのである。

在来の提案制度をとっている会社とは大いに様子が違う。そこには正式の書式もなければ非人間的な「提案箱」もなく，極秘裏にアイディアを評価するための雲の上の委員会も存在しない。各人は自分自身の職場で，あるいは選考委員会の会合で，自分の考えについて討論し，その評価に参加し，もしそれがよいアイディアならば承認を得るし，もしアイディアが見込みはあるがまだ足が地に付いていない場合は，更にもっと研究するように勧められる。これは日本のQCサークルのような集団活動にはなっていないが，改善活動の一種であるといえる。

❸ 参　加

Y理論はまた「参加」を推奨する。参加は権限委譲の別名である。これは基本的には，従業員が決定に影響力をもてるような機会と条件をつくることにある。

経営の意思決定への参加にはいくつかの度合いがある。第一に，もっとも参加度の低いものは，上司が決定したことを部下に知らせ，質問する機会を与え，もし反対が強ければ決定内容を改訂することである。第二に，それより少し高い参加度は，上司が決定したことを実施する方法について部下を話し合うことである。第三に，さらに高い参加度は，上司が最終決定する前に部下と話し合いをする場合である。第四に，さらに高い参加は，上司が部下に，最善の解決策を見つけてくれと要請し，部下が解決策を見出したときは，それを受け入れるものである。第五にもっとも参加度の高い場合は，上司が部下の見出した解決策をどれであろうと受け入れる場合である。

参加を利用する重要な目的の一つは，部下の成長を促し責任をとる能力を伸ばそうとすることにある。

Y理論から生まれた参加で，部下は自我の欲求を満足する本質的機会をつかみ，ひいては会社の目標を自ら進んで達成するようにふるまえるのである。それは統合を達成する手段である。第一に部下は問題に取り組み，解決案を見いだすことに満足をおぼえる。そこからは，独立感と自己の運命を幾分でも左右しうるという感じが増大するのである。最後に，会社の問題の解決に大いに寄与したことによって，同僚および上役から認められる満足がある。つまり承認欲求・自我の欲求が満たされる。

❹　Y 理論の組織的特徴

Y 理論が想定する組織の特徴は，分権的組織であり，階層の少ない，そして管理限界が広くなる組織である。これにより個人が自分自身の行動に責任をとる幅が広くなり，自我および自己実現の満足を得る環境が生まれ，責任を負い，成長することになるのである。

問題解決のため上司は部下とともに作業する。部下にとってそれは「仕事を通しての訓練（オン・ザ・ジョブ・トレーニング）」となる組織である。そこでは命令と統制を強調する X 理論のように過度に権限にたよらず，「チーム」としての協力が強調され，スタッフとラインの相互信頼・協力関係も醸成される組織である。

目指しているのは，「管理者チーム」の育成である。例えば，事業部長と彼に直属するラインとスタッフの管理者との関係に，チームワークの精神をつくり出し，協力してはらき，共同して設定した目標を達成することを目指すのである。それは，次のことが必要である。

一，集団による目標設定と個人の目標設定が相互に相補うこと。
二，個人の育成，問題解決技法や人間関係をみがく場とする。
三，集団に重要な目標を設定し業績評価する。
四，「目標を統一」することによって，同類相食むような競争をできるだけ少なくする。

そして集団という環境のなかで個人の成長の条件をつくり出し，人材が内に秘めていた協働力を引き出すことを目指している。

マグレガーが対象としているのは，現代大企業のミドル・ロワーの経営階層の管理者なのだ。これは，テイラーの科学的管理のような古典的管理論＝ X 理論が工場の作業現場の「職工」を対象にしていたのとは明らかに異なる。ミドル・ロワーの管理者階層が形成されてきた現代大企業の経営階層を焦点に据えているのである。

4. X理論とY理論の対比

❶ Y理論による人事管理戦略

以下においてY理論を適用した人事管理戦略を例示する。

組織と個人の統合は，部下が企業の目標に向かって努力することにより，自分自身も最大に自己の目標を達成できるようにする環境をつくりだすことである。それは管理能力の向上と，自我の欲求や自己実現の欲求の満足とを結合させようとする試みなのである。

この戦略には，四つの段階がある。

1　主要職責の決定

上司は部下に対して命令者というより相談相手としての役割をする。部下は，自分の仕事の定義づけを自分自身で考える。部下自身の啓発には，上司自身はその手伝いをしてやろうと思う。したがって上司は，部下が自分を在来のボスとしてよりも真の援助者とみるような関係をつくろうとする。部下が自分の仕事のことを創造的に考えるように上役がしむける。

2　目標の設定

上司は部下に対して，何か特定の目標もしくは目的を自分自身のためにあるいは自分の部署のために設定するように考えてみてはどうかと提案する。上司は，部下の部署の業務全体を向上させることとあわせて，部下自身の個人的目標も考えてみるように提案する。責任を引き受けること（自己命令と自己統制について）は目標達成を納得することと相互に関連しあっている。目標が外から押しつけられたときには，めったにほんとうの納得というものはなされない。目標に関する話し合いにおいて上役は，専制的上役であるよりはむしろ援助者であろうと努力する。上役は，部下が個人目標と会社の目標の両方を達成できるように自分の仕事の計画を立てるように手を貸してやる。

3　目標実行期間中の管理のやり方

目標の設定から成果の評価までの期間，そのネライは，部下の成長，つまり能力の増進，職責と真正面から取り組むこと（自己命令と自己統制），会社の要求と自身の個人目標を統合する能力を増進することである。部下に最も良く勉強をさせようとするならば，部下の計画に介入しかつ指導したいという上役自身の自然な衝動を抑える。部下が援助を求めてきたときにしか，上司は影響を及ぼさないようにする。

4　業績評定

実行期間前に設定した目標について何を達成したかを部下自身で評価するようにさせる。部下の提出した自己評定について上司と部下が討論する。また，部下の能力をさらに伸ばすにはどういう点に注意することが必要か二人で客観的に論じ合う。

統合と自己統制による経営の重要なポイントは，それが人事管理戦略（従業員を管理する一つの方法）であるということである。この戦略は，部下に対する看視を少なくするものであり，部下の経営能力の成長をもたらす経営方法である。

❷　X理論による人事管理戦略

それに対し，X理論による人事管理戦略は，業績評定を利用する戦略である。そこでは，経営者は，従業員に何をせよと命じ，どのようにうまく遂行したかを判定し，賞を与え，もしくは罰しなければならない。一般的に次のような段階をふむ。

1　公式の職務記述書。職務内容を規定し，行なうべき事柄を明確な形で示す。

2　職務記述書の範囲内で，上役が常日ごろ命令し統制する。

3　標準化された評定様式を使用して，上役が部下の業績を定期的に公式に概評する。部下の仕事の量的・質的判定，部下の態度，同僚との協調性などの全般的な判定をする。

4　判定を告げ，助言を与える。

5　公式評定を利用して，給与・昇進・管理者教育などの諸施策に反映させる。

しかし中級および下級の管理者は職務記述書を実際にはほとんど使っていない。絶えず変化している外部情勢の要求，経済的条件，市場の特異性，政治情勢，競争条件などによって，仕事のやり方を変えなければならず，したがってまた仕事の性格も変わってくるからである。上役が裁判官の役目をつとめる面接評定というのは，カウンセリングのためには最も不向きなもので，裁判官の役割とカウンセラーの役割とは相いれないものである。従業員は4の段階のフィードバックの結果として学習し態度を変えるが，最も効果的なのは行為の直後のフィードバックである。三, 四か月もたってからでは，そういった経験から学びとりうる可能性は少ない。公式評定および面接の方法を通じて行う統制方式（上役の統制）は適当でない。ここでとっている手段は人間性にあったものとはいえない。

X理論から生まれてくるものは，従業員に何をせよと命令し，業績を判定し，信賞必罰を旨とする戦略や，上述のような業績評定に含まれるような諸手続きである。もののわかった大人には統合と自己統制による経営戦略のほうがふさわしいものであり，かつ成長を促し，学習させ，業績を向上させるのに役立つ。

❸　X理論対Y理論

X理論の中心原則は，階層原則，すなわち，権限行使による命令・統制である。雇用契約により，従業員は賃金をもらう代わりに経営者の命令統制に服することとなっていると考えるものである。それに対してY理論の中心原則は，統合の原則，すなわち企業目標と個人の欲求・目標の統合である。自分たちの目標を実現するには，会社が繁栄するよう努力するのが一番だと思うような状態を創り出すことである。

X理論にもとづく経営は，古典的管理原則や科学的管理法であったのに対して，Y理論にもとづく経営は，参加的経営である。意思決定過程に従業員を参加させ，集団的討議を行って決定していく。

またX理論が命令的・権威主義的リーダーシップをとるのに対して，Y理論は集団参画型リーダーシップをとる。自主管理作業集団や職務拡大もY理論から導き出される経営方法である。

欲求階層説に照らしてみれば，X理論は，科学的管理法などによって生理欲求・安全欲求を満たすものであるが，社会（所属・愛情）欲求は満たされない。人間関係論的アプローチがそれを満たす。自我（承認）欲求や自己実現欲求はX理論では満たされないしまた人間関係論でも満たされない。Y理論の視点に立つ自主的な目標の設定や目標実現のための自己啓発が承認欲求・自己実現欲求を満たすのである。

【補論】学生はX理論派かY理論派か

学生にX理論とY理論のどちらがしっくりするか意見を聞いてみる。すると「自分はお金を稼ぐのが第一だからX理論でいいと思います」と「やはり仕事にはやりがいが必要だと思うからY理論がいいと思います」という意見におおよそ二分される。つまり，その当事者の欲求水準に対応して意見が分かれているように思える。マグレガーは，組織に人間性つまりヒューマニズム（レン［1982］）を求めたが，人間の欲求階層の違いによって組織に求めるものもちがってくるのである。そこから組織に唯一絶対の公理があるのではなく状況に応じたやり方があるのではないかという状況適応の考え方（コンティンジェンシー理論）が後に生まれてくることになる。

【参考文献】

菊野一雄・山澤成康（監修）『プライマリー経営学入門③人的資源管理の重要性』サン・エデュケーショナル，2010年。

ダグラス・マグレガー（高橋達男訳）『新版・企業の人間的側面』産業能率大学出版，1970年。
（Douglas McGregor［1960］*The Human Side of Enterprise*, McGraw-Hill Book Co.）

ダニエル・A・レン『現代経営管理思想』マグロウヒル，1982年。

第23章

動機づけ－衛生理論：働く個人の動機づけ（4）

はじめに

ハーズバーグは，ピッツバーグの約200人の技師と会計士の面接調査で，仕事の上で何が彼らの職務満足の改善に結果したか，また何が職務満足の低下を招いたかを尋ねた。その結果は，図表23-1に示されている。

彼は，この仕事における動機づけの心理学的調査研究の結果，仕事の達成に直接関連をもたない仕事の環境は，不満を呼び起こすことはあっても，満足に寄与することはまれであるという見解を統計的数字にもとづいて主張した。ハーズバーグは，仕事の内容のみが仕事への動機づけを誘発するとし，これを「動機づけ要因」と名づけた。そして仕事の環境は，不満を防止するという，予防衛生的な役目しかもたないことから，これを「衛生要因」と名づけた。

図表23-1 満足要因と不満足要因の比較

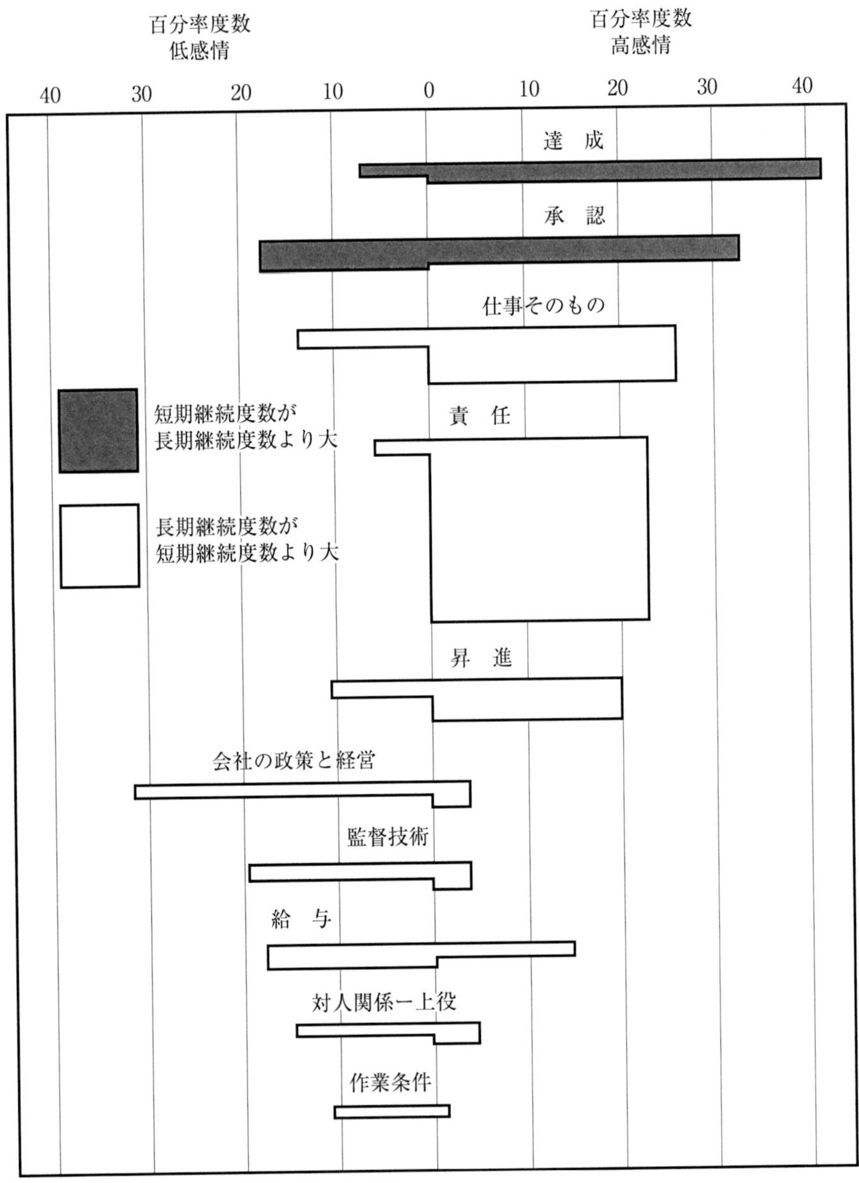

出所：ハーズバーグ［1968］86頁 第1図。

1．人間の基本的欲求

ハーズバーグは，人間の基本的欲求を動物的欲求と人間的欲求の二つに分ける。すなわち，動物的欲求とは，餓えや痛みなどを回避しようとする生理的欲求や安全欲求である。それに対して人間的欲求とは，精神的成長によって自らの潜在能力を現実化しようとする欲求，すなわち自己実現欲求である。

そして人間は，痛みを回避する動物的欲求と精神的に成長しようとする人間的欲求を同時に満たそうと努めることによってはじめて，幸福になることができる。二つの側面は本質的に独立しており，一方の欲求に応じても，それは他方の欲求にほとんど効果をもたないとハーズバーグはいう。

2．動機づけ－衛生理論

そしてハーズバーグによれば，これら二つの人間の基本的欲求を基礎にして，人間的欲求に基づく職務満足を生みだす要因すなわち動機づけ要因と，動物的欲求に基づく職務不満を招く要因すなわち衛生要因とは，別個のものとなる。

❶　衛生要因

まず「衛生要因」とは，仕事の環境である。それは職務不満を防止する役目を果たすが，積極的職務態度には効果をもたない。その特徴は，満たされないと不満に感じ，満たされても満足を感じないというものである。現象となって表れる職務態度は，職務不満である。そして防止がポイントとなる。職務不満の源は，不快さを回避する欲求体系すなわち動物的欲求である。それにたいする人事管理上の対策の具体例は，会社の政策，経営，監督，給与，対人関係，作業条件などの改善である。

❷ 動機づけ要因

動機づけ要因は，仕事そのものであり，個人を努力へ動機づける効果をもつものである。その特徴は，満たされると高い満足を感じ，満たされなくとも不満を感じないというものである。現象となって表れる職務態度は，職務満足であり，その態度の源は，成長・自己実現の欲求体系と承認欲求である。この動機づけ要因への人事管理上の対策の具体例は，達成，承認，仕事そのもの，責任，昇進といったものである。

ではなぜ衛生要因が積極的満足を提供できないのか。それらは個人に成長の感覚を与えるに必要な特徴をもっていない。自分が成長したという感じは，その個人にとって意味のある課業を達成したときに得られる。しかるに，衛生要因は課業には関係がないのである。衛生要因を主眼とし，不満防止をしたとしても，それで創造性や生産性が向上する（やる気が生まれる）わけではない。欠勤率や離職率が低下するわけでもない。

ここから労務・人事管理部門は，この二つの要因を扱うべきであるということになる。一つは従業員の衛生要因を扱い，もう一つは動機づけ要因を扱うべきなのである。

動機づけ要因に対する対処策として，従業員教育，職務拡大，達成感，責任感，評価の重視などが考えられる。

❸ 帰　結

この結果，経営管理の実践において，個人の欲求を課業に結びつける方向が探索されはじめ，目標管理，ZD 運動，有機的組織など個人の欲求を仕事遂行途上で満足させる方法が追求されるようになった。

また，ハーズバーグの発見は，人間関係論から動機づけ理論への発展展開を明確に果たすものとなった。なぜなら，人間関係は仕事の環境にすぎず，仕事の環境は個人の積極的満足に貢献しないことを証明するとともに，他方で，個人は与えられた仕事のうちに自分を活かすことによって，積極的満足を求める傾向をもつことをはっきり統計的に示したからである（ハーズバーグ［1968］北野利信「訳者序」)。

❹ 批　判

しかし，ハーズバーグの方法論には，次のような批判もある。すなわち人は普通，物事がうまくいったときには，仕事の内容に関して自分たちの力で左右できる事柄に満足の理由を見つけ，仕事の成功を自分の手柄にするだろうし，自分が不満であるのは自分の責任ではなく，職務状況すなわち仕事環境のせいであると非難するであろう。つまりハーズバーグのような質問方法をとれば必然的に彼が考える結果になるのだと。

また，第二の普通なされる批判は，ハーズバーグの二要因理論が正しいとするならば，満足度の高い人は強く動機づけられ，高水準生産者であるということになるが，実際には労働者の満足と生産性との間に明確な関係はみられないというものである。満足している労働者が必ずしも最高の生産者であるとは限らないし，満足していない労働者が必ずしも最低の生産者であるとも限らない。たとえば，ある労働者は＜計画―実施―統制＞のすべての過程への挑戦に意欲を燃やすかもしれないが，しかし一方，他の者はなすべきことを指示されるのを好むかもしれないのであると。つまり働く人々つまり労働者の考えは時と場合によるのである（レン［1982］586頁)。こうして動機づけ理論にも条件適応的な見解がのちに展開してくることになる。

【参考文献】

菊野一雄・山澤成康（監修）『プライマリー経営学入門③人的資源管理の重要性』サンエデュケーショナル，2010年。

ダニエル・レン（車戸　實監訳）『現代経営管理思想』マグロウヒル好学社，1982年。

フレデリック・ハーズバーグ（北野利信訳）『仕事と人間性』東洋経済新報社，1968年。

第24章

人間関係論とリーダーシップ

はじめに

個人の動機づけ要因の探求のあと，集団に焦点をすえて，集団のなかでの人間関係がどのようなパフォーマンスをもたらすかを問う視点があらわれてきた。それはリーダーとフォロワーとの関係として集団をとらえるリーダーシップ論に展開するものである。

1. 集　団

個人が集まってひとかたまりになっている状態，その集まりや群れの状態を「集団」という。そのような集団が，複数，一定の共通目標を達成するために役割や機能が分化され，統合されている状態になるとそれは「組織」となる。つまり，個人はいきなり大きな組織に所属するのではない。まずは，集団に（第一次集団）所属する。その集団が，他の集団と分化・統合の関係づけがなされて組織が構成される。例えば，ある労働者は，大きな自動車会社のある地方の工場に採用されて，その工場のある部署の一作業班にまずは所属するのである。

集団は，それを構成する個人に還元できない独自の現象を表す。また，それはその集団が構成する組織からも説明できない独自の現象を示す。こうした集団に特有の現象を明らかにする社会科学をグループ・ダイナミクス（集団力学）という。集団の本質は，個人的現象の総和にあるのではなく，個々人間の社会的関係の形態およびその動態（ダイナミクス）にあるという認識である。

2. リーダーシップと集団

集団現象の一つとして，リーダーとフォロワーの関係が集団の作業成績に関係する，という問題がある。これがリーダーシップの問題である。つまりリーダーシップとは，「集団の目標達成のためにリーダーがフォロワーに対して及ぼす意図的な影響行動」（坂下昭宣［2007］230頁）である。

以下は，リーダーシップの集団に与える影響についての実験的研究，R.ホワイト・R.リピット［1970］「三種の『社会風土』におけるリーダーの行動と成員の反応」の紹介である。

これは，「民主的」，「専制的」，「自由放任的」と名づけた三種の社会的雰囲気の変数としてのリーダーシップが，個人および集団の行動にどのような影響を与えるかを調べた実験研究である。

実験では，アイオワ大学付属小学校の10歳の少年5人ずつで構成された放課後に趣味の活動をするクラブの4集団を4人の成人リーダーが，三種の指導様式で指導した。リーダーは6週間ごとにその担当クラブを順々に交代した。そのきりかえの時に各リーダーはそれぞれ自分のリーダーシップの型を変更し，どのクラブも三種のリーダーシップのどの型をも経験するようにした。リーダーの行動と少年たちの反応が観察され，少年たちに対しては面接も行われ，自分たちのクラブについて感じたことを尋ねた。

三種の各リーダーのリーダーシップ行動の特性は次のようなものである。

① 専制的リーダーの特徴は，第一に，いっさいの方針を決定し命令を与えたことである。それは一人の人間の意志を他の人に強要する形式のもので，

「作業用のエプロンをつけなさい」,「よろしい，ブラシを片づけなさい」といった直接的な指図・命令形式の発言であった。第二に，集団成員の表明した希望や現に行っている行動を遮ってその代わりにリーダーの希望通りにさせる「ぶちこわし的な要求」をした。(ビル)「僕はのこぎりを使いたい」,(リーダー)「いや，ビル，君はハミルともう一つの脚を作りなさい」といったように。第三に，リーダーが成員たちの地位と仕事の成果の主要な判定者であるという立場に立った地位の階層関係を強調した「客観的でない批判と賞讃」を行った。

② 民主的リーダーの特徴は，第一に，自主性の促進であった。集団の目標の樹立，方法の選択にあたって民主的な自由性を促し，集団決定，多数決，関心をもつすべての人に発言の機会をもたせる自由討議，必要な際の無記名投票，特別な課題の委員付託，多数者の決定を少数者が承認すること，などを教えた。第二の特徴は指導的な助言である。「君は別の方法をやってみたかね，例えば赤の染色とか」。その特徴は指示した方向が成員の抱いている目的のどれかと結びついていることである。二者択一の関係を明らかにしてやり，そのどちらかを自由に選ばせた。命令によらないで例示によって示唆を与えた。少年たちの刻々と変化していく要求と関心に応じて適切な瞬間に指導的な助言を与えた。第三に，民主的なリーダーは，子供たちのいろいろな社会的要求を敏感に認知してこれを尊重した。

③ 自由放任的リーダーの特徴は，第一に，集団としての決定も個人的決定も全く放任し成員任せであり，リーダーは最小限にしか参加しなかったことである。第二に，求められれば情報を与えるがそれ以外の役割はしなかった。第三に，成員の作業上のことについて自発的に意見を述べることは稀であり，作業のやり方を評価したり調整したりすることはまったくしなかった。

以上のリーダーシップの違いに応じて少年たちの行動にも次のような違いがみられた。

① 専制的リーダーのもとでは，少年たちの行動は，「服従的」あるいは「依存的」なものが多かった（例えば「これでいいですか」）。表面に表れない不平不満をつくりだすことがあり，フラストレーションの源泉は専制的リーダーであったのに，「置き換えられた攻撃」によって犠牲者をつくって攻撃する行動がみられた。抑圧的雰囲気があり，少年たちの元気はくじかれていた。

② 民主的リーダーのもとでは，作業そのものに対する興味が高く，作業でも遊びでも高い水準の独創性もしくは創造的思考活動を示した。また，友好的・信頼的な会話や集団中心的な提案が多く，集団意識の度合いが大であり友好性の度合いも大であった。

③ 自由放任的リーダーのもとでは，仕事の量も少なく，仕事の出来栄えもまずかった。遊びが多い特徴があった。組織が弱く能率が悪かった。そのため成員に満足を与えていなかった。積極的指示がなかったので，しばしば無組織となり，仕事に失敗や挫折が多かった。このことは子供たちの意気をくじきまたイライラさせた。また作業中の仕事に対する興味の大幅な喪失をもたらした。

比較すると，専制型のほうが作業量は幾分大であったが，作業への動機づけは民主型のほうが強かった。独創性は民主型のほうが大であった。そして，子供たちは面接で，専制的リーダーや自由放任的リーダーよりも民主的リーダーの方を好きだと答えた。

以上のことから，「集団の雰囲気の決定因子はリーダーシップにあり，集団のコンフリクト解決には，訓練された民主的リーダーシップと民主的集団構造が必要であることが示唆され」る（庭本佳子［2013］）。

3. 集団参画型リーダーシップ

ホワイト&リピットの「民主的リーダーシップ」論をさらに経営管理システム論として発展・展開させたのがレンシス・リッカート［1964, 1968］である。

リッカートは，リーダーシップつまり上司の部下との関係によって経営管理システムを次の四つのタイプに分ける。システム１（独善的専制型），システム２（温情的専制型），システム３（相談型），システム４（集団参画型）である。それらのシステム＝経営管理方式の違いは，次の図表24-1のように表わされる。

図表24-1　経営管理システムの組織特性

組織に関する変数	システム１（独善的専制型）	システム２（温情的専制型）	システム３（相談型）	システム４（集団参画型）
1. リーダーシップ上役が部下に対してもつ信頼の程度	部下をまったく信頼していない	主人が召使に対するような恩着せがましい信頼をもっている	信頼はあるが十分とはいえない，意思決定に際しては統制を保ちたいと望む	あらゆる事柄について部下を十分信頼している
2. 動機づけ＝やる気を起こさせる方法	恐怖，脅迫，懲罰，ときに報酬	報酬および若干の懲罰の実行ないし予告	報酬ときに懲罰および若干の関与	報酬。目標設定などにおける集団的参加と関与
3. コミュニケーション，相互作用	まったくない	ほとんどない	少しばかりある	個人，集団ともに多い
4. 相互作用一影響過程	相互作用はほとんどなく常時恐怖と不信がともなう	相互作用はほとんどなく，上役には恩着せがましい態度があり部下には恐怖心と警戒心がある	適度の相互作用がありしばしばかなりの信頼がみられる	広範な友好的な相互作用があり信頼度が高い

5. いかなる階層で意思決定がなされるか	大半がトップでなされる	方針はトップでなされ，支持された枠内で多くは低い階層でなされる	総括的な方針と全般的な意思決定はトップで，特殊な意思決定は低い階層でなされる	組織全般で行われ重複集団の連結過程を通じて統合される
6. 目標設定，命令の方法	命令が発せられる	命令が発せられ意見具申の機会がある場合とない場合がある	部下と論議したのちに目標が設定され，命令が発せられる	目標は集団の参加によって設定される
7. 統制過程の特性	最高経営層に最高度に集中	最高経営層に集中しているが，中間および下位層にも若干委譲されている	下位階層にも委譲されている	評価と統制はすべての階層で行われる

出所：リッカート［1968］8頁 表2-1から一部抜粋して作成。

そして，この表を基に調査票を作成し，ゼネラル・エレクトリックやIBMなどを含む優良会社十数社の中・上級経営管理者に対するアンケート調査を行い，その分析結果をもとに次のような諸原則の理論化を行った。

リッカートの推奨するシステム4（集団参画型経営管理システム）は次の三つの基本概念から構成される。(1) 支持的関係の原則，(2) 集団的意思決定，(3) 高い業績目標の設定，である。

(1) 支持的関係の原則

これは，組織の成員がお互いの相互関係を進めてゆく際に用いる原則である。「リーダーシップその他の組織の諸過程は，各成員が組織とのあらゆる相互作用と関係において，自分の背景，価値，期待に照らして，その組織経験を支持的であるとみなし，自分の価値や重要性の意識をつくり，維持するものであるとみなすことが最大限にできるものでなければならない」（リッカート［1964］138頁)。「組織体のなかの人間が自分の経歴，価値，欲求，期待との関連において組織のあらゆる相互作用，人間関係のなかで自分が支持されているという実感をもつこと，さらに言えば，人間としての尊厳性を自覚し，かつ信じ続けること，これを組織体のリーダーシップやその他のやり方によって最大限にもたらせるようにするのが“支持的関係の原理”である」(リッカート［1968］53 頁)。

つまり，組織の諸過程特に監督者のリーダーシップが成員にとって支持的であるとみられ，成員の価値観や自尊心を維持できるものであると感じられるものでなければならない，ということである。これは「高度に動機づけられた協力的な組織をつくりあげる」，「一般原則の基礎である」という。成員が協力的な組織をつくるためには，成員が組織から支持されていると感じられるようなリーダーシップや相互作用が必要であるということである。この原則が組織内に適用されると,成員の非経済的動機と経済的欲求から生じる動機は相調和し,両立するようになる。また，個々人の心のなかに組織目標達成のための協働的行動を起こさせる動機が生じるという。

部下の好意的態度を生みだす監督者や管理者は，従業員をたんに仕事をやり遂げる人というよりも人間として見る。「機械の歯車」としてよりも「人間」として人々を扱うことが，部下の態度や動機づけに高度に関連をもっている。好意的協力的態度をもつ上司は，部下に対し，(a) 支持的，友好的，援助的，親切，部下の幸福に心から関心をもつ，敏感，思いやり，公正，関心，をもつ。(b) 信頼をする。(c) 部下の成績に高い期待をする，支持的関係をもつ。(d) 訓練，(e) 援助，を行う。部下はそれに対して支持的と感じ，好意的に反応するのである。

(2) 集団による意思決定ないし管理方式

監督者は，作業集団の管理・監督にあたって集団的意思決定ないし管理における集団方式を使用すべきである。集団活動の利点は,次のような諸点である。一人一人の成員は決定に参画していることにより，目標との高度の一体感をもつ。決定を遂行し，集団の目標を達成しようと全力を尽くすような高度の動機づけをもたらす。動機づけが高いので，適切かつ重要な情報が正確に流れ，その結果，問題をよく気づかせ，より良い意思決定をもたらす効果的な情報伝達が生じる。誰かが負担過重の場合，同僚のある者が臨時に手助けをする。仕事に従事している人々の好意的態度は増大し，欠勤と離職が減少する。

また，次のように「連結ピン」機能が働く。伝統的組織構造（システム1，システム2）は，マン・ツー・マンの相互作用モデル，「上司対部下」型のモデルから成り立っていた。そこでは方針を伝達し，命令を下し，統制する過程の中で，すべての各段階でマン・ツー・マンの相互作用が行われている（図表24-2)。これに対してシステム4では，重複した構造をもつ集団形態をとっている。各作業集団は，他の集団と複数の集団に属しているある特定の人（連結ピン）を通じて連結されている。このような重複した集団の要となる人を「連結ピン」と称する（図表24-3)。なぜある集団を上位集団と連結する重複的集団形態である「連結ピン」機能が重要であるかといえば，上部への影響力を部下が上司に対して期待するからである。上司が上向きの影響を行使する能力が，部下の士気や動機づけ，生産性，業績といった要因に影響する。監督者はその監督機能を満足に遂行しようとすれば，上向き影響力を行使する能力が必要不可欠である。つまり監督者は，一方で監督者としての，また一方で部下としての技能に長じていなければならない。リーダーシップとメンバーシップの機能と役割に長じていなければならない。連結ピン機能は，効果的な集団過程を生みだし重複する集団によって全体的組織へと結合する役割を果たす。

図表24-2　典型的組織図

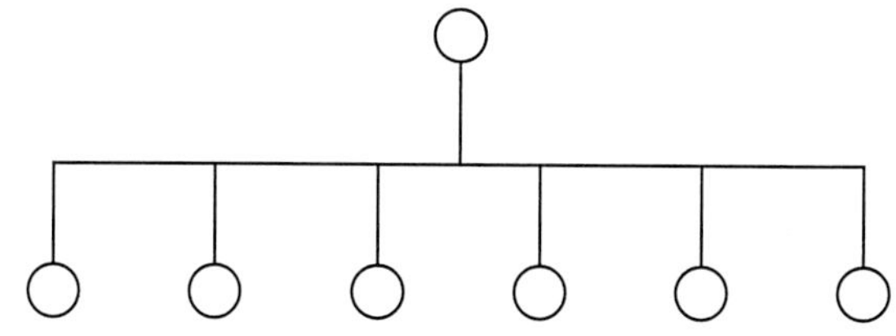

出所：リッカート［1964］143頁 図8-2。

図表24-3　組織の重複的集団形式＝連結ピン

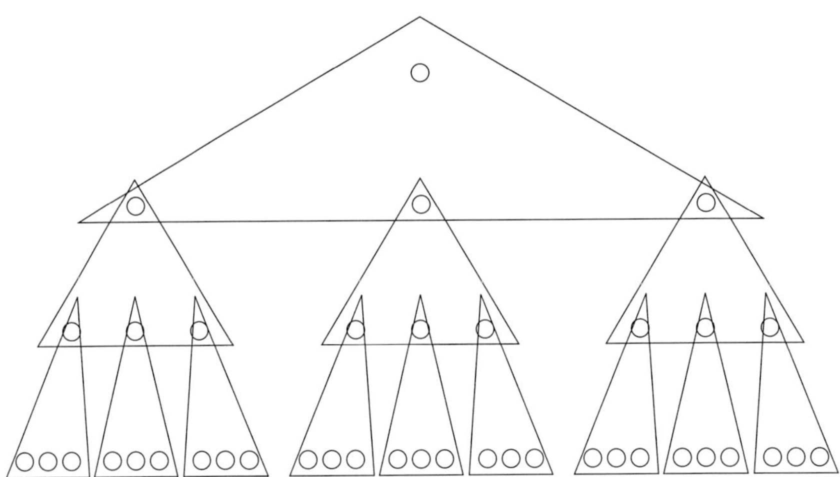

出所：リッカート［1964］152頁 図8-4。

(3) 高い業績目標の設定

システム4（集団参画型経営管理システム）は，(2) で掲げた集団的意思決定と連結ピン機能（複合重複集団形態）によって，雇用・職務の安定，昇進の機会，満足のいく報酬といった従業員の欲求が満足させられるような高水準の目標を従業員が自ら設定できるようなメカニズムをつくりだす。集団に対する成員の忠誠が強ければ強いほど，集団で決めた目標を達成しようという成員の動機づけは高くなるし，その目標を達成できる可能性も大きくなる。しかし集団の業績目標が低い場合には，生産が抑えられる傾向を示す。だから高い目標を設定することによって高い業績があがるようにすることが求められるのである。ただし，この高い目標設定は，「上司の不当な圧力」によってではなく，支持的関係の原則にもとづいて行われなければならない。支持的行動と高い業績目標は高い業績をもたらすが，支持的行動をともなわない上司だけによる高い業績目標の設定は，従業員には「不当な圧力」と感じられ，彼らの「恨みをかう」（リッカート［1968］61頁）ことになる。

以上のようなシステム4（集団参画型経営管理システム）の諸原則を原因変数として，次の図のように媒介変数，結果変数が導かれるとリッカートは主張する。

図表24-4　システム4の発展経過

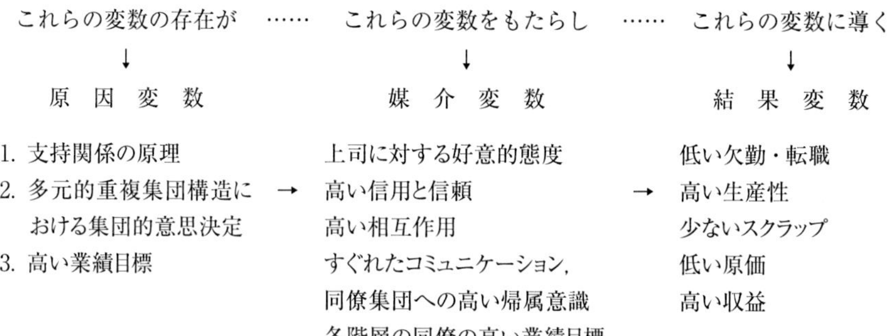

出所：リッカート［1968］172頁より作成。

リッカートの以上のような主張の理論的意義は，従来の人間関係論の視点からリーダーシップ論へと議論を新たに展開したところにあるだろう。リッカートによれば，「高い生産をあげている作業集団の作業員たちは，同僚集団への強い忠誠心を示し相互によく助け合うばかりでなく，そのような相互助力を各人の自発性においてなすのである。忠誠心の強い集団が示すこのような互助への自発性は，監督者の効果的なリーダーシップによってもたらされるところの，好ましい人間関係に由来している」。「このような雰囲気は，監督における集団的方法を用いて，総合的業績に対する集団全体としての責任感を育成するようなリーダーシップにより作り上げられていく」（リッカート［1964］48頁）という。つまり，言いかえれば，リッカートは上司の部下・成員に対する支持的態度・行動（支持的関係の原則）がもたらす良好な人間関係が生産性・業績に好影響を及ぼすと主張している点で明らかに人間関係論の視点に立っている。そしてもう一方で，そのような人間関係は，集団が参画する意思決定においてそれを主導する監督者のリーダーシップ技能と，その監督者が連結ピン機能を果たすことによってもたらされる上向きの影響力＝メンバーシップ技能によって支えられているという，監督者のリーダーシップ・メンバーシップの技能の重要性を説くリーダーシップ論を展開しているのである。その意味でリッカートの理論モデルは，「ホーソン工場実験に端を発し，欲求理論やグループ・ダイナミクスの成果を摂取した新人間関係論」（野中郁次郎［1980］88頁）なのである。

従業員の意思決定参画が集団における生産性向上や業務改善をもたらすのは，参加型の自律的作業集団が形成された結果であろう。その具体例としては，ボルボのカルマール工場や日本の製造業でのQCサークル活動などがあげられている（野中郁次郎［1980］，庭本佳子［2013］）。

4．事例考察

【事例1】ボルボのカルマール工場

リッカートの集団参画型経営管理システム（システム4）の典型例の一つとして，ボルボのカルマール工場での作業組織の再編成と生産システムの革新を以下に，赤岡功［1989］によって紹介する。

スウェーデンのボルボ社のカルマール工場は，1974年に操業開始した。それは，社会・技術システム論に基づき，自動車組み立てラインからベルト・コンベアを追放し，自律的作業集団の導入によって労働の人間化を達成し，効率を高めようとしたものであった。

それは，スウェーデン経営者連盟（SAF）の技術部が推進した労働の人間化の代表例である。カルマール工場が注目されたのは，労働の人間化をはかるため，独特の形の工場を建設し，ベルト・コンベアを廃止し，ドック組み立て方式，直線組み立て方式，キャリアの採用，バッファ・ストックの設置などのそれに代替する新たな技術を開発したことによっていた。

こうした動きの社会的な背景には，1960年代後半のスウェーデン社会におけるテイラーの科学的管理法にもとづく管理の厳格化に対抗して「われわれは機械ではない」というプラカードを掲げた山猫ストに象徴される労働者の自主管理や企業民主化の幅広い要求があった。劣悪な作業環境と自分の労働を自分でコントロールできない状況に対して，「その日その日のコンディションに合わせて仕事ができれば，身体の故障は軽減できるし，自己のコントロールできる仕事の場合は精神的抑圧が小さく，健康を損なうことも減少する」ではないかという気持ちが根底にあった。スウェーデン全国労働組合連合（LO）は，続発する非公認ストライキと自主管理要求の高まる中で，従業員の意思決定参加を要求するようになる。

こうした中で，ボルボ社においても経営参加要求への対応を必要とさせるに至ったのである。

当時ボルボにおける作業組織の変革を導いた具体的問題は，高い欠勤率と退職率それに求人難であった。そうしたなかで，1971 年に 36 歳で社長に就任したユーレンハンマーは，自動車の組み立てラインから全面的にベルト・コンベアを追放したカルマール工場の建設に踏みきったのであった。

カルマール工場は次のような変革を行った。第一に，騒音を 65 デシベルまで減らし，労働者間のコミュニケーションを容易にした。それによってグループ作業を支援した。第二に，ベルト・コンベアを廃止し，グループを単位として組み立てを行うようにした。そのための技術上の変革は，自走式キャリアーの開発，バッファーとしてのストックを設ける，ことであった。作業組織上の変革は，作業者を２～３人のチームで作業を行うことであった。ベルト・コンベア廃止にともない，直線組み立て方式とドック組み立て方式が採用され，２～３人のチームがキャリアーに搭載された組み立て対象に部品を組み付けて行く方式であった。１チームは，長いサイクルタイムのなかで，内部装飾とか電気系統などとかの一定のまとまりのある作業を行った。第三に，作業組織とそのコントロールの面では，作業組織が 15 ～ 20 人の作業集団で構成されており，２～３集団を一人の監督と一人のエンジニアが管理した。チームのなかに監督はいない。集団の中にグループ・リーダーがおり，それは組合に諮問した上で経営者が選任した。グループ・リーダーは，監督・エンジニアという上位管理者層に対するグループのスポークスマンであり，グループの品質情報センターの役割も果たしていた。それらの面で，リッカートのいう「連結ピン」の機能を果たしていたといえる。他に，生産・資材・品質・IE・人事・財政の各職能について職能協議会があり，グループ・メンバーによって選出された従業員代表が参加した。生産のグループ間の調整・コントロールは，監督とグループ・リーダーによって，全体の流れの調整は中央コンピューターによって，行われた。

以上の変革による成果として，欠勤率・退職率は主力工場よりも多少低くなったという。生産調整の弾力性は増し，監督者数は少なく済むようになった。品質は他工場と同程度であった。また，従業員は自分の仕事に対して直接影響を及ぼしうると感じ，グループ作業・ジョブローテーションを好んだ。

このようなカルマール工場の改革は，ベルト・コンベアなしの自動車組み立てを，技術システムの開発と自律的作業集団の導入によって実現し，効率とともに労働者の仕事へのコントロールをも高めた。それゆえに労働の人間化の可能性を示すものとして，当時高く評価された。なお，欠勤率は十分な低下を示さなかったという課題があった。それは次の改革に課題となる。

カルマール工場は，1977年から監督者一人について6～8人の「欠勤対策プール」を設け，欠勤に対処した。さらに，欠勤自体を減らすため，そして退職率自体を減らすため，1978年から「ファザー制」を導入する。職場のファザーは新入従業員を4週間，仕事・訓練その他で支援する。また会社は，看護婦によるカウンセリングをとり入れ，何度も短期休暇を取る人に対し，その背後にある問題を解決しようと努めた。これらの人間関係論的諸施策により退職率・病気欠勤は低下した。また，ボルボの経営者は，人間が会社にとって最も重要な資源であるとの考え方を機会あるごとにさまざまな方法で何度も繰り返して従業員に伝え，この考え方に従って，カルマールでは，工場経営者がしばしば各職場を訪れ，個々の従業員に対する関心を示したり，コミュニケーションの改善に努めた。また生産管理担当者が新規従業員を採用後3週間目に昼食に招いて話し合ったりしている。こうしたきめ細かい人間関係諸施策は，明らかにリッカートの「支持的関係の原則」にあてはまるだろう。

カルマール工場が集団参画型経営管理システムである所以は，次のような面からもうかがわれる。カルマール工場では，作業集団によるグループ作業が基本となっている。多くの労働者がグループ作業を好み，グループ内での助け合いも相当にある。4分の1の作業員は，自分の作業遂行方法を自分で決めることができると思っており，つまり自律性を感じている。1981年には，品質情報が各グループにフィードバックされるようになり，品質責任と調整作業が各グループに任されるようになった。つまりこの面で権限と責任を労働者の作業グループに分権化してその自律性を高めている。1978年から始まった「品質改善運動」をになう「生産チーム」が翌年導入された。それは，監督，インダストリアル・エンジニア，ファザー，インストラクター，労働組合選出のコンタクトマンから構成され，生産方法，新機械・設備，品質問題を検討する。従業員と労働組合の接触をとりもつコンタクト委員の参加は，共同決定法（MBL）にもとづくもので，労働組合の経営の意思決定への参加を示す。1977年の共同決定法によりスウェーデンの各企業では，経営の各レベルで共同委員会を設置する。ボルボでも，グループ全体，乗用車会社，事業部，カルマール工場の各レベルの共同決定委員会へ，LO傘下の金属労組カルマール支部は代表を送っている。以上の枠組みの中で，組合代表は，自動車のモデル・チェンジから各レベルの予算作成活動，目標の設置にいたるまで参加する。第一線の管理では，生産チームに組合のコンタクトマンとファザーが参加するし，工場の各種委員会（成果給，提案制度，広報，食堂，安全など）に金属労組のカルマール支部は代表を送っている。かくて，カルマール工場では，経営の各レベル・各領域に，労働組合の参加のネットワークが形成されていたのである。

しかし，カルマール工場は，ボルボ社全体の1987年以降の販売の落ち込みの結果，国内の生産を主力工場トーシュランダ工場へ集中するという戦略的決定により1994年に閉鎖されることになった。それは決して生産性において劣っていたからというわけではない（篠田武司［1994］）。ボルボのカルマール工場の実践は，労働の人間化の偉大な実験であったし，リッカートの集団参画型経営管理システムの可能性を示したものといえる。

【事例 2】QC サークル

どのような意味で日本の QC サークルは，リッカートの理論モデルにそっているかを確認するためにここで QC サークルについて紹介しておこう。

「QC サークル」すなわち品質管理（Quality Control）サークルとは，その推進母体である日本科学技術連盟（日科技連）の『QC サークル綱領』によると，同じ職場で品質管理活動を自主的に行う小グループであり，その小グループは，全社的品質管理運動の一環として，自己啓発，相互啓発を行い，QC 手法を活用して職場の管理，改善を継続的に全員参加で行うもの，と定義されている。QC サークルは統計的品質管理を生産現場に普及させるための手段として 1962 年に公式に誕生した。第二次大戦後，デミング博士やジュラン博士の指導で統計的品質管理の導入が図られた際，わが国では米国と異なり，品質管理担当者のみならず，トップやミドルの一般管理者やさらに職長や班長をはじめとする現場の作業員まで QC 教育が進められた。その教育普及活動の中で生まれたのが QC サークルである。その際，作業現場における品質管理活動の重要性が，経験の中から浮かび上がってきた。すなわち良い品質を作り上げるために生産工程に従事している現場の人たちが中心になって品質管理を行い，またその人たちも品質に責任をもつ品質保証体制を作ろうという，「工程で品質をつくり込む」いわゆる現場主義に支えられた品質改善プログラム作りが行われるようになった。そのなかでも焦点を合わされたのが，現場長とか工長と呼ばれる人たちの役割であった。それは図表 24-5 に示されるように，ちょうど R. リッカートのいう連結ピンの役割を管理者と作業者のあいだで果たしていたからである。各現場に班長あるいは組長を中心にして作業員全員参加の QC サークルを作って現場の QC 職場検討会として活用したのである。QC サークルメンバーは，“七つ道具”と呼ばれる QC 手法（チェックシート，パレート図，特性要因図，ヒストグラム，散布図，管理図，層別）の学習と仕事への応用実践を通じて合理的思考を身につけてゆく。「現場の作業員側からみると，機械化による非人間的単調労働の生成は，思考作業まで単調化させたことから，労働現場ではいわゆる“労働疎外”が進化していた。QC サークルは，その思考作業の少なからぬ部分を現場の作業員に委ねることで，それを人間化し，またそれによってQWL も高めることにつながった」といわれる（佐々木尚人［1986］113 ～ 114 頁）。

以上の説明から QC サークルでは，図表 24-5 のように班長や組長が現場作業集団と上層管理者をつなぐ連結ピン機能を果たしていること，作業集団のメンバーがサークル活動を通して集団的に管理活動に参画していること，連結ピンとなる班長や組長が作業員メンバーとサークルを通して支持的関係にあることなど，リッカートのシステム 4 の理論モデルに合致した管理システムが展開していることがわかる。

図表24-5　現場長が連結ピン

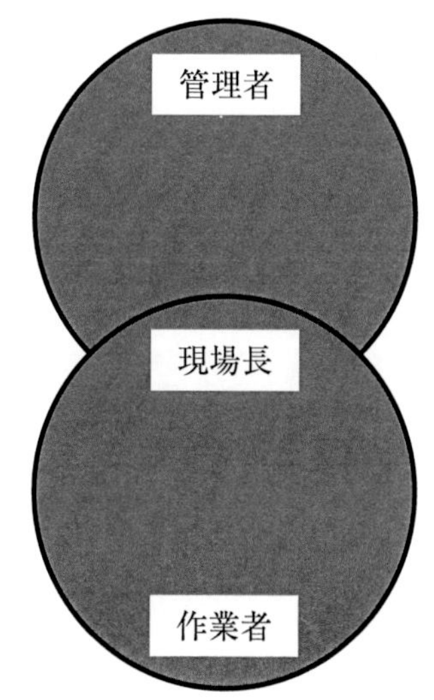

出所：佐々木尚人［1986］110 頁 図 3-5。

また，筆者は，「支持的関係の原則」の最近の具体例として次のようなエビの解凍職場の話を紹介しておきたい（武藤北斗［2017］）。

【事例 3】エビ工場の「生きる職場」

リッカートのシステム 4 の具体的な事例は，QC サークルやボルボというような特別なものに限らない。最近では，あるエビ加工の工場の職場の事例が「支持的関係の原則」にあてはまるだろう（武藤北斗［2017］）。

この会社は，P 海産というエビの加工会社で，大阪茨木市の卸売市場内にあり，従業員数はパート従業員と社員合わせても 11 名ほどの小さな会社である。パプアニューギニア産の冷凍天然エビを原料に，むきエビやエビフライなどのお惣菜を作っている。この会社はもともと宮城県石巻市にあったが，東日本大震災による津波で工場が全壊し，また福島第一原発事故の影響を考慮して当地での再建を断念し，大阪に移住して会社も移転して工場を新たに再開したものであった。

社長の息子で当時は営業社員で後に工場長となる武藤北斗氏は，福島第一原発事故を心配して大阪に避難している子育て中のママさんを念頭に会社のブログで,「一緒に働きませんか？」と求人告知をしている。勤務時間は子供の帰ってくる時間にあわせるなど柔軟に対応して，子供を守るために必死で行動しているママさんの力に少しでもなれば，という思いでこの発信をした。大震災と原発事故を目の当たりにして，生きること死ぬことを真剣に見つめなおし，従業員が人間らしく気持ちよく働ける『生きる職場』を目指して，この会社を，従業員が「とにかく働きやすい職場にする」という理念を掲げることになった。

その理念のもとに，武藤氏は，現場のパート従業員と面談を重ね意見を聴きながら,「好きな日に働き,好きな日に休む」（「フリースケジュール」と呼ばれている），「好きなことを優先させ嫌いなことはやらない」といったユニークな働き方のルールを決めて実践していった。その結果，従業員は自らの生活を大事にしながら生き生きとはたらき，結果として商品の品質や生産効率まで上がり，二重債務で倒産の危機に苦しんでいた会社を助けていく結果となったという。

その過程は，次のような原因，媒介，結果の変数関係に表されるだろう。

【原因変数】
みんなを信じてルールをつくっていくと宣言し
就業時間内に，
パートさん一人一人から工場の問題点を聴いた
他の従業員にわからないように配慮して個人面談した
ミーティングを繰り返した
そのうえで「フリースケジュール」「嫌いな作業はやってはいけない」
などのルールを導入した

【媒介変数】
職場の信頼関係ができる
離職率の低下
パートの熟練
チームワーク良くなる
前向きな意見提案

【結果変数】
求人広告費用が掛からなくなる
採用にかかわる仕事に時間をとられなくなる
商品の品質向上
人件費の減少
従業員の意識改革
職場の雰囲気が良くなる
生産効率の上昇

出所：武藤北斗［2017］30～34頁より作成。

そもそも「好きな日に働き，好きな日に休む」とか「好きなことを優先させ嫌いなことはやらない」といった自由な働き方をするとなぜ効率が上がるのだろうか。この会社の中で「フリースケジュール」のようなルールが成立しているのは，職場に信頼関係が築かれ，なおかつそのための努力を会社も従業員もできているからである。その状況下では，個々の自主性が増し，仕事に積極的に取り組むことができ，従業員同士のコミュニケーションも円滑になり，仕事の流れがスムーズになる。そしてそれぞれが，前向きにもっと効率のために，品質のために，良い職場環境のために，できることはないかと考えるようになるからだという（武藤北斗［2017］189頁）。

だからやはり人間関係が大事なのである。居心地の良い職場になるためには何が必要か。上司や同僚や後輩との間に信頼し合える関係が構築され，助け合い切磋琢磨し，そして時にはそっとひとりにしてくれるような配慮さえある，そんな心地よい人間関係であり職場環境であれば，ほんとうに働きやすい職場となり，どんな仕事にもやりがいが出てくるはずである，という（同上，183頁）。「フリースケジュール」や「嫌いな作業はやらなくてよい」というのはあくまでも働きやすい職場へ向けての一つのパーツでしかない。やらなければならないのは，自分たちの業種や会社で，従業員が働きやすくするためには何ができるかを，現場での経験を活かして，まずは自分たちで考えて行動することである。長期的に考えること，まずはアンケートだけでも取ってみるといったことから始める。働きやすい職場の実現のために何かを始めてみることが重要である，という（同上，204頁）。

こうした働きやすい職場をつくろうという工場長の姿勢は，支持的関係の原則にあてはまる。また，働き方のルールを決めていくときも，従業員と相談してそのルールをつくっていったことは，集団的意思決定の原則にあてはまるだろう。リッカートのシステム4（集団参画型経営管理システム）を実践した結果が，そのユニークな働き方のルール＝「フリースケジュール」などなのである。工場長のとったリーダーシップは，集団参画型リーダーシップである。

ホーソン工場実験では，従業員の面接調査を大規模に実施して人間関係論の問題領域そのものを発見したように，このP海産も，個人面談を繰り返して従業員の声を絶えず聴いて従業員とともに問題解決を図ろうとしている。その意味でこれは21世紀の人間関係論の事例といえるだろう。人間関係論は，結局，従業員の声を聴け，それにあわせて働きやすい職場をつくれ，というこのエビ工場の実践と同じことを説いていたのではないか。面接をやったところはまさに同じだ。21世紀になってもまだまだ人間関係論が大事であることを物語っているように思う。なお，その対極にあるのが，今でも後を絶たないパワハラ，過労死の実態である。執筆時点で起きた二つの事例を紹介しておきたい。

【事例4】

これは，2020年東京五輪・パラリンピックの主会場となる新国立競技場の建設工事に従事していた現場監督の男性（当時23歳）が自殺した問題である。そこには，短い工期のなかで，人手が足りずに業務の負担が増えていった現場での長時間労働とパワーハラスメントの実態があったと報道されている（朝日新聞2017年10月9日記事「新国立建設過酷労働の内情」）。

この男性は，建設工事を受注した共同企業体の1次下請けの建設会社に2016年春に入社し，12月ごろ，新国立競技場の工事の現場監督に配属された。当初は1台の杭打機を担当し，職人やデータの管理やセメントの手配などをしていた。この工事は，建設計画の見直しもあって，工事着工が当初予定よりも1年余りも遅れ，さらに職人の手配ができなかったことにより作業工程はかなり遅れていたという。

2017年初めには，遅れを取り戻すためにくい打ち機が増えて，この男性が一人で複数のくい打ち機を監督することが常態化した。工期に追われ残業時間が急増した。この男性の2月の残業時間は193時間にのぼった。「人手が足りないから，作業もうまく回らずに工程が遅れ，余計に長時間労働を強いられていく。みんな疲労でいらいらして，悪循環の現場だった」と当時のある現場監督は振りかえっている。二人の現場監督は，男性が上司からパワハラを受けていたと証言している。「なんでできないんだよ」，「バカか，てめえは」と上司が大声で男性のミスについて罵倒したり，ヘルメットの上から強く頭をたたいたりしたことがあったという。証言した現場監督は「パワハラが確実に男性を追い詰めたと思う。」と悔やんでいる。職場に男性を支える余裕がなかったのである。パワハラと過労死の背景には明らかに職場で支持的関係が欠如していることがあるといえる。上司の部下に対する支持的関係の構築の必要性は高いし，その責任は重い。

【事例 5】

これは 2015 年暮れに新入社員 T さん（当時 24 歳）が過労自殺したことがきっかけとなった広告代理店大手 D 社の違法残業事件である。この企業は 2014 年にも労働基準監督署から違法残業について是正勧告を受けていたが，違法状態を脱するために「36（さぶろく）協定」の上限を最大 75 時間であったのを最大 100 時間に引き上げて，社員の増員や業務量削減などの抜本的対策は講じずに，形式的に違反を解消しようとした（朝日新聞 2017 年 9 月 3 日付記事）。

管轄の労働基準監督署は，2016 年 9 月に T さんの自死を労災認定したが，労基署が認定した 1 カ月の時間外労働は約 105 時間であった。労基署は，本採用後仕事量が著しく増加し，時間外労働も大幅に増える状況になり，心理的負荷による精神障害で過労自殺に至ったと判断した。

しかし，T さんが SNS 上に残した言葉によれば，パワハラやセクハラもあったようだ。上司から「君の残業時間の 20 時間は会社にとって無駄」とか「女子力がない」とか「髪ボサボサ，目が充血したまま出勤するな」などとおよそ合理的な業務指示の範囲を逸脱した言葉を投げつけられている。ハラスメントを受けている労働者のストレスは当然高くなる。D 社が書類送検された後の記者会見で社長も副社長もそれらがパワハラであったことを認めざるを得なかった（北　健一［2017］22 ～ 23 頁）。

その背景には，上司が部下を支える支持的関係の欠如が見える。ネットの時代に，D 社もネット広告に力を入れているが，IT やシステムの仕事は年長の管理職には技術が乏しく，実際の仕事は若い働き手に回され過重な責任が若手に負わされていた。Tさんの上司は，「間に合わないぞ」「頑張れ」と叱咤するばかりで，実際の仕事の進め方に即したアドバイスができなかったのではないかといわれている。管理者が部下の長時間労働に向き合わず，自主申告の形で少なめの労働時間を申告させて事足れりとしていることもあった（同上，115頁）。退社した元社員の証言によると，「金曜の夜，完成したはずのCMに上司が十分な説明がないまま，『イチから作り直し。月曜朝まで』と指示が入る。月の残業が170時間に達したこともあった」という（朝日新聞2017年10月日付記事）。つまり，上司は部下に対してただ命令をするだけで，具体的な改善の要点を指導できていない。部下を支える能力がなく，部下に負担を強いるだけであった。支持的関係の欠如といえよう。経営は自由な諸技法であるとともに，そこにヒューマニティ（人間性）が求められている。

【参考文献】

赤岡　功『作業組織再編成の新理論』千倉書房，1989年。

北　健一『電通事件』旬報社，2017年。

クリスチャン・ベリグレン（丸山恵也・黒川文子訳）『ボルボの経験』中央経済社，1997年。

坂下昭宣『経営学への招待（第三版）』白桃書房，2007年。

佐々木尚人「国際化するQCサークル」小林規威・土屋守章・宮川公男編『現代経営事典』日本経済新聞社所収，1986年。

篠田武司「忘れられる遺産か？―カルマル・ウッデバリズムと『新しい生産の言語』―」『立命館産業社会論集』第29巻第4号，1994年。

庭本佳子「リーダーシップ論の展開」吉原正彦編『メイヨー＝レスリスバーガー――人間関係論―』文眞堂，2013年。

野中郁次郎『経営管理』日本経済新聞社，1980年。

藤本隆宏『生産マネジメント入門Ⅰ』日本経済新聞社，2001年。

丸山恵也編『ボルボ・システム―人間と労働のあり方―』多賀出版，2002年。

丸山恵也・C.ベリグレン・K.エッレゴード『ボルボの研究』柘植書房新社，2002年。

武藤北斗『生きる職場―小さなエビ工場の人を縛らない働き方』イーストプレス，2017年。

R. リッカート（三隅二不二訳）『経営の行動科学―新しいマネジメントの探求―』ダイヤモンド社，1964年。

R. リッカート（三隅二不二訳）『組織の行動科学―ヒューマン・オーガニゼーションの管理と価値―』ダイヤモンド社，1968年。

R. リピット・R. ホワイト（中野繁喜・佐々木薫訳）「三種の“社会風土”におけるリーダーの行動と成員の反応」D. カートライト・A. ザンダー（三隅二不二・佐々木薫訳）『グループ・ダイナミクスII』誠信書房所収，1970年。

第25章

マーケティングという概念

はじめに

「マーケティングのうまい企業」とはどのような企業かと問われたら，おそらく，魅力的な広告で消費者に強い印象を与える企業，あるいは，SNSで一躍有名になった（バズった）製品を製造している企業などを思い浮かべるのではないだろうか。

しかしながら，マーケティングとは何かという問いに，自信をもって答えられる人はそう多くはない。製品開発や広告，流通や販売，マーケットリサーチなど，具体的なマーケティング活動はわかりやすいが，それは，マーケティングの一部分にすぎないからである。

1. マーケティングの考え方

❶ アメリカにおける流通空間の克服

マーケティングという概念が見え始めてきたのは，19世紀後半である。この時代，大量生産によって需給バランスはすでに崩れかけていた。その危機を救う新しい買い手の役割を担ったのが新中産階級であり，彼らを中心に「消費者」という従来にない役割が登場したのである。

19世紀半ばまでのアメリカ商業界の関心は，主に広大な地域に散在する消費者へいかに商品を「運ぶか」であった。モノを作れば売れた時代であり,「いかにモノを流通させるか」が問題であった。

しかし，大手製造業が，流通過程に積極的に介入を始める。広告資材の提供から商品陳列の指導まで，「ディーラー・ヘルプス」と呼ばれる小売店支援を通して，プロモーション施策のコントロールを強めていくが，その中から，セールスマン，広告，ディーラーの三大要素を統合的に管理しようという機運が高まっていく。積みあがる在庫を眼前にした大企業が，一方では中小企業を駆逐しながら，もう一方で，顧客に対してよりダイレクトに働きかけるべく，対市場行動の全体的・整合的管理に乗り出していくのである。すなわち，「何をどのようにして売るか」に変化していったのである（菊地史彦［2013］274～275頁）。

❷ オートマチックな欲望システム

「テレビでさんざん広告を見せられたシリアルの新製品が，レジ前のスペースにどんと積み上げてあった。広告展開に合わせて，目を引く店頭陳列が行われていたのである。見ていると，買い物客たちは，あまり悩む様子もなく，その商品を次々に買っていく―彼らは飽きるほどプロモーション・シャワーを浴びせられたお返しのように，山積みされた「それ」を発見すると，真剣な表情で近寄り，取り上げて，確かに「それ」であることを認めると，ぽんとカートに放り込む。

そこには，2つの印象があった。

1つは，ナショナルブランドの新商品が大々的に広告されている以上，その意図を汲み，購買という具体的な行為で応えるべきであると，彼らが感じているらしいことである。もう1つは，その買い物がいちいちの意思決定ではなく，一定の刺激に対する一定の反応のように，自然で淀みない反射行動のようにも見えたことである。

そこには大きなオートマチック・システムが働いている。製品をつくり，店頭に並べて購入を促すだけでなく，それなりの「結果」や「効果」が得られるように設計されたシステムがあって，彼らの行動も，その一部に最初から組み込まれている—そんな印象だ。どこかでつくったものを誰かに買ってもらうのではない。つくる方も買う方も共通の利害関係の中で，システムがうまく働く（ワークする）ように，それぞれの役割を分担し，遂行しているのである」（菊地史彦［2013］273～274頁）。

「買う」という意思決定の権利は消費者側にある。そのうえ，消費者は移り気で，非合理的にふるまう存在である。19世紀後半当時のマーケティングは，このような消費者をシステマティックな顧客に変換しようとしており，特定の製品や価格などの刺激に対して選択や購入などの反応がどのように現れるかを問題としていた。そして，より多くの反応（すなわち購入）を得るための刺激（広告や販促活動など）の施策に企業は経営資源を投入するのである。そしてこのようなマーケティングの考え方は世界中に広がっていった。

2. マーケティングの誕生

マーケティングの歴史研究で知られるR.バーテルズは，マーケティング概念の形成時期を1900年初頭とみている。産業発祥の地と言われるアメリカ中西部ミシガン湖周辺の商人たちが自分たちの活動を「マーケティング」と呼んで日常用いていたこと，オハイオ州立大学のコースの名称として1905年に記録として初めて名詞の「マーケティング」が使われたことを論拠にしている。いずれにしても，世界で初めてアメリカに「マーケティング」という概念が誕生したのである。従って，日本でもヨーロッパでもそれに該当する言葉がなく，どの国でもマーケティングという英語が定着している。

20世紀初頭，アメリカが，イギリス，フランスなどの欧州諸国に遅れていたことは明らかである。なぜ，当時の後進国でマーケティングは生まれたのだろうか。マーケティングの歴史研究家によれば，大量生産技術が生まれ，広大な地域をカバーする鉄道が整備され統一市場が形成されたにも関わらず，東部の一部に限定されていた既存の卸流通ではとてもカバーできなかったことに主因があると推測されている。従って，消費者への直接的なアプローチを必要としたことに加え，プロテスタントの革新的なビジネス精神も関わっていると考えられている。

マーケティング概念の草創期から約50年が経過すると，第二次世界大戦後，大量生産，大量販売に加え，テレビを中心としたマスメディアが発達し，アメリカのマーケティングは現代の体系と変わらぬ「マス・マーケティング」へと進化したのである。この頃,日本にもマーケティングという概念が導入された。戦後の復興が目覚しく進展し,「もはや戦後ではない」（第1回経済白書）と言われた1956年頃から日本の当時の経営陣もアメリカを視察しマーケティングの重要性を学んだ。マーケティングの発展はどの国でもマーケティングリサーチの設立から始まっている。この頃には，多くの民間のマーケティングリサーチ機関が設立され，日本マーケティング研究所もそのひとつであった。ここから日本でのマーケティングの定着とローカル化がすすんでいくのである。

参考①：ゴールド・ラッシュが起業を後押しした

1799年にアメリカで最初に金が発見されたのがノースカロライナの『リード牧場』である。その騒動が飛び火して各地の金鉱脈探索ブームへ発展し，1849年のカリフォルニアの“ゴールド･ラッシュ”につながった。新天地となったカリフォルニアには金鉱脈目当ての山師や開拓者が殺到することになった。

ゴールド・ラッシュの影響は相当のものだった。サンフランシスコは1846年に人口200人ほどの小さな開拓地だったものが，1852年には約36,000人の新興都市に成長し，カリフォルニア中に道路，教会，学校および新たな町が建設された。1849年には州憲法が起草され，知事や州議会議員が選挙で選ばれ，1850年協定の一部としてこの年にカリフォルニアはアメリカ合衆国31番目の州として迎え入れられることになった。新しい交通体系が発展し，蒸気船が定期運航され，鉄道が敷かれ，カリフォルニアの次の成長分野となった農業が州内で広く始められた。

このゴールド・ラッシュは，金の採掘で財を成し，富裕層を生み出したわけではなかった。その功績は1つの都市をつくったということ，それに，その周辺にいた数人がビジネスによって成功を収めたことであった。

サンフランシスコで小さな商店を営んでいたサミュエル・ブラナンは，金の採掘ではなく，サンフランシスコで採掘用のシャベルとバケツを，手当たり次第に買い占め，それを採掘者向けに販売し始めた。砂金掘りたちにとってバケツとシャベルは“必需品”だったため，需要と供給の関係で，値段がドンドンと高騰していった。1個20セントで仕入れたバケツが15ドルで売れたといわれている。ブラナンはわずか3カ月足らずのうちに大金持ちになったといわれている。

また，ドイツ移民の子で，雑貨商を営んでいたストラウスは，採掘ワーカー向けにテントなどに使われていた厚手のデニム生地（キャンバス生地）を使って丈夫なズボンを作った。ニューハンプシャーからデニム生地を仕入れ，それを元に，採掘ワーカーの手荒い労働にもやぶれない，激しい動きにも耐える頑丈なパンツを開発したのである。それは「ジーンズ」と呼ばれるものである。その後，「ズボンの縫い目の破れやすいところに金属鋲（びょう）を打つ」というアイデアを思いつき，洋服店を営むジェイコブ・デイビスとともに，デニム生地パンツのポケットの縫い目を金属の「リベット」で補強した「リベテッド・パンツ」を考案した。

リーバイ・ストラウスとデイビスはこの「リベットつきジーンズ・パンツ」の特許を申請し，サンフランシスコに工場を建設し，大量生産に踏み切った。ジーンズは，いまや作業着というだけでなく，カジュアル・ファッションでは欠かせない定番商品として世界中で愛用されているが，「リーバイ・ストラウス社」はその代表的なメーカーとして100カ国以上でビジネスを展開している。

3. T型フォードに見る近代マーケティング

❶ 作れば売れる

フォード自動車は，自動車の大量生産工程，および工業における大規模マネジメント（科学的管理法）を取り入れたことで20世紀の産業史・経営史に特筆される。本書でも第17章でそのシステムについて記されているが，マーケティングの視点からその歴史を再考してみよう。

1913年，組み立て工程にベルトコンベアを導入し流れ作業を実現したこと，大量の自動車を早く生産できる高効率の工場設備，士気を高める高給料の工員，一台当たりの生産コストの革新的な低減を組み合わせたフォード生産方式は「フォーディズム」の名で世界的に知られるようになった。世界恐慌を経て継続したアメリカでも数少ない自動車会社であり，100年にわたり一族支配を継続している世界最大級の家族経営会社でもある。

T型フォードは，アメリカ合衆国のフォード・モーター社が開発・製造した自動車である。1908年に発売され，以後1927年まで基本的なモデルチェンジのないまま，1,500万7,033台が生産され，その廉価さから，アメリカをはじめとする世界各国に広く普及した。また，大衆車として十分な実用性を備えた完成度の高い自動車であり，近代化された大量生産手法を生産の全面に適用して製造された史上最初の自動車という点でも重要である。自動車技術はもとより，「フォーディズム」の語に象徴されるように労働，経済，文化，政治などの各方面に計り知れない影響を及ぼし，単なる自動車としての存在を超越して，20世紀前半の社会に多大な足跡を残した存在である。

T型フォードは，最初600ドルでの販売を計画したが，実際にはコストダウンが追いつかず，他のモデルよりやや上級のクラスとして850ドル以上の価格で発売された。それでも同クラスの自動車が1,000ドル台の価格帯であっただけに非常な好評で，翌1909年4月までには3カ月分のバックオーダーを抱えることになり，7月までの受注停止を強いられた。1909年の1年間だけでも1

万台を越えるT型フォードが生産され，当時としては桁外れのベストセラーとなった。この大ヒットに直面したヘンリー・フォードは，並行生産していた小型車モデルN, R, Sや高級車モデルKの生産を停止し，T型フォードただ1種に絞り込んだ大量生産を決断した。以後のT型フォードの歴史は，T型フォードという単体の自動車自体の発展以上に，大量生産技術の発展の歴史であった（第17章参照）。

1923年には，1年間で200万台以上を生産してピークに達する。その後，減少傾向を辿るものの，生産中止前年の1926年時点においても1年間で163万台弱のT型フォードが生産されていたのであるから，いかに圧倒的な生産体制であったかが推し量れる。

❷　生産性を高めれば売れる（価格重視の考え方）

一時，アメリカで生産される自動車台数の半分以上がT型フォードだった。フォード社は販売後のサービス体制にも配慮を怠らなかった。アメリカ全土で広域に渡るサービス網を整備し，補修パーツがストックされるデポを各地に設置した。T型フォードは元々タフで故障も少なく，造りがシンプルで素人にも整備しやすかったが，アフターサービスの充実は，ユーザーからの信頼をより高める結果になった。初期T型フォードの「Ford, the universal car（万能車フォード）」「Watch the Fords go by（フォードのやり方を見よ）」といったキャッチフレーズからも，フォードがT型フォードに抱いていた大きな自負をうかがえる。

T型フォードは1912年型から生産性を高めるため，従来3種類から選択できたボディ塗色を，黒のエナメル塗り1色のみに絞り込んだ。黒塗りを選んだのは，黒塗装の乾きが一番早く，作業効率が良かったからである。だがこの過程で，T型フォードは小改良を加えられるだけで長く抜本的なモデルチェンジを施されなかった。ヘンリー・フォードの意向に沿って，ひたすら廉価に大量供給することだけに邁進していたのである。ヘンリーは，「T型フォードは既に『完璧な製品』であり，代替モデルを開発する必要はない」と頑なに信じ込んでいた。さらに，重量増加が大きな問題となっていた。ツーリング型で1908年当初1,250ポンド（545kg）であった車重は，電装部品の追加装備や内外装のグレードアップで年々増加し，1926年型では1,728ポンドにも達したのである。ところがこれに対し，エンジンは一貫して20HPのままで，変速機も2段式だけであり，エンジン性能が車重に釣り合わなくなっていった。

T型フォードに代表される自動車の大量普及によって，アメリカでは道路整備が進展し，舗装道路も年々増加していた。それは自動車の高速化を招いた。1920年代，高級車業界では6気筒から8気筒，12気筒といった多気筒エンジン車が輩出されて70～80マイル/時の最高速度に達するようになり，4気筒の大衆車でも性能向上で55～60マイル/時に達するものは珍しくなくなっていた。これに対し，40～45マイル/時がせいぜいのT型フォードは，重量増加によってさらにポテンシャルを落とした。

また，T型フォードはボディ形態のバリエーションは非常に多かったものの，どれも実用を第一としたエナメルの黒塗り一色であり，後期にはデザイン面での魅力を欠くようになった。競合他社は，性能面もさることながら，自動車の「ファッション」としての面をも重視した。競合メーカーであるゼネラルモーターズ（GM）は，自社の大衆車「シボレー」に多彩な塗装を用意するなどの戦略で，ユーザーにアピールしていた（GMには化学メーカーのデュポンの資本が入っており，新しいラッカー系塗料を用いることができた）。また，スタイリングにも配慮がなされ，T型フォードよりも低重心で，高級車を思わせるデザインが取り入れられて，商品性を高めた。シボレーが年々スタイリングを変化させ，時代の先端を行くデザインで大衆にアピールする一方でT型フォードは，著しく陳腐化した「安物」的存在に堕していったのである。

❸ 価格だけでは競争に勝てない

1920年代に入るとさほど富裕でない大衆層にまで自動車が普及し，アメリカの大衆車市場は既に飽和状態になっていた。このため新規需要に代わって，買い換え需要が自動車需要の大方を占めるようになった。いざ買い換えの段になると，最新型でも旧型とさしたる変化のないT型フォードを，好きこのんで乗り換えの対象とするユーザーは多くなかった。初めての自動車がT型フォードだったユーザーも，GMなど競合他社の斬新なニューモデルに惹かれ，古いT型フォードを下取りに出して他社の新車を購入するようになった。商品性に歴然とした差があったため，ユーザーは100ドル，200ドル程度の価格差はさほど意に介さなかったし，セルフスターターや屋根付きボディなどのオプションが付けば価格差がより縮まるため，T型フォードの競争力は削がれていった。

さらにGMは割賦販売（分割払い，ローン販売方式）を導入して，収入の限られた人々でも上級モデルを購入しやすくし，販売促進を図ったのに対し，フォードは割賦販売の導入でも出遅れた。こうなると，自動車業界のリーダーと自負していたフォードも，ついにT型フォードの撤収を決断せざるを得なかった。1927年5月26日，ハイランドパーク工場で1,500万台目のT型フォード（ツーリング）が完成し，生産は終了したのである。

このように，T型フォードの歴史は，市場とマーケティングの変化の歴史といっても過言ではない。

4．マーケティング研究の始まり

企業の視点から言えば，マーケティングとは市場環境に対する企業の創造的で統合的な適応行動といえる。この意味でのマーケティングの体系的研究は1900年代初頭のアメリカで生まれた。このような研究の創始者の1人がショー（Arch W. Shaw）である。ショーは生粋の研究者ではない。製造業や出版社の経営など実務家として得た経験から得た問題意識が，彼のマーケティング研究を支えていたのである。

ショー（1915）は『市場流通の若干の問題』において，「経済学者は社会的観点をもつが，ビジネスマンは利潤を追求して企業の指揮をおこなうので，個別的観点をもっている。」とし，企業的マーケティング論と社会経済的マーケティング論を方法論的に区別していた。さらに，ショーは，テイラー流の科学的管理法の発想でビジネスに共通する本質的要素を「動作」であると規定している。企業活動は，このような種々な「動作」から成り立っていると考え，企業活動を「動作の目的」に応じて分類体系化している。

またショーは，マーケティングの本質を需要創造にあると規定している。現代のマネジリアル・マーケティング論においてもマーケティングの本質についての規定は，必ずしも一義的でない。しかし，戦前の社会経済的マーケティング論のように，マーケティングを社会経済的過程や社会経済的制度として把握するのではなく企業の行動として，企業の需要創造のための活動として理解する点では多少とも共通している。

個々の消費者の需要は購買力のみならず，消費者の教育程度，性格，慣習および経済的・社会的環境から生ずる顕在的または潜在的な消費者のニーズに依存している。ショーは，「進歩的な企業家は，消費者の意識下にある欲求を探知し，欲求を満足させる商品を生産し，消費者の関心を商品に向け，さらに顕在化した需要に対応し商品を消費者に手渡すことのできる人である。」と規定した。この「進歩的な企業家」が採用する特徴的な価格政策を，「市場価格以上での販売」と呼んだ。この政策の基本は差別化することである。差別化された商品は，新たに，より高い価格水準に設定され，さらにあらゆる意図および目的という点で新しい商品となる。

次に，広告や狭義の販売促進に関して，中間商人をとびこえ，生産者が直接，消費者に販売することの有利性に気づいたとき，メーカー直轄のセールスマン，広告，またはこの両者の組み合わせが販売機能として利用される。広告は不特定多数に向けた告知による需要創造活動の手段であるだけでなく，価格と一体化された（選択的需要創造のための）手段に転化できる。しかもそれによって流通段階に統制力を行使するための優れた手段になり得る。こうした現実を認識したのが「進歩的な企業家」なのである。

このようにショーは，企業の観点からマーケティングの体系的かつ機能的研究を展開した。差別化を前提とした価格政策，広告やチャネルの選択を，すべて関連しあう意思決定問題と認識し，第二次世界大戦後のマーケティングを特徴づけるマネジリアル・マーケティングの基本構造をすでに構想していたのである。

製造業が流通に介入する中で生じてきた，セールスマンシップや広告実務やチャネル選択といった問題を統合的に行う必要から生じたミクロマーケティング（マッカーシーが示したマーケティング・ミックス＝4Pによるマーケティング・マネジャーの意思決定内容）は，ショーの問題提起を踏襲している。売りたいものを作るのではなく，売れるものを作るという，個別組織にとってのマーケティング活動を強化していくきっかけとなった。

参考②：マーケティングの名付け親

「マーケティング」の名付け親は，バトラーであるといわれている。彼は，プロクター＆ギャンブル（P&G）に勤務した後，ウィスコンシン大学で教鞭を執り，『マーケティングの諸方法とセールスマンシップ』（1914）を著した。その中で，彼は，いかなる販売活動でも，セールスマンと広告に加えて，それら２つに共通しながら，「先立つ販売キャンペーンの準備」，「キャンペーンの背後にある計画」を考慮する必要性を主張した。そして，これらの準備・計画に一般的な名称がないことに気づき，「マーケティング」という新しい言葉をつけたのである（菊地史彦［2013］275頁）。

5．市場の概念とマーケティング

本章では，「企業」という言葉を使用する。企業という言葉には，様々な意味があるが，本書では，「営利を目的として一定の計画に従って経済活動を行う経済主体（経済単位）」として使用している。すなわち，「消費者を相手に製品やサービスを売る」企業である。

企業は，顧客のニーズを充足させ，競争相手より高い価値を提供することで，自らの製品やサービスを購入してもらい，高い支持を獲得し，売れ続ける仕組みを構築していかなければならない。それができなければ，有能な人材，優れた技術，最新設備，豊富な資金などを有していても，利益を確保し，持続的に経営していくことができない。売れ続ける仕組みを構築していくためには，高性能，高品質，低価格，印象的なCM，優れた販売員や営業社員の確保が必要であるが，単発的に行われていては，顧客の支持を得ることはできない。

日々変化する市場のニーズに適合していくような組み合わせを考え，実行していくことが不可欠である。このように，マーケティングは市場を通じて企業を考える学問である。

では，市場とはどのようなことを意味するのだろうか。マーケティングでは，市場で取引を行っている企業の活動（売り手）に注目し，それぞれの企業の意思決定者の立場から見た市場という視点で考える必要がある。

マーケティングにおいて，市場は2つの意味で使われている。1つは競争の場としての市場である。典型的には，複数の売り手と顧客が対峙して，顧客との取引をめぐる競争を展開している状況が想定される。すなわち，企業は積極的に顧客に働きかけ，有利な条件（高い価値）を提示し，自社との取引が成立するように努力しているのである。この場合，競争相手が明確な場合もあれば，特定することが意味を持たないほど多い場合もある。さらには，将来的に競争相手となるかもしれない潜在的な競争相手を想定しなければならないこともある。このような状況は，企業の利益や行動に影響を与える可能性がある一方で，企業が競争の状態をコントロールする場合もある。例えば，競争相手同士が，連携して競争を抑制し，あるいは，M&Aによって競争相手や取引相手と統合し，競争の優位性を高めることもある。

そして，もう1つの市場は，顧客の集合としての市場である。この市場は，顧客の存在そのものではなく，企業の意思決定者がイメージする顧客の集合，あるいは，企業が製品を販売する対象として認識する顧客の集合である。企業はそのような市場を想定することで，望ましいマーケティングの具体的な行動を選択することができるようになる。マーケティングにおいて，顧客の状態を分析する必要性が高いために，このような市場概念がマーケティングで使われるようになった。この場合においても，企業は市場をコントロールすることがある。それは，消費者の需要に影響を与えることで，顧客の集合の状況を変えるということを意味する。

マーケティングにおいては，以上のような2つの意味を持った市場を想定している。ただし，常に2つの意味を持つということではなく，競争の局面と顧客の側面のどちらを重視するかによる設定の違いもある。

6. マーケティングの概念は進化している

マーケティング活動は，基本的には消費者の集まりである市場に向けて製品やサービスを売り，代金を得るという取引である。

しかし，その部分だけをマーケティングというのではない。図表25-1に示したように，同じ市場を狙ったライバル企業との競争がここに存在する。従って，その競争に勝つためにも，刻々と変化する市場の情報を収集したり，逆に製品に関する情報を広告で提供したりという情報活動が重要になってくる。

市場のニーズに適応したり，市場に働きかけたりと，売買という取引を含めてこのような市場とのやり取り＝コミュニケーションをすること，そしてその

図表25-1　マーケティングのイメージ

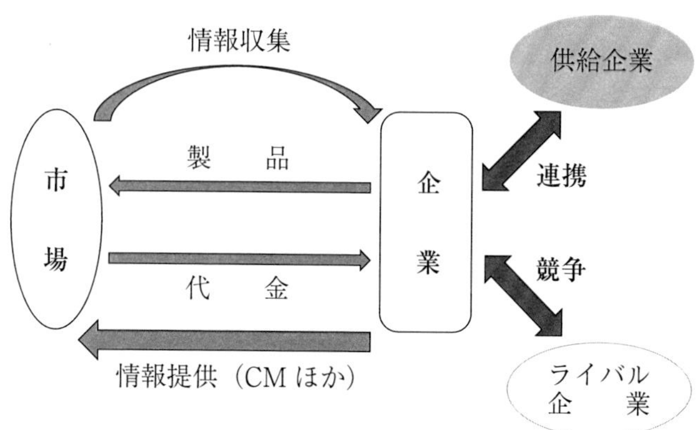

出所：石井淳蔵・廣田章光［2019］21頁に加筆。

ために必要な仕組みを作ること，これがマーケティング論の扱う世界である。

売るということにかかわる総合的な活動をマーケティングと呼び，その様々な方法を議論し始めた当初は，その考えの中心は製品であった（プロダクト・アウト）。そこにあるのは，まず製品があってそれをどう販売するかという視点である。そうなると，製品の機能や性能といった品質面に注目してしまうのは，当然なのかもしれない。しかし，この製品重視の考え方は消費者を経済人としてとらえた故であり，本来の消費者（経済人ではない）ニーズとはかけ離れていく危険性をはらんでいる。先に述べたT型フォードの事例のように，低価格で丈夫で長持ちという製品コンセプトにこだわった事例からも読み取れる。

1960年代になると，製品よりも顧客に満足してもらうことを中心にマーケティングをとらえるべきではないかという議論がなされるようになった。そして顧客満足という目的のもとにマーケティングの諸活動が体系化された。

その後，マーケティングはさらなる進化を遂げ，「マーケティング・マネジメント論」「マーケティング戦略論」「ソーシャル・マーケティング論」「消費者行動論」「サービス・マーケティング論」「グローバル・マーケティング論」など次々と新しい研究領域が生まれている。さらに，デジタル社会の進展に伴い，新たな局面を迎えようとしているのである。

【参考文献】

石井淳蔵・廣田章光（編）『1からのマーケティング・第4版』中央経済社，2019年。

菊地史彦『「幸せ」の戦後史』トランスビュー，2013年。

鈴木直次『モータリゼーションの世紀』岩波書店，2016年。

セオドア・レビット（有賀裕子，DIAMONDハーバード・ビジネス・レビュー編集部訳）『T.レビット マーケティング論』ダイヤモンド社，2007年。

P.コトラー & K.L.ケラー（恩藏直人監修，月谷真紀訳）『コトラー & ケラーのマーケティング・マネジメント第12版』丸善出版，2014年。

R.バーテルズ（山中豊国訳）『マーケティング理論の発展』ミネルヴァ書房，1979年。

索　引

サ

タ

ナ

ハ

マ

ヤ

ラ

ワ

《編著者紹介》

中本　和秀（なかもと・かずひで）　担当：第1章～11章，第13章～24章

1952年生まれ。

札幌大学地域共創学群　経営・会計学系教授。

北海道大学大学院経済学研究科博士課程単位取得退学。

北海道大学経済学部助手，福岡大学商学部講師，札幌学院大学商学部助教授を経て現職。

主要著作・訳書：

（共著）冨森虔児編『現代の巨大企業』新評論，1985年。

（共訳）S．M．ジャコービィ『会社荘園制』北海道大学図書刊行会，1999年。

《著者紹介》

中山健一郎（なかやま・けんいちろう）　担当：第12章

1968年生まれ。

札幌大学地域共創学群　経営・会計学系教授。

名古屋市立大学院経済学研究科博士後期課程単位取得退学。

名古屋市立大学経済学部助手，札幌大学経営学部講師，同助教授を経て現職。

主要著作・訳書：

（共著）塩地　洋・中山健一郎『自動車委託生産・開発のマネジメント』中央経済社，2016年。

（共著）中山健一郎・武者加苗・菊池　武『品格経営の時代に向けて』日科技連，2015年。

角田美知江（つのだ・みちえ）　担当：第25章

1965年生まれ。

札幌大学地域共創学群　経営・会計学系准教授。

北海学園大学大学院経営学研究科博士課程修了（経営学博士）。

函館大学商学部講師，准教授を経て現職。

主要著作・訳書：

（共著）日本経営学会東北部会プロジェクトチーム編『グローバル化の中の地域企業』文眞堂，2020年。

（検印省略）

2019年6月20日　初版発行

2022年3月20日　増補改訂版発行　　略称―自由技法

経営という自由技法［増補改訂版］

編著者　中本和秀

発行者　塚田尚寛

発行所　東京都文京区春日2－13－1　株式会社　**創成社**

電　話 03（3868）3867　　F A X 03（5802）6802

出版部 03（3868）3857　　F A X 03（5802）6801

http://www.books-sosei.com　振　替 00150-9-191261

定価はカバーに表示してあります。

ISBN978-4-7944-2599-7 C3034

Printed in Japan

組版：ニシ工芸　印刷：エーヴィスシステムズ

製本：エーヴィスシステムズ

落丁・乱丁本はお取り替えいたします

経営・マーケティング

経営という自由技法	中本和秀	編著	2,900円
大学1年生のための経営学	芦澤成光	編著	2,500円
大学生のための国際経営論	岩谷昌樹	著	2,800円
環境経営入門 −理論と実践−	金原達夫	著	1,800円
ビジネスデザインと経営学	立教大学大学院 ビジネスデザイン研究科	編	3,000円
働く人のキャリアの停滞 −伸び悩みから飛躍へのステップ−	山本寛	編著	2,650円
働く人のためのエンプロイアビリティ	山本寛	著	3,400円
イチから学ぶビジネス −高校生・大学生の経営学入門−	小野正人	著	1,700円
脱コモディティへのブランディング −企業ミュージアム・情報倫理と「彫り込まれた消費」−	白石弘幸	著	3,100円
やさしく学ぶ経営学	海野博 畑隆	編著	2,600円
豊かに暮らし社会を支えるための教養としてのビジネス入門	石毛宏	著	2,800円
おもてなしの経営学［実践編］ −宮城のおかみが語るサービス経営の極意−	東北学院大学経営学部 おもてなし研究チーム みやぎ おかみ会	編著 協力	1,600円
おもてなしの経営学［理論編］ −旅館経営への複合的アプローチ−	東北学院大学経営学部 おもてなし研究チーム	著	1,600円
おもてなしの経営学［震災編］ −東日本大震災下で輝いたおもてなしの心−	東北学院大学経営学部 おもてなし研究チーム みやぎ おかみ会	編著 協力	1,600円
イノベーションと組織	首藤禎史 伊藤友章 平安山英成	訳	2,400円

（本体価格）